삐딱할 용기

삐딱할 용기
불온한 교사 양성 과정 3

ⓒ 채효정 외, 2018

2018년 12월 31일 처음 펴냄
2019년 12월 16일 초판 2쇄 찍음

글쓴이 | 하승수, 채효정, 진냥, 정용주, 이용석, 이상대, 배이상헌, 박형일, 김성애, 공현
기획·편집 | 이진주, 설원민, 공현
출판자문위원 | 이상대, 박진환
디자인 | 이수정, 박대성
종이 | 화인페이퍼
제작 | 세종 PNP

펴낸이 | 김기언
펴낸곳 | 교육공동체 벗
이사장 | 임덕연
사무국 | 최승훈, 이진주, 설원민, 김기언, 공현
출판등록 | 제2011-000022호(2011년 1월 14일)
주소 | (03971) 서울시 마포구 성미산로1길 30 2층
전화 | 02-332-0712
전송 | 0505-115-0712
홈페이지 | communebut.com
카페 | cafe.daum.net/communebut

ISBN 978-89-6880-109-9 03370

이 도서의 국립중앙도서관 출판예정도서목록(CIP)은 서지정보유통지원시스템
홈페이지(seoji.nl.go.kr)와 국가자료공동목록시스템(www.nl.go.kr/kolisnet)에서
이용하실 수 있습니다. (CIP제어번호 : CIP2018042664)

삐딱할 용기

불온한 교사 양성 과정 3

하승수 | 채효정 | 진냥 | 정용주 | 이용석

이상대 | 배이상헌 | 박형일 | 김성애 | 공현

교육공동체벗

다시, 불온해질 시간

　얼마 전, 한 진보적 언론사로부터 '회원 배가' 관련한 메일을 받았다. "긴 터널을 지나 이제 조금쯤 세상이 변했다고 느끼는 많은 사람들이 하나둘 떠나"고 있는 상황에서 다시 새로운 회원들을 기다린다는 내용이었다. 이 언론사는 이를 '정권 교체의 역설'이라고 표현했다. 이른바 촛불 혁명으로 탄생한 현 정권에서 많은 시민사회단체들과 진보 매체들이 비슷한 고민을 하고 있지 않을까.

　교육의 영역도 마찬가지이다. 진보 교육감들이 전국에 포진해 있고, 많은 교육운동가들이 교육부와 교육청에 진출해 있는 상황에서 교육 개혁은 이제 시간문제인 것만 같다. '학교 혁신'과 '교육 공공성', '교육 자치' 등 교육운동 진영에서 주장해 오던 가치들이 정부의 국정 과제로 채택되는 지금, 더 이상 진보적 운동과 담론에 대한 갈증은 존재하지 않아 보인다.

그런데 지금 우리가 살아가는 세상은 우리가 바라던 사회와 얼마나 닮아 있는가.

학교나 교사들은 여전히 청소년 인권이나 청소년운동을 부정적으로 보거나 완강하게 거부하고(공현), '진보적'인 교육부와 교육청은 당연한 권리인 학생 자치를 마치 시혜나 호의를 베풀듯이 '제공'한다(배이상헌). 페미니즘운동은 전교조운동 안에서조차 비주류이며(김성애), 교사들은 정당 가입은 물론이거니와 선거와 관련된 글을 SNS에만 올려도 고발당하는 정치적 금치산자이다(하승수). 교사들을 둘러싼 교육 환경은 얼핏 과거보다 민주적으로 변한 것 같지만 교사들은 자기 계발의 주체가 되면서 훨씬 더 개별화되고 공공성을 상실하게 되었다(정용주). 학교와 교육의 구체제를 지속시키는 힘에 저항하기 위해 무엇을 할 수 있을까. 먼저 '교사가 학생보다 우월한 존재'라는 기득권을 내려놓고(진냥), 교육이라는 이름으로 일상적으로 벌어지는 일들에 대해 의심하고 저항하는(이용석) 작지만 의미 있는 실천에서부터 시작할 수 있을 것이다. 조금 더 시야를 넓혀서는 교사와 학생들의 '삶과 전망'에 대한 다른 상상을 하고(박형일), 4차 산업혁명이라는 허위에 맞서 함께 commune의 가치를 구현할 수 있는 장을 만들어야(채효정) 할 것이다.

지난 12월 초, 세계인권선언 70주년 기념식에 참석한 인권운동 활동가 박래군은 불편하고 울적했던 마음을 고백한 바 있다. 대통령이 참석하는 기념식에서 맨 가운데 맨 앞자리에 초대받은 박래군은 초대받지 못하고 행사장 밖에서 피켓을 들고 목소리를 높이는 많은 활동가들을 떠올린다. "난민도 가짜 난민, 페미니스트도 가짜 페미니스트라고 하더니 이제는 가짜 인권을 파는 '인권팔이'라고 인권단체와 활동가들이 매도당하는 상황"이 되었다며 박래군은 오히려 지금 시대가 과거보다 불평등과 혐오, 차별이 넘쳐나고 있음을 역설한다. 이를 넘어서기 위해서는 "깨어 있는 시민들"에게 기대할 수밖에 없으며, "저항의 시대가 오고 있는지도 모른다"고 박래군은 표현한다. 세계인권선언 70주년 공동행동의 기치는 "불온한 세상을 향한 인권"이었다.

차별과 불평등에 대한 감각을 버리고 자신의 기득권을 성찰할 줄 아는 불온의 가치는 시대와 무관하게, 아니 오히려 지금처럼 '세상이 조금 좋아졌다'고 느끼는 때 더욱 필요하다. 그래서 불온한 교사는 필연적으로 지배적 담론에 저항하는 삐딱한 시선을 가질 수밖에 없는지도 모르겠다. 《불온한 교사 양성 과정》 1권을 내놓은 지 6년, 2권을 내놓은 지 5년 만에 3권으로 다시 돌아온 이유이다.

2018년 12월

교육공동체 벗 편집부

· 차례 ·

책을 펴내며   5

1부 | **교육과 삶의 전환**

불온함은 '밖'을 상상하고 질문하는 힘   12
삶과 교육의 농적 전환 | 박형일 |

일탈과 퇴폐 그리고 해방   38
기득권을 내려놓고 얻은 해방의 언어들 | 진냥 |

페미니스트 교사가 불온한 교사다   76
교육의 페미니즘적 전환을 위해 | 김성애 |

2부 | **학생과 교사 관계를 전복하다**

청소년운동이 바라는 학교는……   104
학생과 교사는 어떻게 만나야 할까 | 공현 |

모든 억압에 저항하라   128
행동하지 않으면 변하지 않는다 | 이용석 |

학생 사회의 상상과 기획   154 |
시민교육, 학생 사회를 상상하라 | 배이상헌 |

3부 | 미래는 오는 게 아니라 만들어 가는 것이다

'교사 되기'를 다시 묻다 198
교사, 위임 독재자에서 혁신적 경영인으로 | 정용주 |

교사, 정치하라! 226
선거 제도와 교사의 정치적 자유 | 하승수 |

기술이 교육을 대체할 수 있을까 258
'미래 교육'의 환상과 실체 | 채효정 |

부록 | 불온한 교사 양성 과정 AS

영혼 있는 관리자로 살아가기 296
무관의 평교사는 왜 교장이 되었는가 | 이상대 |

1부

교육과 삶의 전환

불온함은 '밖'을 상상하고 질문하는 힘

- 삶과 교육의 농적 전환

- 박형일

농부, 교육농(農)연구소 figure98@hanmail.net

일터이자 삶터에서 살아가는 일

My grandfather used to say that once in your life you need a doctor, a lawyer, a policeman and a preacher but everyday, three times a day, you need a farmer.

- Brenda Schoepp

할아버지는 "네가 살아가는 데서 의사나 변호사, 경찰, 그리고 성직자도 필요하겠지만, 매일, 그리고 하루 세 번 꼭 필요한 이가 있으니 그건 바로 농부이다"라고 말씀하셨다.

- 브렌다 스코프

지금 화면에 띄워 놓은 이 글은 이런 이야기 자리가 있을 때마다, 인사를 겸해 나누는 글입니다. 우리는 보통 농부와 농민 그리고 농업이라고 하면 나와는 거리가 먼 이야기라고 생각합니다. 하지만, 우리는 이미 하루 세 번 음식을 통해 농민을 만나고 있고, 일상적으로 농업에 참여하고 있습니다. 농업과 농촌, 줄여 농農이라는 것이 결코 나와 멀지 않은 것임을 강조드리며 이야기를 시작하고자 합니다.

저는 충청남도 홍성군 홍동면에서 온 박형일이라고 합니다. 시설 하우스에서 채소를 기르는 농부이자 '교육과 농'을 연결하는 일을 궁리하며 교사와 청년, 지역의 아이들을 만나는 일을 하고 있습니다. 그리고 그 일을 '교육농(農)연구소'라고 부르고 있습니다. 사실, 지역에서 제가 살아가는 모습은 이것보다 훨씬 더 잡다합니다. (웃음) 그래서, 저를 소개할 때 하나의 직업으로 특정해 말씀드리기보다는 '지역이라는 삶터이자 일터에서 살아가는 일을 하고 있다'라고 소개드리곤 합니다. 불러 주셔서 이 자리에 서 있지만, 저는 사실 여러분들 앞에 서서 강의할 주제는 못 됩니다. 무언가를 많이 알지도 못하고, 좋은 삶을 살아가고 있지도 못합니다. 다만 약속된 자리가 주어졌으니 제가 살아오면서 거듭해 온 시행착오를, 그 비틀거림과 어리숙함을 '불온함'으로 잘 꿰고 포장해서 이야기해 보도록 하겠습니다. 속지 말고 잘 들어 주시길 바랍니다. (웃음)

나는 불온한가?

어쨌건 이런 제가 과연 불온한가. 오늘 기차를 타고 서울에 오는 내내 생각해 봤습니다. 강의 주제가 '불온한 교사 양성 과정'이니까요. 불온하다는 게 뭘까. 불평이나 불만을 가지는 걸까? 아니면 불응하거나 저항하는 걸까? 곰곰이 생각을 해 봤습니다. 그런데 오늘 제게 찾아든 생각은 '불온하다는 것은 삶과 사회에 대한 상상력이 아닐까'였어요. 그런 맥락에서 '교육적 불온함'은 '교육적 상상력'이자 교사 자신과 아이들의 '삶과 전망(진로)'에 대한 상상력이라는 생각이 듭니다. 그래서 오늘 자리에서는 먼저 제게 불온함을, 다시 말하면 삶과 사회에 대한 상상력을 안겨 준 몇 가지 사건과 질문에 대해 이야기드려 보고자 합니다.

저는 농부가 되기 전, 교대를 졸업하고 5년 남짓 잠시 교사 생활을 했습니다. 제가 교직을 그만둘 즈음 6학년 담임을 맡았는데, 그때 만났던 아이들이 제게 몇 가지 질문을 던져 주었습니다. 그 당시에는 그 질문들이 무척 괴로웠는데, 그 질문 덕분에 불온함, 삶과 교육에 대한 '다른 상상력'을 가질 수 있게 되었습니다.

"선생님, 저는 언제 행복해질 수 있죠?"

먼저 그 첫 번째 질문은, "선생님, 저는 언제 행복해질 수 있죠?"였습니다. 무슨 영화 제목 같기도 한데요. (웃음) 실제, 아이가 제게 던졌던 질문입니다. 그날도 퇴근을 못 하고 남은 공문을 처리하고 있었어요. 근데 한 아이가 집에 안 가고 책상 위에 엎드려 있는 거예요. 그래서 저는 무심히 (여전히 시선은 컴퓨터 화면을 바라보면서) "왜 집에 안 갔어, 무슨 일 있냐"라고 물었습니다. 그런데 그 아이가 책상 위에 엎드린 채, "선생님, 사는 게 너무 힘들어요"라고 하는 거예요.

그때 아이에게 미안하지만 저도 모르게 '피식' 웃었습니다. 6학년 아이가 삶이 힘들다니. 가벼운 투정으로 여겼던 것 같아요. 그래서 처음에는 타박하듯 "야, 선생님 봐라. 내가 더 힘들다. 이제 6학년이 뭐가 그리 힘드냐"라고 물었더니, 그 아이가 "학원 다니는 게 너무 힘들어요"라고 하는 거예요. 엄마가 중학교 가면 기초가 중요하다면서 영어와 수학 학원을 늦은 시간까지 보냈는데, 그게 너무 힘들었나 봐요. 그래서 엄마에게 말씀드려 봤냐고 물었더니 가족들 있는 자리에서 이야기했대요. 그런데 그때 옆에서 듣고 있던 중학생 누나가 그러더랍니다. "까불지 마. 그게 뭐가 힘들어? 중학교 가면 더 힘들어. 수행 평가며 내신이며 쉬운 줄 알아? 지금이 행복한 줄 알아." 그러니까 그 옆에 있던 고등학생 형이 "웃기네. 중학생이 뭐라고 힘들어. 고등학교 가면 더 힘들어. 야간 자율 학습도 해야 하고, 대입 준비에 스트레스가 얼마나 큰지 몰라"라고 하더랍니다. 형제가 많은 아이였는데 잠자코 듣고 있던 큰형이 덩달아 그랬다고 해요. "꼬맹이들아, 대학 들어오면 안 힘든 줄 알아? 대학에 가도 힘들다고. 학점도 따야 하고, 취업하기도 힘들어." 여기가 끝이었을까요? 아니에요. 그 친구가 마지막으로 하는 말이 이래요. "그런데 선생님, 아버지가 술을 드시고 와서 엄마한테 하시는 이야기를 들었는데, 직장 다니는 것도 괴롭고 힘들대요." 그러면서 제게 "초등학교는 중학교 때문에 힘들고, 중학교는 고등학교 때문에, 또 고등학교는 대학 때문에 힘들고, 대학은 취업 때문에 힘들고. 그런데 취업을 해서 직장 가서도 힘들면 전 언제 행복해질 수 있죠?"라고 하더라고요. 그 순간 저는 아무 말도 할 수가 없었어요.

왜냐하면 저 역시 '유치원-초등학교-중학교-고등학교-대학교-군대'를 아무런 의심 없이 지나왔고, 교사라는 직장인으로 살아가고 있었거든요. 그것을 당연하다고만 생각했지, 그것을 의심하거나 그 '밖'을 상상하지도 못했습니다.

"현실이 그렇지 않잖아요?"

그래도 아이가 힘들어하는데 무엇이라도 해야 할 것 같아서, 아이 어머님과 상담을 하게 되었어요. 아이가 너무 힘들어하니까 학원을 잠시 쉬는 게 어떻겠냐고요. 그런데 어머님이 한숨을 쉬시면서 "힘들어하는 제 아이를 보면 제 가슴이 더 아파요. 그런데 현실이 그렇지 않잖아요"라고 하시더군요. '선생님이야 정년도 보장되고 안정적이니까 모르겠지만 우리 아이 아빠를 보라고, 현실이 그렇지 않다'고요. 그때 저는 '현실'이란 말 앞에 아무 말도 할 수가 없었어요. 제가 살아 본 현실은 앞서 말씀드렸듯이, '유-초-중-고-대-군대-직장(학교)'뿐이었거든요. 저 나름대로는 좋은 교육을 하려고 했고, 좋은 교사 흉내라도 내고 싶었는데, 그 두 가지 질문 앞에서 크게 가로막혔어요.

고민해 보니 결국 좋은 교육은 좋은 삶에 대한 것이고, 좋은 삶을 살기 위한 것이라는 생각이 들더군요. 하지만, 과연 나는 좋은 삶에 대해서 얼마나 알고 있을까 싶었어요. 그동안 유치원, 초등학교, 중학교, 고등학교, 대학교, (학교를 닮은) 군대, 교직 포함해서 학교에서만 살아 본 제가 말이에요. 아이들 그리고 학부모들이 말하는 세상의 현실 앞에서, '나는 한 번도 학교 밖의 삶과 현실을 제대로 살아 본 적이 없구나' 그게 저한테 일종의 충격이자 큰 질문으로 다가왔어요. 그리고 교사로 살아가기 이전에, 아니 교사로 잘 살아가기 위해서라도 그 밖을 살아 봐야겠다는 생각을 하게 되었어요.

당시에 제가 좋아하고 어울리던 선배, 동료 교사들이 작은학교연대라는 모임에 함께하고 있었고 그분들이 새로운 학교를 만드는 운동이나 이런저런 좋은 일도 많이 제안해 주셨어요. 그 일에 함께 참여할지, 학교를 그만둘지 고민하다가 새로운 학교를 만드는 것도 의미 있고 좋은 일이지만, 학교 밖을 살아 보는 게 굉장히 절실하고 필요하다는 생각을 했어요. 제가 '새장 속의 새', '어항 속의 물고기' 같았거든요.

그 밖을 살아 보는 것이 제 삶과 성장에 굉장히 중요하고, 그렇다면 두렵지만 지금의 궤도에서 멈추고 내려야겠다고 결론을 내리게 되었습니다. 요즘에는 연구년도 있고 여러 제도가 있는 것 같던데, 그 당시에는 사직하는 것 외에 다른 방법이 없었어요. 그만두는 절차가 의외로 간단하고 쉽더라고요. "일신상의 이유로 사직하고자 함." 자필로 쓴 이 한 장의 사직서면 되더군요. 교직에 들어가기 위해서는, 대학 입시를 통과하고 교대에 들어가 4년을 다니고, 임용 시험을 치르고, 임용 후에도 신규 교사 직무 연수도 받아야 하는 등 절차도 많고 어려웠는데, 그만둘 때는 이 한 줄이면 끝난다는 게 허탈하기도 했지만, 알 수 없는 홀가분함으로 교감 선생님께 사직서를 드리고 학교 '밖'으로 나왔던 기억이 납니다.

처음으로 경험해 보는 학교 밖에서 무엇으로 어떻게 살아 봐야 할까 고민하다가 당시에는 교육을 포함한 우리 사회의 많은 문제가 산업화, 도시화에 그 뿌리가 있다는 생각을 하게 되었어요. 그래서 탈산업적인 상상력이라고 해야 할까, 산업적인 방식이나 도시적인 방식이 아닌 새로운 삶의 방식을 만나 보고 싶었어요. 관련해서 책도 읽고, 책을 쓰신 분들을 만나러 다니기도 하고 또 여러 공동체나 지역 현장을 다녀 보기도 하였습니다. 탐문과 고민 끝에 농에 기반한 지역 단위의 자립적이고 순환적인 삶을 배우고 살아 보고 싶다는 생각을 하게 되었고, 충남 홍성의 홍동 지역에 발을 딛게 되었습니다.

이어서 드리고 싶은 이야기는 제가 학교 '밖'을 살아가면서 느꼈던 몇 가지 '실감'에 관한 이야기입니다. 제 자신의 성찰에 대한 이야기일 수도 있고, 달리 표현하면 그동안 학교 '안'에서는 경험하지 못했던 학교 '밖' 배움에 관한 이야기이기도 합니다. 오늘의 키워드는 불온함이니까, 불온한 경험, 불온한 배움이라고 표현할 수도 있겠네요.

불온한 배움

제가 배움이라고 표현한 것은 지식과 정보를 얻었다기보다는 몸과 삶이 바뀌는 경험이랄까요. 그걸 어떻게 설명할 수 있을지는 모르겠는데, 단편적이지만 몇 가지 생각나는 사건이나 장면으로 이야기드려 보려고 합니다.

하나는, '더불어 살아가는 것'에 대한 거예요. 말은 참 좋아 보이지만, 그게 얼마나 어렵고 힘든 일인지, 무엇보다 실력을 필요로 하는지 제 자신에 대한 성찰이자 자각이 있었어요. "스스로 서는 나, 더불어 사는 우리." 제가 학교 교사로 있을 때도 쓰던 급훈이에요. 저도 어디서 주워들은 건 있어 가지고 이런 것을 급훈으로 걸어 놓고, 나름 대로 이런 교육을 흉내 내기 위해 애썼어요. 그런데 안타깝게도, 아니 지금 생각해 보면 너무 당연하게도 잘 안 됐어요. (웃음) 제가 담임했 던 학생들이 마흔 명 정도였는데 학교 폭력 문제도 일어나고 왕따 현 상도 있고…… 이런저런 사건 사고가 끊이지 않았죠. '더불어 살아가 는 학급'을 만들어 가기 위해 푸닥거리 빼고는 다 해 본 것 같은데 잘 안 되더라고요. 왜 안 될까. 그때 일종의 한계와 절망감을 느끼며 가정 과 사회를 탓하고, 한편으로 아이들을 탓하기도 했지만, 정작 제 자신 을 제대로 성찰해 보지는 못했던 것 같아요. 그런데 농촌에 와서 살면 서, 지역살이를 하면서 느낀 것은 제가 한 번도 공동체적인 삶을 살아 본 적이 없다는 거였어요. 함께하는 삶, 더불어 사는 삶을 관념적으로 는 동경해 왔지만, 철저히 개인주의적 삶을 내면화하고 있었을 뿐 그 런 삶을 한 번도 살아 본 적도, 경험해 본 적도 없다는 것을 깨달은 거 죠. 마치 바이올린을 연주해 본 경험도 없는 사람이 말로만 바이올린 을 잘 연주하라고 가르치는 모양이었던 거예요. 지역에서 살면서 함 께 살아간다는 것이 굉장히 구체적인 일이고, 몸으로 하는 일이라는 것을 배우게 됐어요. 책이나 글만으로는 배울 수 없는, 마치 수영을 하 고, 자전거를 타고, 악기를 연주하는 것과 같은 신체적 능력이자 실력 이라는 것을 이해하게 되었죠.

두 번째로는, 비슷한 맥락일 수도 있는데, '인간은 참으로 다양하고 입체적이라는 것'을 알게 되었어요. 이것도 예전에는 알고 있다고 생각 했죠. 어디까지나 머리로요. 하지만 머리로 아는 것과 삶 속에서 느끼며 '정말 그렇구나'라고 깨달아 알게 되는 건 정말 다르더라고요. 그동안 '가치는 실현하는 것'이라고 생각했고, 제가 생각하는 가치를 실현하기 위해서만 애써 왔지, 타인과 서로 다른 가치를 소통하려는 노력은 하지 못했어요. 지역에서 살면서 '가치는 서로 다르기 때문에 서로 소통하며 타협하는 거구나' 하는 것을 뒤늦게 배웠어요. 사람은 굉장히 다양하며 입체적이고, 서로의 맥락이 다르다는 것을, 그리고 그 다름을 인정하고 이해하는 일이 매우 중요하다는 것을 알게 되었어요. 사람에게는 '이성'만큼이나 '감정'이 중요하며, 서로 함께 살아가고 일을 해 나가는 데 '감정'이 다치지 않아야 한다는 것을 깨닫게 되었죠. 그러면서 지역살이에 대한 제 삶의 관점과 태도도 바뀌기 시작한 것 같아요. 함께 살아간다는 것은 이런 다양성들이 서로 대화하고 소통하고 타협하는 과정임을 뒤늦게 배우고 알아 가는 과정이었어요. 말은 이렇게 쉽게 하지만, 결코 쉽지 않았어요. 엄청 깨졌고, 몸이 바뀌는 과정이 무척 고통스러웠죠.

잠깐, 다른 이야기이지만, '지역'이라는 말을 많이 쓰잖아요? 처음에는 그 말이 이해가 안 되더라고요. 지역 사회의 '사회'라는 표현도요. '지역', '지역 사회'라는 말을 활자로만 접했지 한 번도 지역을 살아 본 적도 없고, 지역성도 가져 본 적이 없는 거죠. 가만히 생각해 보니 제가 경험한 것은 '국가' 또는 '시장'이라는 두 가지 틀이지, 시민 사회 혹은 지역 사회를 경험해 본 적이 없었더라고요. 앞서 말씀드린 대로, '유-초-중-고-대-군대-직장(학교)'만 경험해 본 저의 삶의 세계와 경험의 세계가 너무 협소했던 거예요. 그러다 보니, 어떤 문제나 가치를 관념으로만 다루어 왔지, 그것을 구체적 삶의 장면이나 현장, 실천을 통해서는 익혀 본 적이 없었던 거죠.

세 번째는, 인간이 중요하니, 사람이 먼저이니 하며 아이들 앞에서 아는 척을 했지만, 정작 저 자신을 포함해 '사람'에 대해서 잘 모르고 있었다는 것을 깨달았어요. 교사 시절 나름대로는 아이들에게 '인성 교육'을 하기 위해 애썼던 것 같아요. 지금 생각하면 당시의 제가 너무 창피하고 부끄럽지만요. (웃음) 교사를 할 때 기본적으로 인간에 대한 이해와 통찰이 없으니까 규범과 당위로서만 접근했던 것 같아요. 참으로 무지했던 거죠. 저 자신을 포함해 인간에 대해서 그토록 무지했으면서 인간 교육이니 인성 교육이니 하며 아이들을 가르치려고 했으니까요. 사실 그건 교육이 아니라 일종의 폭력이자 윽박이었던 것 같아요.

또 하나 중요한 배움 중에 하나는 '기다림'에 대한 거였어요. 농사를 막 시작했을 때, 밭에 고구마를 잔뜩 심고는 밭둑에 앉아 이 고구마를 언제나 먹을 수 있지 생각해 보니, 10월 말 서리가 내릴 때까지 기다려야 하더라고요. 순간 어찌나 기다림이 어색하고 싫던지요. 오늘 심었으니 내일 당장 고구마를 먹고 싶은데, 수개월을 기다려야 한다니……. 생각해 보면 농사의 주된 일이라는 게 '기다리는 것'이잖아요. 하지만 그게 너무 힘들더라고요. 내가 익숙해져 있던 소비 사회에서는 돈을 들고 시장에 가면 당장 내 필요와 욕구를 채울 수 있는데 농사에서는 그게 안 되잖아요. 작물마다 각자의 고유한 특징과 성장 체계가 있으니, 그것을 이해하고 해 줄 일을 해 주며 무엇보다 기다려야 하죠. 농사를 배울 때, 이런 말씀을 들었어요. 작물이 자라는 데 '충분한 햇빛과 적절한 양분과 수분, 그리고 농부의 수고도 있어야 하겠지만, 가장 필요한 것은 시간'이라고요.

하지만, 저는 오늘 씨앗을 심었으니 내일 당장 열매를 바라는 사람이었어요. 어떻게 보면 제가 했던 교육도 그랬던 것 같아요. 교사를 할 때도 기다려 주는 것을 못 했어요. 늘 성급하고 초조했던 것 같아요. 모든 사람이 그렇듯이 아이들 역시 '되어 가는 존재'이고, 성장을 하는 것은 무엇보다 시간을 필요로 하는 건데 말이에요. 그렇게 너무나 당연한 것을 그때는 알지 못했어요. 생각할수록 부끄럽고 후회가 돼요.

불온한 이야기를 해야 하는데 부끄러운 이야기만 잔뜩 늘어놓았네요. (웃음) 마지막으로 정리하며 '교육농'에 대한 이야기를 짧게 드리고 싶어요.

교육의 눈으로 새롭게 보는 농

'교육농'이라는 말을 많이 낯설어하시는데, 그럴 수밖에 없는 것이 교육농은 원래 있던 말이 아니라 만들어 낸 말이에요. 교육농이라는 조어를 쓰게 된 까닭은 제가 가지고 있는 문제의식이자 제안을 표현하기 위해서였어요. 농은 산업 이전에 삶의 방식이자 문화인데 우리는 왜 농을 산업의 눈으로만 바라볼까. 농을 교육의 눈, 전인의 눈, 생태의 눈으로 새로이 바라보는 일이 필요하지 않을까라는 문제 제기이자 제안을 하고 싶었죠. 농교육과 교육농의 차이를 묻는 분들이 많으신

데, 간략히 말씀드리면 농교육이 '농에 대한 교육'이라면 교육농은 '농을 통한 교육'이라고 할 수 있을 것 같아요. 이해를 돕기 위해, 음악교육이 아닌 교육음악을 한 '엘 시스테마'를 예로 들 수 있을 것 같아요. 베네수엘라의 마약과 범죄에 노출된 빈민가 아이들의 보호와 재활을 고민했던 이들이, 음악을 통한 새로운 교육을 시도했죠. 음악이 가진 교육적 가치와 기능, 전망에 주목하고 '그렇다면 음악을 교육적으로 경험하도록 하자'라고 생각한 게 엘 시스테마의 교육적 상상력이자 실천이었다고 생각해요. 그러니까 음악교육이 아닌 교육음악을, '음악에 대한 교육'이 아니라 '음악을 통한 교육'을 했던 거예요.

비슷한 맥락에서, 농이 가진 전인성과 통전성, 생태성에 주목하고 이를 교육적으로 연결하자라는 이야기를 하고 싶었어요. 그것이 지금 시대에 필요한 교육적 경험이라고 생각했고, 농사의 교육적 의미에 대해서 새롭게 질문하고 함께 실천해 보자는 제안을 담아 농사교육/농업교육이 아닌 교육농이라는 표현을 쓰게 되었던 겁니다.

교육농에 이어 '진로농'에 대한 이야기를 마지막으로 덧붙이고 싶어요. 저는 모든 교육은 진로교육이라고 생각해요. 교육은 삶에 대한 것이고, 삶을 위한 것이니까요. 다양한 진로교육이 있겠지만, 농적인 진로도 하나의 가능성이자 사례로 소개되고 경험되었으면 해요. 지금 우리에게 필요한 것은 삶의 다양성, 달리 표현하면 삶에 대한 다양한 상상력이라고 생각해요. 저는 다른 삶의 가능성의 하나로 '지역'을 봐요.

그 이유는 지역이 삶의 다양성을 담을 수 있는 좋은 그릇이자 여백이라고 생각하기 때문이에요. 지금도 인구의 절반 가까이가 수도권에 살고 있고, 현재 농촌에 살고 있는 청소년들과 청년들 역시 도시로 가고 싶어 하는 게 솔직한 현실이에요. 하지만, 이렇게 서울 혹은 수도권은 비대해지고, 지방, 지역은 축소되고 소멸되어 가면, 삶의 다양성을 펼칠 수 있는 사회적 공간은 점점 더 협소해지는 게 아닌가 싶어요. 지역을 살려 내고 지역을 단위로, 지역을 기반으로 해서 좀 더 다양한 삶을 펼쳐 낼 수 있었으면 좋겠어요.

불온해지기 위해서는 규범과 당위로 무거워지기보다 유연해지고 상상력이 가득해져야 하는 것 같아요. 무거워지는 것과 깊어지는 것은 다르다고 하던데, 불온하다는 것은 무거워지는 것이 아니라 깊어지는 것이고 다른 한편으로는 유연해지는 것이라는 생각이 들어요.

불온한 교사란 뭘까. 이야기를 마무리하며 다시 한 번 질문을 던져봅니다. 제가 생각할 때 불온한 교사는 유연성과 상상력을 가지고 '밖을 상상하고 밖을 만드는 사람'이라고 생각해요. 그런데 혼자 할 수는 없잖아요. 주변의 교사들과 함께, 서로 연결되어 밖을 만들어 가면 좋겠습니다. 사실 〈불온한 교사 양성 과정〉도 별로 불온하지 않잖아요. 서울에서, 그것도 강의실에 앉아서 강의를 듣는 것으로 끝나잖아요. (웃음) 시작은 이렇게 하지만 나중에 기회가 된다면 오늘 나눴던 이야기들을 함께 배우고 만들어 갈 수 있으면 좋겠습니다. 그럼 실천의 자리에서 좋은 인연으로 또 뵙겠습니다. 고맙습니다.

참가자 사표를 낸다는 게 많은 용기가 필요한 일 같은데 어떻게 결심하게 되셨는지요?

박형일 당시 저는 스물여덟, 스물아홉 살 정도였는데, 서른 직전 밖을 살아 보고 싶다는 욕구가 그만큼 강했던, 아니 절실했던 것 같아요. 교사는 언제든지 다시 하고 싶으면 할 수 있겠다는 생각이 들었어요. 하지만 학교 밖을 살아 보는 경험 없이는 무력했죠.

참가자 교사들이 가지고 있는 원죄가 바로 그 점 같아요. 학교 밖을 살아갈 아이들을 학교 밖 경험이 전혀 없는 교사들이 가르치고 있다는. 이 문제를 교사들이 일찍 성찰해야 하는데 저 역시 교사 생활을 20년 정도 한 후에야 깨닫게 되었어요. 그리고 그제야 부랴부랴 세상을 보려는 노력을 하게 되었어요. 그런데 선생님은 20대 후반에 깨달았다는 게 쉽지 않았을 것 같아요.

박형일 가능하다면 교사가 되기까지 다양한 경험을 할 수 있는 기회가 주어지면 좋을 것 같아요. 〈불온한 교사 양성 과정〉도 바로 그런 역할을 하는 게 아닌가 싶고요. 저처럼 학교를 그만두는 극단적(?) 선택을 하지 않아도 되는, 다양한 삶을 경험하고 탐색할 수 있는 '불온한 교사 양성 과정'이 더 많이 만들어지면 좋겠네요.

참가자 저는 지난해 연구년이었는데, 무엇을 해야겠다는 것은 없었고 하지 말아야겠다고 결심한 게 딱 두 가지 있었어요. 되도록 학교는 가지 말자, 그리고 교사는 만나지 말자. 그렇게 정해 놓으면 의도적으로라도 학교 밖의 사람들을 많이 만나게 되니까 협소한 삶의 영역이 확장될 수 있지 않을까 기대했어요. 공교육의 목표가 명목상으로는 "훌륭한 사람이 되자"겠지만, 냉정하게 말하면 서울 이외 지역의 교육 목표는 "우리 지역을 탈출해서 서울에서 생존할 수 있는 사람이 되자"가 아닐까 생각해요. 역으로 우리 지역에서 우리 지역의 문제를 가지고 살아갈 수 있는 것을 교육 목표로 12년 동안 학교와 교사와 마을이 함께 아이들을 길러 낸다면 어떤 세상이 펼쳐질까 궁금해졌어요.

박형일 방금 말씀하신 게 학교의 지역성, 교육의 지역성이 아닐까 해요. 학교가 좀 더 지역성을 갖는다면 훨씬 다양해지고 풍부해지지 않을까요. 교사들은 교사이기도 하지만 지역민이기도 하잖아요. 교사들이 지역에서 할 수 있는 역할들이 많더라고요. 교사와 지역민, 이 두 가지 정체성을 유연하게 오가면서 새로운 교사의 모델, 학교의 모델을 만들어 갈 수 있을 것 같아요.

참가자 "언제 행복해질 수 있냐"고 물었던 그 학생이 지금 다시 같은 질문을 한다면 뭐라고 답을 해 줄 것 같으세요? 학교 밖에서 그에 대한 대답을 찾으셨는지 궁금해요.

박형일 그때와 똑같은 질문을 받는다면 지금은 다르게 대답할 수 있을 것 같긴 해요. 꼭 그렇게 살지 않아도 된다고, 그 밖의 삶도 가능하다고. 실제 제가 살고 있는 작은 지역 사회에서도 충분히 다양한 삶의 모습을 목격하고 경험하고 있어요. 다른 삶이나 다른 진로를 만들어 나가는 것도 중요한 교육적 실천이라고 생각해요. 그것을 학교 안에서 하든, 밖에서 하든 그건 중요하지 않을 것 같고요. 학교 안에서도 충분히 그런 참여와 실천을 할 수 있죠. 다만 당시에 저는 그런 것들을 볼 수 있는 '눈'이 없었던 것 같아요.

참가자 보통 면 지역을 여행하다 보면 다 똑같다는 것을 경험하게 돼요. 학교, 보건지소, 파출소, 농협, 그리고 하나로마트가 있죠. 국가가 작동하는 기본 단위인데 그 외의 것들은 보기 힘들더라고요. 적어도 홍동면의 경우 일반적인 행정 구역에서 볼 수 없는 뭔가가 발견될 것 같아요. 상상력으로 만든, 다른 지역과 구별되는 새로운 것이 무엇이 있을까요.

박형일 먼저 말씀드리고 싶은 것은, 우리 지역이 이런저런 미디어를 통해 더러 좋게 알려지기도 했지만, 여전히 많은 문제와 한계를 가지고 있다는 점이에요. 농업을 한다는 게 그리고 농촌에서 살아간다는 것이 쉽지 않은 일이라는 것도 말씀드리고 싶고요.

그럼에도 여러 삶의 문제와 필요를, 농업이라는 '생산적이고 순환적인 방식'을 통해, 농촌이라는 '더불어 살아가고자 하는 방식과 태도'를 통해, 교육이라는 '사람을 기르는 꾸준한 노력'을 통해 해결하기 위해 애쓰고 있다는 점을 나누고 싶어요. 최근에 지역 의료 문제를 해결하기 위해 주민들이 함께 만든 의료생협을 포함해 지금도 여러 시도와 실험을 계속해 오고 있으니, 관심 있으시다면 한 번쯤 직접 방문해 이야기를 나누어 보면서 함께 연대와 연결의 지점을 찾아봐도 좋을 것 같아요. 핵심은 우리 지역 사회가 미력하게나마 삶의 필요와 문제를 지역을 단위이자 기반으로 생산하고 참여하며 직접 만들어 가는 경험을 함께 쌓아 가고 있다는 점이라고 생각해요.

참가자　학교에서 농사교육을 하려고 보니까 농업에도 차이가 많더라고요. 이를테면 진보적인 농업과 보수적인 농업이 있달까요. 농업을 전업으로 하는 분들은 대량 생산을 하고, 흔히 관행농이라고 하는 방식으로 농사를 짓는데 그런 방식은 학교교육에는 적용하기 어렵잖아요. 하지만 농부로서 생계를 유지해야 하기 때문에 그게 잘못된 방식이라고 말하기는 어려울 것 같아요. 농업을 어떻게 바라봐야 할까요.

박형일　우선은 '농업, 농촌이 무척 어렵고 이대로는 지속 가능하지 않다'

라는 현실에 대한 인식이 필요한 것 같아요. '농업은 소멸 단계이고, 농촌은 해체 단계'라는 진단도 틀리지 않다고 생각하고요. 전 국민의 5%만이 농민이고, 그중의 절반 이상은 노인이에요. 후계 세대라고 할 수 있는 청년층의 비율은 매우 낮아요. 농업이 중요하다, 필요하다는 말은 쉽게 할 수 있는데, 그런 당위를 넘어서 구체적인 해결책과 방법론을 찾아가는 게 필요하겠죠. 어떻게 보면 농업과 농촌이 우리 사회와 새로운 관계를 맺어야 하는 단계이고, 농업과 농촌이 우리 사회에서 어떤 가치를 제공하고 있는가에 대한 사회적 합의나 토론도 필요한 것 같아요. 저는 농업에서 크게 세 가지 의제의 전환이 일어나고 있다고 생각하는데요, 오늘의 주제는 아니지만 간략히 말씀드려 볼게요.

첫 번째는 농업에서 음식으로의 전환이에요. 농업이라고 하면 농업인만의 문제가 되지만, 음식은 모든 시민의 문제잖아요. 두 번째는, 농업에서 농촌으로의 전환인데요, 농촌을 농업을 위한 생산 공간, 산업 공간이 아니라 삶을 위한 공간으로 다시 이해하기 시작한 거예요. 세 번째는, 생산 중심 농업에서 다기능성 농업으로의 전환이에요. 농업이 식량을 생산하는 것 외에 생태와 문화를 보존한다거나 아름다운 경관을 유지하고 교육이나 치유라는 다양한 공공 서비스를 하거나 사회적 가치를 실천하는 등 다양한 역할을 우리 사회에서 하고 있어요. 이런 의제 전환이 이루어지고 있는데, 가장 중요한 게 그 전환을 이루어 낼 사람이잖아요. 그런데 기존의 고령화된 농민들만으로는 할 수가 없는 일이에요. 그렇다면 젊은 농민들이 해야 하는데, 젊은 사람들이 농촌에는 많이 부족하죠. 한편, 젊은 사람들이 농업과 농촌에 진입하기에는 그 장벽이 높아요. 돈도 없고, 땅도 없고, 농사를 배워 본 적도 없는 청년층이 농업을 시작한다는 것은 현실적으로는 매우 어려운 일이에요. 농업과 농촌을 경험하지 않은 세대가 부모가 된 첫 세대라고도 하잖아요. 지금의 젊은 세대는 농업과 농촌에 대한 경험이 사실상 전무하죠. 농업과 농촌에 대한 이미지는 미디어를 통해 가지고 있겠지만 실질적인 지식과 정보, 경험은 없는 거예요. 당위나 규범으로만 "젊은 사람들이 농사를 지어야 한다", "젊은이여 농촌으로 오라"라고 하는 건 현실성 없는 공허한 이야기일 뿐이죠. 그래서 실질적으로 청년들이 농업에 진입할 수 있도록 돕는 여러 가지 제도와 정책, 그리고 교육 기반과 창농 기반을 만드는 노력을 행정 기관, 지역 단체들과 해 오고 있어요. 꼭 귀농, 귀촌을 하라는 것이 아니라, 앞서 말씀드린 진로농의 맥락과 교육적 의미에서라도 농업과 농촌을 다양한 방식으로 경험하고, 여러 접점을 만드는 일을 함께할 수 있었으면 좋겠습니다. 다른 한편으로는 그러한 노력이 우리 사회에 다양한 삶의 진로와 삶의 방식을 만들어 나가는 일과도 연결되어 있다는 생각도 들고요.

참가자 저는 대안학교 교사인데요, 초등 과정에서부터 자투리 공간에서 뭔가를 기르는 활동을 많이 해요. 그래서 그런지 아이들이 농사를 너무 쉽게 생각하는 것 같아요. 학교에서도 늘 접하고, 부모들도 집 안에서 뭔가를 기르고, 마을 단위에서도 하고 있으니까요. 너무 일상적이어서 그런지 농사를 통해 '우리 아이들이 이렇게 변했어요', '이렇게 성장했어요'라고 할 수 있는 극적인 장면들이 많지는 않아요. 농교육이 아니라 교육농을 한다고 했을 때, 교사에게 필요한 것은 무엇이 있을까요?

박형일 저는 우선 교사 자신에게 농사에 대한, 더 나아가 농촌에 대한 깊이 있는 경험과 안목이 필요하다고 생각해요. 2012년에 교육공동체 벗과 농사학림을 시작하게 된 배경도 그런 이유 때문이었어요. 교사들은 교육을 일상으로 살아가는 사람들이니까 농사를 익히고 배우면 농사를 자연스레 교육의 눈으로 다시 바라볼 수 있을 거라는 생각이 있었어요. 저도 풀무학교 전공부에서 농사를 겪고 배우며 여러 교육적 경험도 하게 되었고, 교육적 관점과 관심으로 농사를 새로이 바라보게 되었거든요. 이런 계기나 경험을 만들어 줄, 교사들을 위한 체계적인 농사교육과정이 필요하다는 생각을 해요.

참가자 저는 지난해 개인적으로 농사를 지으면서 깨달은 게 있어요. 학교에서 다양한 교과를 배우잖아요. 솔직히 그중에는 이게 살아가는 데 무슨 쓸모가 있나 싶은 것들도 많았거든요. 그런데 정작 농사를 지으면서 학교 다닐 때 배웠던 지식들이 절실하게 필요해지더라고요. 수학, 생물, 화학, 지구과학 등 공부에 대한 필요를 절절하게 느꼈고, 농사를 통해 수많은 학문이 구체적으로 다가왔어요. 학교에서 관념적으로 지식을 가르치는 것이 심각한 문제라고 봐요. 그리고 공교육에서 농사를 가르치는 게 꼭 필요한 일이라는 생각이 들었어요.

박형일 네, 맞아요. 저 역시 농사가 참으로 전인적인 일이라는 생각을 많이 하게 되거든요. 기본적으로 농사라는 게 생명을 기르고 돌보고 그 생명을 받는 일이니 그것만 해도 적지 않은 지식과 이해를 품고 있고, 다양한 연결고리를 가지고 있어요. 농사가 교육적으로 선용되면 참 좋겠어요. 오늘 다 이야기 나누지는 못했지만 실제 해외에서는 농업을 교육적으로 활용하는 사례가 굉장히 많아요. 내용도 알차고 아이들도 즐겁게 농업에 참여할 수 있는 다양한 프로그램이나 방법론도 많이 개발되어 있죠. 그렇게 되기까지 많은 공부와 연구, 실험이 있었을 거라고 봐요. 우리 사회에서도 그런 시도와 노력이 선생님 같은 분들을 통해 시작되고 있으니 함께 힘을 모아 나가면 좋겠어요. 우리는 농업 하면 보통은 촌스럽고, 힘들고, 심지어 더러운 것이라고 생각하는데 그러한 인식도 함께 바꿀 수 있었으면 좋겠어요. 프랑스에는 교육 농장이라는 교육계와 농업계가 함께 만든 일종의 교육 문화가 있는데 참 부러워요. 우리도 지금부터 교사와 농민들이 함께 그러한 문화와 기반을 만들어 나갈 수 있으면 좋겠어요.

참가자 저는 서울의 초등학교에서 근무하는데, 학교에서 아이들과 농사도 짓고, 반에서 협동조합을 만들어 본 적도 있어요. 선생님께서는 아이들 삶을 이해하기 위해 밖을 경험했다고 하셨는데, 모든 교사들이 밖을 경험해 볼 수는 없잖아요. 밖을 경험해 본 선생님이 다시 학교로 돌아간다면, 이제 어떻게 교육농을 통해 아이들과 만나실지 궁금해요.

박형일 솔직히 지금은 교사라는 정체성이 제게는 없어서 구체적으로 생각해 본 것은 없어요. 채소를 어떻게 잘 기르고 잘 팔 수 있을까에 더 관심이 많죠. (웃음) 깊은 고민까지는 아니지만 가벼운 아이디어 수준의 이야기는 드릴 수 있을 것 같아요.

저도 교사로 있을 때 아이들과 농사를 지어 봤는데 농사를 짓는 것 자체에만 집중했던 것 같아요. 그때 농사를 전인의 눈, 교육의 눈으로 바라볼 수 있었다면 학급 운영이나 생활 지도, 여러 교과 교육을 농과 결합시켰을 것 같아요. 그리고 또 하나, 그때는 농사를 음식이나 부엌과 연결해서 생각을 못 했어요. 음식은 일상이잖아요. 하루에 세 번 만나는 일상적이고도 아이들도 관심을 많이 갖는 주제인데, 농사와 음식을 연결하는 생각을 그때는 못 했어요. 선생님께서 학교에서 하신 것처럼 협동조합을 통해 '나눔 교육'을 해 볼 수도 있을 것 같아요. 예를 들어 다섯 이랑을 농사 짓는다면, 그중 하나의 이랑은 타인, 이웃을 위해 농사를 짓는 거죠. 보통 나눔 교육 하면 집에서 안 쓰는 물건을 가져오거나 용돈을 모아서 뭔가를 사는데, 내가 땀을 흘려서 동료들과 함께 생산한 것을 나누는 경험이 굉장히 특별하고 중요하다고 생각해요. 이런 경험을 통해 생산하는 삶에 대한 전망을 만들어 볼 수도 있고, 자연스럽게 진로교육으로 연결될 수 있을 것 같아요. 제가 학교에 있을 때 특별한 경험을 한 적이 있어요. 남자아이들이 좀 거칠고 사납잖아요. 잠자리나 개미를 잡아서 죽이면서 놀기도 하고요. 그런데 텃밭을 하면서 풀을 뽑으라고 했더니 못 하겠다고 하더라고요. "살아 있는 걸 어떻게 죽여요?" 하면서요. 애들이 그동안 살아 있다는, '생명에 대한 실감'을 하지 못했구나라는 생각이 들었고, 그때의 경험이 지금도 제게 인상 깊게 남아 있어요. 혹시 〈돼지가 있는 교실〉이라고 아세요? 일본의 한 학교에서 있었던 사례를 영화로 만든 건데, 책으로 나오기도 했죠. 저는 다시 학교로 돌아간다면 닭을 길러 보고 싶어요. 한국 사람들이 한 해에 닭을 10억 마리를 먹는다고 하더라고요. 아이들은 닭은 곧 '치킨'이라고 생각하잖아요. 아이들과 병아리 때부터 길러서 가능하면 잡아서 프라이드치킨까지 만들어 함께 먹어 보는 경험을 하고 싶어요. 아이들한테 너무 충격적일까요? 어쨌든 내가 먹는 게 살아 있는 생명이라는 것을 실감하고 체감하는 게 필요하다고 봐요. 풀무학교 전공부 때 제 졸업 과제가 오리 농법이었는데, 오리 농법의 핵심은 벼농사와 축산을 함께 하는 데 있어요. 일정 시기가 되면 오리를 잡아야 하는데, 제가 길들였던 오리 스물다섯 마리를 직접 잡는 경험을 처음 해 봤어요. 그때 오리를 잡으면서 두 가지를 느꼈어요. 하나는, 도망가는 오리를 보며 오리가 정말로 살고 싶어 한다는 것. 두 번째는, 생명에 대한 실감을 갖게 되었어요. 오리 목을 벨 때 오리의 피가 제 얼굴에 튀었는데 피가 뜨겁더라고요. 정말 살아 있구나, 내가 살아 있는 것을 먹는구나라는 걸 느꼈어요. 그 이후로는 고기를 포함해 음식을 바라보는 관점이 바뀌었죠. 채식을 하자고 주장하는 게 아니라, 우리가 살아 있는 생명을 먹고 있고 그 무게가 가볍지 않음을 교육을 통해 함께 배울 수 있으면 좋겠어요.

참가자 저는 학교의 프로젝트를 통해 강원도 홍천의 농장학교에서 1년 동안 아이들과 함께 자연의 시간에 맞춰 살아 보는 경험을 했어요. 아이들뿐만 아니라 저도 배운 것들이 많았어요. 당연하다고 생각했던 것들을 눈으로, 몸으로 확인했을 때 짜릿함을 많이 느꼈어요. 저는 농업에 대해 잘은 모르지만 농사를 지으면서 여러 질문을 만나고 깨달음을 얻는 순간이 많더라고요. 동물을 예로 들어 이야기해 보면, 아이들과 농사를 지으러 가다 보면 로드킬을 당한 고라니 같은 동물을 자주 만나게 돼요. 첫 번째 물음은, 그런 동물을 묻어 줄 땅을 찾다가 생겼어요. 주변 산에도 "사유지이니 무단으로 들어가지 마세요. 무단으로 들어갈 시에는 처벌하겠습니다"라고 적혀 있거든요. 어디에 묻어야 하는지 고민하다가 땅에 주인이 있을까라는 질문이 나오는 거죠. 그리고, 저희가 키우는 고양이 황태가 가끔 쥐와 다람쥐를 잡아 오거든요. 그걸 보면서 두 번째 질문이 또 생기는 거예요. 왜 로드킬을 당한 고라니는 안타까운데 황태가 잡아 온 쥐와 다람쥐는 덜 안타까울까. 생명의 무게가 다를까 고민하기도 하고요. 그리고, 고양이에게 사료를 주면서 이게 오히려 야생성을 해치지 않을까 생각해 보기도 해요. 이렇게 농사를 지으면서 머리로만 알고 있었던 지식을 넘어 생태적 감성을 기르게 되더라고요.

박형일 이에 대한 생각을 말씀드리면서 오늘 자리를 마칠까 합니다. 요새 미세 먼지 정말 고통스럽지 않으세요? SF 영화에서나 보던 것처럼 방독면까지는 아니지만 모두들 마스크를 쓰고 다니게 되었어요. 후쿠시마 핵발전소 사고 때는 방사능비를 두려워하기도 했고, 이후로 해산물을 먹으면서도 어떤 불안이나 염려를 갖게 되었죠. 제가 초등학교 다닐 때만 해도 물을 사 마신다는 게 낯설고 우스운 일이었어요. 그러다 언제부터인가 정수기와 생수가 당연한 일상이 되었죠. 물, 공기를 포함한 생태계 전반이 병들었고, 그로 인해 우리 인간도 고통을 겪고 있잖아요.

이런 상황에 대해서 근본적으로 성찰해 보고, 교육적으로 무엇을 할 수 있을까를 고민해야 한다고 봐요. 그 실천 중에 하나가 생태교육이 될 수 있을 텐데, 어떻게 할 것인가. 저는 여기에서도 교육적 상상력이 필요하다고 생각해요. 지금 우리에게 익숙한 방식이 아니라 다른 방식이 필요하지 않을까요? 교실 안에서 '생태 문제의 심각성'과 '생태계 보호'에 대한 지식과 정보를 효과적으로 전달한다고 해서 좋은 생태교육이 될 것 같지는 않아요.

저는 지금 우리 사회에 필요한 생태교육은 '생태적 감수성'을 기르는 교육이고, 생태적 감수성이란 '다른 생명과 내가 연결되어 있고, 생태계는 연결되어 순환되고 있다는 실감'을 갖는 일이라고 생각해요. 그리고 그런 감수성 혹은 실감은 직접 다른 생명을 돌보고 기르면서, 그리고 기른 생명을 직접 먹어 보는 경험을 통해서, 씨앗을 받거나 남은 음식물로 퇴비를 만들어 땅에 되돌려 보내는 경험처럼 구체적이고 지속적인 배움을 통해 가질 수 있다고 생각해요. 교육의 눈으로 농을 새로이 바라보고 농을 통해 우리 시대와 사회가 필요로 하는 교육을 함께 실천해 나갈 수 있었으면 좋겠습니다. 긴 이야기 들어 주셔서 감사합니다.

일탈과 퇴폐 그리고 해방

• 기득권을 내려놓고 얻은 해방의 언어들

• 진냥

초등 교사, 《오늘의 교육》 편집위원 jinnyang3@gmail.com

안녕하세요? 저는 대구에서 태어나 2년 정도만 타지 생활을 해 본 대구 토박이입니다. 보시다시피 키가 크고, 고양이 세 마리를 유난 떨며 키우고 있는 초등학교 교사이고요. 이야기를 시작하기 전에 우리가 오늘 처음 만났는데 서로 호명할 이름이 필요할 것 같아요. 옷깃만 스쳐도 인연이라는데 좀 더 편하게 대화하기 위해 실명보다는 좀 더 자신의 결을 나타낼 수 있는 별칭을 지어 봤으면 해요. 더구나 오늘 강연 주제가 '불온한 교사 양성 과정'이잖아요. 그러니 자신의 불온성을 잘 드러낼 수 있는 별칭을 지어 주세요. 저는 '일인'이라는 별칭을 방금 생각해서 만들었어요.

〈불온한 교사 양성 과정〉에 강사로 섭외를 받았을 때 부담이 컸었어요. '불온'이라는 말이 실생활에서 별로 안 쓰는 단어다 보니까 난감함도 좀 있었죠. 그래서 불온의 유사어들을 좀 찾아봤어요. 불온이 뭔지 생각해 보기 위해서요. 그러다가 떠올린 게 있어요. 저는 어릴 때부터 혼자이고 싶어서 꿈이 7평짜리 원룸에서 혼자 사는 거였어요. 방에 누워서 팔과 다리를 쫙 펼 수 있는 공간이면 딱 좋겠다고 생각했어요. 어떻게 보면 어릴 때부터 가족 해체와 개인화에 굉장히 부합되는 성격이었던 것 같아요. 당시엔 제 주변의 사람들과 사회, 공동체 속

어느 누구도 억압으로 느껴지지 않는 사람이 없었거든요. 청소년기에
도 마찬가지였고 비청소년이 되어서도 인권 활동을 시작하기 전까진
늘 그랬어요. 흔히, 미혼인 사람들에게 결혼하라고 많이들 이야기하
잖아요. 정작 제 가족들은 제게 결혼하라는 말을 하지 않는데 직장에
가면 많이 들어요. (웃음) 그 사람들에게 "결혼하면 뭐가 좋은데요?"
하고 물으면, "내 편이 생긴다. 울타리가 생겨서 좋다"라고들 해요.

그런데 저는 누구에게 보호받기도 싫고, 누군가를 보호해 주기도
싫거든요. 요즘 같은 페미니즘 리부트 시대에도 답답할 때가 있어요.
저는 오빠도 싫지만 언니도 싫어요. 《오빠는 필요 없다》라는 책이 있
잖아요. 근데 저한테는 언니도 필요 없거든요. 언니들의 연대라며 행
해지는 게 제게는 억압적일 때가 있어요. 그냥 서로 동등했으면 좋겠
는데 말이죠. 나는 나고 그 사람은 그 사람이었으면 좋겠는데, 많은 여
성과 여성단체들이 선배 페미니스트를 자처하며 '영 페미니스트와의
만남' 같은 행사를 열고 이야기하는 내용을 보면 참 버거워요. 그런
억압들로부터 탈출하는 게 제 욕망 중 하나예요. 그래서 저는 제 별칭
을 '일인'이라고 정해 보았어요.

교사의 일탈과 해방의 언어

오늘 주제가 '교사의 해방'이잖아요. 그런데 '내가 해방에 대해서 이
야기할 수 있을까?' 하는 의문이 들었어요. 그래서 앞에서 말씀드린
것처럼 불온이라는 단어의 유사어를 찾아봤어요. 그랬더니 '일탈'과

'퇴폐'가 불온의 유사어로 나왔어요. 어제까지 청소년운동을 하는 활동가들 두 명이 저희 집에서 신세를 지고 갔는데 그중 한 분에게 물어봤어요. "제가 불온한가요?" 그랬더니 그분이 곰곰이 생각하다가 "진 냥은 욕망과 현실을 일치시키려고 해서 불온한 것 같아요"라고 대답해 주더라고요. 굉장히 큰 칭찬을 해 주어서 '아, 이 이야기를 좀 해봐야겠다'고 생각했어요. 원래는 '개성'에 대해서 이야기를 하려고 했거든요. 한국 사회는 유난히 개성을 허락하지 않고 특히 교사에게는 유독 더 심한 것 같아서요.

(머리카락을 노랗게 염색한 참가자에게) "혹시 교사세요?"

"네."

"학교에서 괜찮으세요?"

"(저에게) 대놓고 이야기하진 않아서요. 뒷담화가 있었다는 이야기를 나중에 듣긴 했어요. 그런데 이해해요. 앞에서 이야기하면 제가 가만히 있지 않을 걸 아니까 그랬겠죠. (웃음) 친한 사람들은 정말 아무렇지 않게 여기니까 말을 안 하는 거고. 염색하고 다닌 지 오래돼서 지금은 관심조차 주지 않기도 하고요."

"다행이네요."

제가 한번은 '일탈을 꿈꾸는 교사들'이란 내용으로 《오늘의 교육》에 글을 게재하고 싶어서 교사들과 이야기를 나눈 적이 있어요. 직접 만나진 못하고 네 명의 교사들과 온라인상에서 채팅으로 두 차례 모임을 가졌어요. 지역이 서로 많이 달랐거든요. 첫 번째 온라인 모임의 주제가 '문신'이었어요. 저도 몸에 문신 4개가 있는데 이야기를 하다 보니 많은 교사들이 문신을 했더라고요. 저도 생각보다 많아서 깜짝 놀랐어요. 심지어 연수에 갔다 만난 어떤 분은 한쪽 팔 전체가 장미 덩굴인 거예요. 공립 학교 교사인데도 말이죠. 더 놀라운 건 여름에 민소매를 입고 출근을 한다는 거였어요. 그 정도 문신이면 보통은 가리고 출근할 것 같은데 말이죠. 그래서 문신한 선생님들 네 분을 모아서 온라인 모임을 했었죠. 이야기는 비슷비슷했어요. 저도 막상 학생들과는 괜찮은데 학부모들 때문에 신경이 쓰이거나 걱정한 적이 많았거든요. 다른 분들도 학생들하고는 괜찮다고 하시더라고요. 많은 사회적 우려처럼 교사를 따라서 문신을 한 학생도 없었고요.

두 번째 주제는 바로 염색이었어요. 그런데 집담회에 참여한 교사들 중 '염색은 일탈의 수위가 너무 낮은 게 아니냐'는 의견을 내는 분들이 꽤 많았어요. 하지만 얘길 해 보니 제법 많은 교사들이 염색 때문에 학교에서 우여곡절을 겪고 있더라고요. 머리카락 색깔 때문에 관리자와 독대를 해야 했다던가 교사 간에 따돌림 아닌 따돌림을 경험했다던가. 이제 한국 사회에서 염색은 일탈이라기보다는 패션의 하나잖아요. 옷이야 뭐 말할 것도 없고요. 상황이 이러한데 학교는 왜 구성원들의 개성을 허용하지 않는 걸까요? 규율과 통제의 언어가 지배하는 학교 시스템에 익숙한 관리자들의 성향 때문일까요? 기존 시스템을 붕괴시킬까 봐? 6학년 담임을 할 때 같은 학년 교사들과 학생들의 화장을 어떻게 규제할지에 대한 회의를 한 적이 있었어요. 완전히 금지할 순 없으니 잘 지도하도록 하자라는 유야무야한 결론으로 끝이 났어요. 회의를 마치고 나오면서 친했던 동료 교사가 "나도 입술 이렇게 시뻘겋게 칠하고 다니는데 애들한테 하지 말라고 어떻게 해요"라며 웃으시더라고요. 샹들리에처럼 화려하고 큰 귀걸이가 유행했던 때나 앞이 많이 파인 티셔츠 또는 찢어진 청바지 같은 게 유행했을 때 교사들, 특히 젊은 여교사들의 옷차림새에 대한 말도 학교에서 굉장히 많이 돌았어요. 여름에 샌들을 신고 다닐 때 맨발로 다니는 것에 대해서도요. 그때 나오는 이야기들은 늘 "학생들이 보면 뭐라고 하겠느냐"예요. 다른 말로 하면 몰개성적인 규율과 통제를 교사들이 따르지 않으면 학생들에게 어떻게 강제할 수 있겠냐는, 강제를 행하기 위한 정당성의 확보를 요구당하죠.

이런 결의 '개성'에 대해서 이야기를 하고 싶었는데 오늘은 여기까지만 이야기를 할게요. 학교에 돌아가셔서 동료 교사들과 이야기 나누고 고민해 보시면 좋을 것 같아요.

혹시 〈불온한 당신〉이라는 다큐멘터리를 보신 분 계시나요? 동성애자에 관한 다큐멘터리인데요. 한국 사회가 동성애자를 불온하다고 이야기하는 건 사회를 위협하기 때문이래요. 동성애 혐오 세력들의 피켓을 보면 한국이 곧 망할 것처럼 공포감을 심어 주려는 그들의 의도를 파악할 수 있어요. 이를테면, '항문 성교로 에이즈에 걸린 동성애자들 때문에 건강보험공단 재정이 적자다', '동성애자들은 출산을 하지 않아 세대 재생산을 하지 않으면서 연금은 다 타 먹기 때문에 국가 재정을 악화시키고 저출산 문제를 심화시켜서 나중엔 한국이라는 나라가 없어질 거다' 등의 논리죠. 과거처럼 도덕적으로 잘못되었다는 공격도 여전하지만 경제와 국가 존속에 대한 위협으로 동성애 혐오의 논리가 옮겨 가고 있어요.

물론 그들이 정말 동성애를 한국 사회를 위협하는 문제로 인식하고 공포를 느낄 수도 있다고 생각해요. 동성애가 생물학적 성과 이성애가 주류인 사회 체제에 대한 반항과 거부처럼 느껴질 테니까요. 따라서 동성애자들은 그들이 이상적으로 생각하는 사회와 인식 체계를 위협하는 위험한 사람들일 테고요. 어쩌면 학교 관리자들도 개성의 허용을 '위협'으로 인식할 수도 있을 것 같아요.

위협에 대해 생각하면 가장 먼저 떠오르는 일이 있어요. 제가 청소년단체인 아수나로의 회원으로 활동할 당시였어요. 2012년부터 2014년 정도 시기의 아수나로 활동은 제게 굉장히 은혜로운 시간들이었어요. 당시 저는 30대, 더구나 교사였는데 절 회원으로 받아 줬어요. 원래 30대 이상, 그것도 교사가 아수나로에 신규 회원으로 가입할 때는 내부 회의를 거쳐 신중하게 결정하거든요. 왜냐하면 프락치가 많거든요. 의도적으로 정보를 캐내는 사람이 아니더라도 부모 세대나 교사 사회와 접점이 넓은 사람은 조심해야 하는 경우가 많았어요. 얼마 전까지만 해도 인권단체나 정치적인 활동을 한다는 것이 학교에 알려지면 학생들은 그 사실만으로 징계를 받았거든요. 어쨌든 그런데도 정말 감사하게 상대적으로 나이도 많고 같은 지역의 교사라서 껄끄러울 텐데 저를 받아 줬어요. 그리고 동등한 구성원으로 대해 줬어요. 이를테면, 청소년단체니까 모임에서 학교와 교사들 욕을 당연히 할 거잖아요. 그때 아무도 저를 쳐다보거나 제 눈치를 살피지 않았어요.

아수나로는 특별한 단체 문화가 있는데요. 바로 존대와 반말에 대한 경계예요. 자기보다 나이가 많으면 존대를 쓰고 적으면 반말을 하는 게 아니라, 나와 가깝고 친하면 반말을 하고 나와 멀거나 잘 모르는 사람이면 존대를 쓰는 거예요. 관계와 거리에 따른 반말과 존대를 쓰는 것이 단체의 문화이기도 하고 규칙이었어요. 그래서 저도 16~18세 청소년들과 서로 말을 놓고 지냈어요.

그러다 몇몇 친구들이 명절 동안 저희 집에서 머물게 됐어요. 명절이 되면 피난을 해야 하는 청소년들이 있거든요. 성소수자와 (친구 집에 얹혀사는) 탈가정 청소년 같은 경우는 명절 때 피신할 공간이 필요해요. 그런 청소년 활동가들을 저희 집에 데리고 온 거죠. 명절 때는 밥 사 먹을 데도 별로 없잖아요. 그런데 그 활동가들이 잠시 외출한 사이에 저희 어머니께서 저에게 엄청 화를 내시는 거예요. 제 동생도 거들며 저에게 화를 냈어요. 두 사람은 청소년 활동가들이 저에게 반말하는 거에 대해서 화가 난 거였어요. 어머니는 정말 부들부들 떨면서 화를 내셨는데 그때 하신 말씀이 뭐였냐면, "이렇게 하나둘 다 무너지면 나중에 사회에 남는 게 뭐가 있겠냐"는 거였어요. 저와 활동가 청소년들이 서로 반말로 대화하는 것이 두 사람에게는 사회 질서를 무너뜨리는 행위였던 거죠. 마치 호주제가 폐지될 때 유생들이 몰려와서 "호주제가 무너지면 세상이 무너진다"라고 이야기했던 것처럼요. 당시 부들부들 떨면서 화를 내시는 어머니에게 저는 아무 말도 못 했어요. 감정의 농도가 너무 짙어서 엄두가 안 났어요. 그런데 '그게 그렇게 두 사람에게 위협이었을까?' 하는 고민과 의문은 여전해요.

10대 활동가들과 말을 놓고 생활했던 경험은 저에게 엄청난 해방의 기쁨을 주었거든요. 처음 서로 말을 놓았던 때를 기억하고 있어요. 유쾌한 기억은 아니지만, 나침반 같은 사건이라서 잊을 수가 없어요. 당시 한 청소년 활동가가 먼저 "진냥 님, 우리 말 놓을래요?" 이렇게 물었어요. 나름 같은 단체 활동가고 저도 단체의 규칙과 문화를 알고 있는데, 그런 제가 "안 돼" 하고 속마음을 말할 수 없잖아요. (웃음) 그때는 저도 활동 초기라서 당위로 "그래요"라고 답했어요. 제가 상상한 반말의 수위는 "오빠, 밥 먹었어?"나 "누나, 시간 있어요? 있으면 같이 놀자"처럼 반존대 같은 거였거든요. 그런데 첫마디부터 "야, 니가"라고 하는데, 마치 척추가 반으로 쪼개지고 그 안에 누가 찬물을 들이붓는 느낌이었어요. 그렇다고 그 활동가에게 뭐라고 할 수 없잖아요. 이미 말을 놓기로 했는데요. 아마 그 활동가와 한 1년 정도는 말을 안 했던 것 같아요. 저 스스로 말을 걸 수가 없는 거예요. 지금 생각해 보면 그런 제가 덜된 사람이었는데 말이죠. 당시 그 활동가의 나이가 열일곱 살이었는데 지금도 왕성하게 활동을 하고 있어요. 그때 제가 그런 기분이었다는 걸 그 친구는 전혀 모르더라고요.

시간이 좀 흐르고 저도 좀 변화를 한 시점에서 다른 활동가와 말을 놓게 됐어요. 그이도 열일곱 살이었는데, 둘이 소파에 앉아 있는데 제게 "우리 말 놓을래요?"라고 먼저 이야기해 줬어요. 그리고 대화를 하게 됐는데 어깨를 짓누르고 있던 무언가가 떨어져 나가는 듯한 기분이었어요. 그렇게 홀가분할 줄 몰랐어요. 어깨에 걸린 돌덩이들을 매달고 있던 밧줄이 끊어져서 투두둑 하고 떨어져 나가는 그런 느낌이었어요. 같은 단체 활동가였기 때문에 제가 그 친구에게 성인으로서 어떤 책임감 같은 게 있지도 않았거든요. 그럴 필요도 없었고요. 그런데도 제 어깨를 무겁게 짓누르고 있던 게 없어지는 해방감을 맛본 거죠. 저 스스로 안에 계속 뭔가가 남아 있었던 모양이에요.

청소년운동을 하고 그들과 부대끼면서 사람들과의 관계에서 권위나 위계를 빼고 소통하는 감각들을 배울 수 있었던 것 같아요. 관성과 타성에 젖어 자꾸 정주하게 만드는 삶 속에서 돌덩이들이 떨어져 나가는 그런 해방감을 다시 저한테 주고 싶어요.

〈세계인권선언문〉을 번역하신 성공회대 조효제 교수님이 이런 이야기를 하시더라고요. 강의 때 자주 이야기하신다고 하니 들어 보신 분도 있을 것 같아요. 조 교수님은 우리가 일반적으로 상상하는 교수님처럼 생긴 분이거든요. 좋고 선하고 신뢰할 수 있게 생긴 분이에요. 그런 분이 우리 앞에서 이렇게 말한다고 생각해 보세요. "여러분 인권을 아시면 영생을 얻습니다." 저는 그 이야기를 듣고 정말 놀랐어요. 마치 교주처럼 너무 진지하고 해맑게 이야기하셔서요. 그러면서 하시는 말씀이 "60대가 소통할 수 있는 세대의 한계는 사실 50~70대 정도예요. 근데 인권을 이야기하면서부터는 점점 나와 소통할 수 있는 연령대의 범위와 삶의 경계가 넓어져요. 60대가 되고 70대가 되어서도 10대들과도 소통할 수 있으니 그게 영생이지 않나요?"였어요. 그러고는 "여러분도 영생하십시오"라며 강의를 마치셨어요. 지금의 저를 구성하는 것은 이런 말들이에요. 제 안에 이런 말들이 굉장히 많이 남아 있고 그런 해방의 언어들이 저를 구성하고 있는 것 같아요.

교사는 왜 불온해야 하는가

여러분들은 정말 '불온한 교사'가 되고 싶으신가요? 지금부터 '교사는 왜 불온해야 하는가'에 대해 이야기를 해 볼 거예요. 'have to'와 'more'로 요약할 수 있어요. '불온해야 한다'라는 당위와 '더 많은' 교사들이 불온해졌으면 좋겠다는 바람을 담은 이야기예요.

제가 자주 고민하는 건데요. '교육의 주체는 누구인가?' 저는 교육의 주체는 '학생'밖에 없는 게 아닌가 하고 생각해요. 교육의 3주체라고 하는데 사실 교육이란 게 꼭 스승이 있어야만 가능한 건 아니기 때문이에요. 혼자서도 무언가를 배울 수 있으니까요. 그래서 교육의 필수적 주체는 '배우는 이', 바로 학생밖에 없는 것 같아요. 학생이야말로 배우고 성장하는 이죠. 물론 교사도 학생들을 가르치면서 새롭게 깨우치고 성장할 수도 있어요. 교사와 학생이 서로 배우고 성장하게 되는 거죠. 하지만 교사인 우리는 돈 받고 일하는 거잖아요. 교사도 직업의 하나니까요. 그렇다면 교사는 나보다 학생의 배움과 성장이 목표가 되어야 하는 거죠. 교사라는 직업적 노동에 대해 생각하면은요.

그러면 교사는 보조자나 지원자인 걸까요? 학교에서는 때로 교사들과 행정실 직원들의 알력 싸움이 벌어지곤 해요. 저는 이 문제에 대한 관심이 조금 있어요. 학교라는 조직의 문제에 대해 고민할 때면 말이죠. 제가 교육행정학을 공부하기도 했고요. 교육행정직분들이 자기 직업과 일에 대한 프라이드를 가지고 있는지에 관한 고민도 가지고 있어요. 보조적이고 다른 일을 지원하는 역할이 자신들의 업무라고 그들 스스로 이야기하고 교육행정직 책에도 그렇게 쓰여 있거든요. 내 일의 주인공이 내가 아니라는 것을 어떻게 인정할 수 있을까요? 그렇게 생각하는 것이 과연 맞을까요?

교실에서 또는 수업할 때 내가 부차적인 존재가 된다면 과연 나라는 존재는 무엇일까요? 실제로 우리는 이를 강요받고 있어요. 학생이 우선이어야 하고, 교사는 부차적이어야 한다고. 저는 세월호에서 돌아가신 선생님들이 존경스럽지만, 많은 사람들이 "교사라면 응당 그래야지" 하고 말할 때면 정말 화가 나요. 흔히들 이야기하잖아요. 교사는 학생들을 위해 희생해야 한다고. 그것이 마치 의무인 것처럼 이야기해요. 같은 공간에 존재하지만 마치 덜 중요한 사람처럼 여겨지는 거죠. 이런 것에 대한 고민들이 있어요.

그렇다면 내 일에서 소외되지 않고 주체가 되려면 어떻게 해야 할까요? 결국 교실이라는 공간과 수업이라는 시간 속에서 나 스스로 주인공이 되어야 해요. 어떻게 보면 학생 중심 수업을 고민할 것이 아니라 교사, 나를 중심으로 한 수업을 고민해야 할지도 몰라요. 교사 중심 수업은 교사가 권력을 갖고 자기 위주로 수업을 하는 게 아니에요. 그런데 교사 중심 수업이라고 하면 기존의 통제 중심의 수업이라고 여길 수 있는데요. 잘 생각해 보면 이분법적이고 어폐가 있는 거잖아요.

예를 들어, 퀴어 퍼레이드가 성소수자들의 축제이지만 시스젠더 이성애자인 내가 거기 가서 축제를 즐겨도 부수적인 인간으로 여겨지지는 않잖아요. 내가 그 축제를 즐기고 있으니, 나도 그 축제의 주인공인데 내가 성소수자가 아니고 커밍아웃을 하지 않았다고 해서 그들이 춤추고 퍼레이드를 할 때 뒤로 빠져 있어야 하나요? 대부분 그런 생각조차 안 하잖아요? 그 축제를 설계한 사람들도 마찬가지였을 거예요. 내가 그 축제에서 무엇을 할 수 있고 무엇을 느끼고 성찰하느냐가 중요한 거죠.

저는 수업이나 교사의 업무를 학생이 아닌 교사 중심으로 생각해 보는 것도 필요하다고 생각해요. 이런 고민을 통해서 교사가 권력화되지 않고 학생들과 동등한 위치에 설 수 있다고 생각하거든요.

아수나로의 이야기를 조금 더 할게요. 아수나로는 길고 지난한 회의로 아주 유명한 단체예요. 반면 활동의 문턱을 낮추고 민주적 절차를 확보하기 위해서 의사 결정 구조가 굉장히 간단해요. 보통의 단체들은 상임 위원을 뽑고 집행부를 만들곤 하잖아요. 그런 것들이 전혀 없어요. 의결 기구가 전 회원이 모이는 총회와 지역 회의가 다거든요. 그래서 총회를 하면 2박 3일 동안 치열하게 회의를 해요. 그 자리에서 모든 안건을 다 처리해야 하니까요. 이런 회의 문화는 청소년운동의 특이성 때문이기도 해요. 청소년운동은 활동의 안정성이 보장되지 않아요. 어제까지 같이 회의를 했던 사람이 갑자기 외출 금지를 당해서 오늘 회의에 참석하지 못하는 경우가 생기거든요. 휴대전화를 빼앗기면 연락도 안 되고요. 또 활동을 잘하고 있던 한 지부가 성적표가 나오는 시즌에 통째로 없어지는 경우도 생겨요. 활동가들도 청소년 당사자들이 많다 보니 활동 기간도 굉장히 짧아요. 열여덟, 열아홉 살이 되면 단체를 떠나는 활동가들이 많아서 항상 절반 정도가 신규 활동가예요. 그래서 아수나로는 활동의 유동성이 되게 큰 조직이에요. 아수나로의 독특한 의사 결정 구조 또한 이러한 청소년운동의 배경을 알아야 이해할 수 있죠.

총회에서 안건 토의가 끝나고 "지금부터 의결을 하겠습니다. 손들어 주십시오"하고 말할 때, 한 활동가가 막 도착해서 안건에 대해 잘 모르겠다고 하면 어떻게 할까요? 안건 설명부터 다시 시작해요. 그리고 총회 당일에 회원으로 가입한 사람도 안건을 발의할 수 있어요. 의결권은 없지만. 어떻게 보면 엄청 소모적이고 사람 미치게 하는 조직 문화인데 그로 인한 장점도 분명 존재하거든요.

이렇게 토의와 의결을 하다 보니 회의가 길어질 수밖에 없어요. 또 치열하게 토론을 하다 보니 언쟁도 많고요. 이런 독특한 아수나로의 회의 문화가 소문이 나서 한번은 친한 동료로부터 회의를 참관해도 되느냐는 요청을 받은 적이 있어요.

그래서 당시 제가 활동하고 있던 아수나로 대구지부 회의를 참관하게끔 했어요. 그런데 회의를 마치고 그분이 저를 질책하는 거예요. 왜 그렇게 사람을 다그치느냐고요. 당시에 제가 한 활동가와 논쟁을 벌였는데 지부 모임에 두 번 정도 참여한 청소년이었어요. 그때는 '관심회원'이라는 호칭을 썼는데 중학교 2학년 학생이었어요. 저는 30대 중반의 교사였고 1년 정도 활동을 한 상태였어요. 이런 두 사람이 논쟁을 하는데 참관한 그분이 보기에 제가 그 청소년을 너무 몰아붙였다는 거예요. 정확하게 기억나진 않지만, '나이도 어리고 활동 경험도 없는 친구니까 좀 봐주면서 하지 그랬느냐'는 거였어요. 그때 저는 "그럴 수 없다"라고 분명하게 말했어요. 내가 만약 그런 식으로 회의에 참여하고 논쟁한다면 그 친구에 대한 예의가 아니라고요. 내가 최선을 다해 토론에 참여하고 논쟁하는 것이 함께 활동하는 사람들에 대한 예의라고 생각했어요. 오히려 내가 나이가 많아서 봐주고 친절하게 대하는 게 정말 무례한 일이라고요. 다만 저만의 원칙은 있었어요. 토론이나 논쟁을 할 때, 학자나 이론 등 지식 권력을 동원하지 않는 거예요. 제 삶의 맥락이나 경험을 통해 얻은 나의 언어로만 토론해야 한다는 원칙을 가지고 있었거든요. 이런 원칙이나 마음가짐이 없었다면 활동 자체가 불가능했을 거예요. 청소년운동을 하는 단체에서 30대 중반인 제가 엑스트라에 머무르지 않고 내 운동이라고 여기고 활동할 수 있었던 원동력도 그것이었고요.

학교 생활에서 교사가 주체가 되려면, 이런 고민과 노력이 수반되어야 해요. 교사 중심 수업이 무엇이고 과연 가능할까? 어떻게 할 수 있을까? 이런 이야기들을 많이 나누었으면 좋겠어요. 그래야 자신의 노동으로부터 소외되지 않을 수 있을 거라고 생각해요.

불온한 상상, 변화의 시작

교직을 흔히 철밥통이라고 하잖아요. 요즘에는 비정규직 교사들이 워낙 많아서 어폐가 있긴 하지만 딱히 부정할 수도 없어요. 현재 한국 사회가 고용이 많이 불안정한데 여전히 교사는 평생 직업으로 여겨지고요. 요즘은 평생 세 번 정도 이직을 한다는데 교사는 20대에 채용되면 정년 퇴임 하는 게 아직도 정규 코스처럼 여겨지죠. 여러분은 평생 직업으로서 교사를 생각하면 어떠세요? 저는 그렇기 때문에 더 불온해질 수밖에 없는 것 같아요.

여러분은 교사라고 하면 어떤 이미지를 떠올리실지 잘 모르겠는데 굉장히 많이 하고 많이 듣는 이야기가 '교사는 수업으로 말한다' 아닌가요? 저도 좋은 말이고 또 맞는 말이라고 생각해요. 이 말이 가지고 오는 오해가 없다면 말이죠. 교사라는 게 직업이기도 하지만 그 전에 한 사람의 삶이잖아요. 그런데 '수업으로 말한다'는 것은, 40여 년 가까이 되는 교직 인생을 수업의 한 장면으로 딱 잘라서 규정하는 거예요. 교단 앞에 서 있는 교사, 수업을 하고 있는 교사의 이미지로 고착화하는 거죠. 마치 스틸 컷처럼요.

교사의 라이프 스타일이나 생애에 대해서 고민하거나 관심 있는 사람은 도대체 누구일까요? 우리 교사들조차도 관심이 없어요. 최근 2~3년 전에 공무원 연금 이야기할 때 좀 있었던 것 같기도 하네요. (웃음) 사실 교사가 로봇이 아닌 이상 30년 동안 양질의 수업을 계속한다는 건 불가능한 거 아닌가요? 본인이 아플 수도 있고 가족이 죽을 수도 있잖아요. 다행히 요즘에는 육아에 대해서는 많이 이해해 주는 것 같아요. 자녀를 키우는 교사들의 삶의 유동성을 이해받고 있는 거죠.

저는 동료 교사가 이혼하는 과정을 옆에서 지켜본 적이 있어요. 1년 동안 그 반은 정말 엉망이었어요. 담임 교사가 너무 피폐했으니까 어쩌면 당연한 거겠죠. 휴직을 할 수 있는 상황도 아니었나 봐요. 교사 또한 임금 노동자고 생계를 꾸려야 하니 이해할 수 있어요. 물론 그 교사에게 '왜, 당신은 일에 최선을 다하지 않느냐?'며 비난할 수는 있을 거예요.

하지만 사람에게는 삶 속에서 혼란을 겪을 권리가 있다고 생각해요. 가족의 죽음을 생각해 보세요. 부모님이 돌아가셨는데 일주일 만에 다시 학교로 돌아와서 학생들 앞에서 웃으면서 수업을 해야 하잖아요. 당사자가 학생일 때도 마찬가지예요. 이건 너무 가혹하고 비인간적이고, 교사를 도구화해서 바라보는 것 같아요.

살다 보면 경제적 위기가 찾아올 수도 있고요. 우리네 삶은 한 치 앞도 내다볼 수 없으니까요. 급여를 많이 받는다고 꼭 부유한 것도 아니잖아요. 그런 순간이 찾아왔을 때, 우리는 다른 어떤 선택을 할 수 있을까요? 제가 아는 한 선생님이 루게릭병 진단을 받으셨어요. 그런데 휴직조차 안 하시는 거예요. 죽을 때까지 병원비가 들기 때문에 그 비용을 감당하기 위해 할 수 있는 순간까지는 최대한 일을 해야 했던 거예요. 그런데 동료 교사인 저희들은 걱정만 했을 뿐이지 정작 그분에게 어떤 업무를 주고 어떤 역할을 하게 해야 하는지 너무 무지한 거예요. 다른 직장이라면 최소한 좀 더 수월한 업무로 돌릴 수도 있잖아요. 그런데 교사라는 직업은, 더구나 수업은 누가 대신해 줄 수 없잖아요.

그리고 평생 직업이라면 매너리즘에 빠지는 걸 기본 포맷으로 깔고 가야 하는 거 아닌가요? 학생인권조례 제정 운동을 열심히 할 때, 경기도 수원의 정경수 선생님이 하신 말씀이 있어요. "사실 학생인권조례는 50대 교사들에게는 정말 테러처럼 느껴질 거다." 그분은 학생인권조례 제정 운동을 할 때 공교육 교사들 중 정말 최고로 꼽을 수 있을 만큼 치열하게 활동하신 분이었어요. 그런 분이 왜 학생인권조례 제정 운동을 '테러'에 비유했을까요? 왜냐하면, 50대 교사들이 교직 생활을 하는 동안 아무도 그들에게 인권에 대해 설명해 주지 않았기 때문이래요. 그런데 덜컥 당신들이 살아온 질서를 다 부정하고 그냥 다 잘못한 거라고 이야기하니 얼마나 끔찍하겠느냐고 이야기하시더라고요. 이후에도 그에 대한 위로와 치유의 시간을 갖지도, 하물며 변명조차 하지 못한 채 학교 안에서 설 자리를 잃어버린 거예요.

이른바 평생 직업인데 왜 이런 일들이 벌어지는 걸까요? 평생 직업이면 내 삶의 굴곡이 새로 생길 때마다 그 골의 깊이만큼 그 직업도 어느 정도 달라져야 하는 거 아닌가요?

아파선 안 되는 게 아니라 아파도 되고, 아프면 못 하는 게 아니라 아파도 할 수 있어야 하지 않을까요? 노동하면서도 또는 공부를 하면서도 내가 슬퍼하거나 애도할 시간을 충분히 가질 수 있어야 하고요. 어떻게 하면 그런 구조를, 그런 문화를 만들고 가질 수 있을지 상상하고 현실로 만들려는 게 불온한 거 아닐까요? 상상을 해야 요구도 할 수 있잖아요. 실제로 그림도 그려 보고요. 이런 고민들을 당연히 해야 하는 것 같아요. 내 삶이니까, 우리가 함께 살아갈 사회니까요. 여러분은 어떠세요?

저는 고양이 세 마리를 키우고 있는데요. 1호 고양이가 만성 질환으로 많이 아프거든요. 걔가 죽으면 전 한 달 정도는 출근할 자신이 없어요. 외국에는 반려동물이 아프거나 죽으면 휴가를 주는 회사도 있다고 하더라고요. 만약 제가 "고양이가 아파서 일주일 정도 연가를 쓰겠습니다"라고 하면 학교의 반응이 어떨까요? (웃음) 실제로 이런 상황에서 우리가 택할 수 있는 것들이 생겼으면 좋겠어요. 교사뿐만 아니라 학생들에게도 동등한 혜택이 돌아갈 수 있었으면 좋겠고요. 부모님이 돌아가셨는데도 장례를 치르고 3일 만에 나와서 하루 13시간씩 입시 공부를 해야 하는데, 사실 그건 끔찍한 짓이잖아요. 눈물을 흘리며 울고 있는 학생에게 심지어 "수업에 방해되니까 너 나가 있어라" 하고 이야기하는 경우도 있잖아요. 수업 시간에는 옆에 앉은 짝꿍도 위로할 수 없어요. 극단적이지만 정말 비인간적인, 삶과 괴리되어 있는 학교의 모습 아닌가요. 이런 것들 때문에 우리는 '그냥' 불온해야 할 것 같아요. 당장은 떠오르지 않지만 같이 상상해서 요구하고 제안했으면 좋겠어요.

욕망, 발굴하고 해방하라

요즘 본능이라는 말을 많이 하는 것 같아요. 특히 뭘 덮으려고 할 때나 아니면 깊이 들여다보고 싶지 않을 때 말이죠. 저는 사춘기나 질 풍노도, 중2병이라는 말을 되게 싫어해요. 과학적으로 전두엽이 어떻고 호르몬이 어떻고 하며 설명하곤 하잖아요. 결론은 '본능이고 원래 그렇다'라고 할 거면서 말이죠. 그렇게 과학적으로 설명할 수 있고 원래 그런 거라면 그 시기의 청소년을 두고 부모와 교사, 심지어 사회까지 나서서 고민하는 이유는 뭘까요? 이걸 철학적으로 이야기하면 근대적 사고인 것 같기도 해요. 공통적이고 표본의 언어가 되는 거죠, 본능이라는 것이. 그래서 성폭력이 벌어졌을 때도 본능을 이야기하잖아요.

어떻게 보면 한국은 인권도 본능에 맞춰 사고되고 세팅되고 발전해온 것 같아요. 사람이 본능을 충족시키며 살아가려면 의식주가 필요해요. 그게 생존권이고요. 그런데 한국의 복지 정책은 본능과 인권을 동일 선상에 놓는 것 같아요.

이를테면 저소득층 가정의 어린이와 청소년들에게 지급되는 바우처 카드가 있잖아요. 그 카드로 구입할 수 있는 상품이 한정되어 있는 거 아세요? 마트에서 라면과 빵 같은 식품은 살 수 있지만 화장품 같은 건 살 수 없어요. 영화도 볼 수 없고요. 본능이 기초적이고 공통적인 것이 맞긴 해요. 하지만 인권과 복지를 공급자의 통제 중심의 언어인 본능으로 제한할 수는 없는 거죠.

반면 욕망은 탈근대적이고 현대적인 감각인 것 같아요. 내가 뭘 원하는가에 대한 의문이고요. '너에게 필요한 거구나'가 아니라 '내가 갖고 싶은 것'이라는 좀 더 수요자 중심적 언어이기도 하고요. 개인이 스스로 자기를 들여다볼 수 있는 언어가 바로 욕망인 것 같아요. '나는 무엇을 욕망하는가?'처럼 말이죠. 물론 조건이 있어요. 스스로를 해방시킬 수 있는 건강한 욕망이어야 해요. 명품 가방을 욕망하는 게 아니라요. 명품 가방을 욕망하는 게 건강하지는 않잖아요. 그런데 많이들 그런 것들을 욕망하곤 해요. 사람의 마음은 제어하기가 쉽지 않아요. 그런 면에서 욕망이 본능보다 조금 더 어렵고 해석이 필요하죠. 건강한 욕망을 갖기 위해서는 치열함도 필요해요. 욕망하는 것에는 본능보다 더 가치 지향과 취향이 담겨 있죠. 그래서 좀 더 건강한 욕망을 지향하기 위해서는 내가 나의 취향을 잘 구성해야 해요. 그래야 내가 중요하게 생각하는 가치를 지향하는 사회를 만들어야겠다는 생각으로까지 나아갈 수 있거든요.

제가 이런 말을 하면 좀 잘난 척하는 것 같은데, 전 백화점에서 옷을 안 사 입으려고 노력하고 발걸음조차 안 하려고 해요. 사람이 그렇잖아요. 많이 보면 예뻐 보이고 많이 들으면 익숙하고 또 좋아 보이잖아요. 나의 취향을 스스로 조련하는 게 필요해요. 삶의 가치와 나의 취향을 맞추어 가는 것. 내가 살고 싶은 삶을 금욕을 통해 지켜 가는 것이 아니라 욕망하고 원하고 갈구할 수 있도록 말이죠.

주변에 결혼하는 사람이 있으면 선물과 함께 제가 꼭 해 주는 말이 있어요. 어떻게 보면 오지랖이고 되게 오만한 말일 수도 있어요. 저는 결혼도 하지 않았고, 아이도 낳지 않았으니까요. "당신의 가정과 당신의 자녀를 둘러싼 세상을 진짜 세상과 같게 구성하길 바란다." 어쩌면 부탁하는 걸 수도 있어요.

우리가 살고 있는 사회의 4.9%가 장애인이고 52.1%가 비대학 학력 소지자고, 14.6%가 노인이고, 18.1%가 청소년이고 그 안에는 이주민과 성소수자 등이 존재해요. 그러니 실제로 당신과 당신 자녀 또한 그들과 함께 이웃하며 살아갔으면 한다는 이야기예요. 만약 누군가의 주변에 장애인이 없고, 비대학 학력을 지닌 사람이 없다면 그 사람의 판단은 현실 사회에 기반을 둔 것일까요? 그건 가짜 세상에 살면서 진짜 세상을 향해 칼을 휘두르는 일일 수도 있어요. 그러니 우리가 사는 세상은 진짜 세상이이야 하고 최소한 진짜 세상과 닮아 있어야 해요.

저는 나이주의 반대 운동을 해서 그런지 나이 많은 사람들에 대한 약간의 거부감이 있어요. 사실 제 나이에 대한 거부감도 좀 있어요. (웃음) 물론 열심히 안 그러려고 해요. 저 또한 제가 한 말을 지키며 살아야 하니까요. 만약 1년 내내 70대 이상 노인들과 단 한 번도 대화를 해 보지 않았다면, '아! 내 삶의 경계를 넓혀야겠다' 하고 생각해요. 내 주변에 휠체어를 타는 사람이 한 명도 없다면, '내가 허구의 세계에 살고 있구나' 하고 생각하고요. 이렇게 현실 세계와 맞추어 가는 거예요. 교사의 삶에 대해 고민하고 이야기하고 싶다면 먼저 이런 걸 이야기해야 하지 않을까요? 그 속에서 진짜 욕망을 찾아야 하고요.

어제 제가 음식점에서 싸웠어요. 앞에서 이야기했던 청소년 활동가 친구들이 돌아가는 날이어서 같이 밥을 먹는 자리였어요. 네 명이 실내포차에 가서 참치찌개와 오징어무침, 소주 한 병을 시켰어요. 거기 참치찌개가 맛도 좋고 양도 많고 가격도 싸서 자주 가는 단골집이었어요. 아무래도 실내포차다 보니 술을 안 시키기 뭐해서 저만 마시면 되니까 술도 시켰어요. 그런데 그 친구들을 보고 직원분이 주민등록증 검사를 하는 거예요. 흔히들 많이 하는 "집에 두고 왔어요"라고 했는데 안 통하더라고요. 그래서 일단 술은 취소했어요. 그렇게 10여 분 정도 있었을까요. 갑자기 직원분이 다시 오셔서 아무래도 안 되겠다면서 나가 달라는 거예요. 저는 술을 안 시켰는데 왜 나가야 하느냐고 했죠. 겪어 보셨는지 모르겠는데, 미성년자 주류 단속을 할 때 그 테이블 위에 술과 술잔이 있느냐로 판단하거든요. 제가 그 부분까지 설명을 했는데도 안 되겠다고 나가 달라고 하시는 거예요. 정말 민망하고 속상했어요. 가게 입장에서는 매상을 포기할 만큼 어쩔 수 없는 부분이라고 생각하고 체념하고 나가려고 했어요. 그런데 말 한마디로 인해 사달이 났어요. 그 직원분이 "처리한다"라는 말을 쓰신 거예요. "나도 내치고 싶어서 그러는 게 아니라 처리를 해야 하니……" 이렇게요. 그래서 제가 "사람에게 처리라니 말씀을 왜 그렇게 하시냐?"고 했어요. 말이 이렇게 오가다 보니까 그분도 화가 나신 거예요. 그때부터 "니는 어미 아비도 없냐!"라고 시작해서 그 분위기에서 추측 가능한 험한 말들을 하셨어요. 결국 그분이랑 같이 소리 지르면서 막 싸우고 나왔어요.

그렇게 밥도 못 먹고 싸움만 하고 밖으로 나왔는데 갑자기 친구들에게 미안한 거예요. 정말 그 활동가들에게 민망하고 미안했어요. 그들은 제가 싸우는 걸 원하지 않았을 수도 있고요. 그때 한 친구가 자기는 그런 말을 많이 들었다는 거예요. "내친다", "처리한다"라는 말들이 익숙해서 자기는 놀랍지 않다고요. 오히려 그 말 때문에 싸우는 저를 보고 좀 당황했다고 하면서요. 저는 그 말을 듣고 더 충격을 받았어요. "처리"하겠다는 말을 들은 것도 충격인데 청소년 친구들은 그 말에 익숙하다는 게요. 믿기지 않은 저는 "아까 그 상황을 처리한다 는 게 아니라 우리를 처리한다고 한 것"이라고 설명했는데도 이미 여 러 차례 경험해 봤다는 거예요. 전 그 순간 정말 더 열심히 〈청소년 보 호법〉 폐지 운동을 해야겠다고 생각했어요. 법이 그렇다고 한들 어떻 게 저런 식으로까지 말할 수 있을까 싶었거든요. 제게 새로운 욕망이 생긴 거죠. 더 이상 청소년들에게 민망하고 싶지 않아서 생긴 욕망인 거예요. 정말 오랜만에 화력이 불타오른 날이었어요. 내 주변의 세계 를 잘 살피고, 그 안에서 나의 욕망을 발굴해 내고 건강하게 해방시키 는 것은 정말 중요한 일인 것 같아요.

이런 욕망에 대한 좋은 글귀가 있어요. 명문이 아니라 그냥 제가 좋아하는 글귀예요. 시마다 마사히코의 소설에 있는 글이래요. 사실 저는 이 사람의 소설을 안 읽어서 잘 몰라요. 혹시 아시는 분 있으신 가요? 없나요? 정말 감사해요. 가끔 제가 굉장히 무지하다는 생각을 하는데 다 모르신다니 위로가 좀 되네요.

나는 매월 수입이 줄어드는 게 걱정이 돼서 이에 대한 반동으로 요즘 퇴 폐에 빠져 있습니다. 돈을 저금한다든지 연금을 부으며 노후를 준비하는 일은 아직 시작하지 않았습니다. 그렇게 되는 순간부터 노화해 버릴 것만 같은 기분이 들어서입니다. 나는 퇴폐에 빠질 때는 지금 이때다라는 생각 이 듭니다. 악취미를 추구하고 변태를 항상 마음에 두고 세계를 돌아다니 며 사다리 타며 술 마시기를 하고 평상시에 다섯 명 이상의 애인과 사귀며 독설을 날카롭게 연마할 것……. 이것만이 노후를 위한 준비가 되리라 믿는 바입니다.*

좋지 않으세요? 전 이 글을 처음 접했을 때 되게 좋았는데요. 미래가 불안할 때 사람들이 보수화되잖아요. 그런데 이 사람은 이렇게 이야기해요. "지금 이때다, 퇴폐는!" 하고 말이죠. 처음에 불온이란 말의 유사어로 퇴폐가 나왔을 때 '왜?'라는 생각이 들었어요. 마침 제 SNS 계정에 있던 이 글이 떠올라 오랜만에 다시 읽게 됐는데 '정말 불온하네!' 싶더라고요.

마사히코에 대해 찾아봤더니, 작년에 '간토대지진 조선인 학살을 은폐·왜곡하지 말라'는 일본 문화예술인들의 항의 성명에 동참했더라고요. 그 기사를 보면서 의식 있는 소설가라는 생각과 함께 영화 〈박열〉이 생각났어요. 제가 정말 좋아하는 영화예요. 좋은 장면들이 너무너무 많았는데, 제가 가장 좋아하는 장면은 박열과 후미코가 첫 공판을 받기 전에 만나서 대화하는 장면이에요. 오랫동안 따로따로 감옥에 갇혀 있다 만난 두 사람은 서로의 안부를 묻고 재판 때 잘하자고 이야기를 나눠요. 박열이 후미코에게 한 말은 잘 기억나지 않아요. 어쨌든 박열의 이야기에 후미코가 "응" 하고 대답하고는, "일본에서 가장 버릇없는 피고인이 될 거야!" 이렇게 말하는 거예요. 저는 "버릇없는"이라는 말이 너무 좋은 거예요.

---

* 시마다 마사히코, 구혜영 옮김(1999),《퇴폐예찬》, 해담솔, 10~11쪽.

실제로 그들은 법정에서 정말 버릇없게 행동했어요. 이를테면, 판사는 높은 곳에 앉아 있잖아요. 두 사람도 같은 높이에서 재판을 받고 싶으니 높은 의자를 가져다 달라고 하는 거예요. 그래서 판사랑 같은 눈높이에서 재판을 받아요. 또 오늘이 마지막 만남일 수 있으니 우리는 결혼을 해야겠다며 혼례복을 가져오라고 요구하고, 혼례복을 입고 재판을 받겠다고 해요. 후미코와 박열의 '버릇없는' 행동은 체제에 대한 반항과 저항인 거죠.

어제 청소년운동 활동가들에게 제가 불온한지 물었다고 했잖아요. 그때 "진냥은 사회 질서에 반항하고 있으니까 불온한 거 아닐까요?"라는 대답도 들었어요. 저는 동의할 수 없었지만요. 반항이라는 말이 제게 어울리지 않는 단어라고 느껴졌어요. 사회적 억압을 많이 받았던 예전에는 저도 제 행동을 반항이라고 생각했어요. 그런데 지금은 반항이 아닌 거예요. 그만큼 제가 소수자가 아니게 된 거죠. 저는 30대 중반이 되면서부터 대중교통을 편하게 탈 수 있게 됐어요. 공감하실지 모르겠지만, 20대까지는 대중교통을 타는 게 정말 불편했거든요. 지하철에서 누군가와 눈이 마주치면 제가 먼저 시선을 피해야 했어요. 많은 10대, 20대 여성들이 저와 같은 경험을 하고 있더라고요. 다른 사람들이 저를 쳐다보는 게 위협으로 느껴졌고요. 그런데 30대 이후부터는 더 이상 대중교통이, 그 안에서 벌어지는 상황들이 위협으로 느껴지지 않는 거예요. 이건 좀 웃기는 건데, 회식 때 다른 사람들이 다 앉을 때 기다리지 않아도 되고요. 신규 교사 때는 보통 남는 자리에 앉잖아요. 이제는 눈치 보지 않고 앉거든요. 30대 중반인 교직 10년 차 이상이 되자 소수자성과는 멀어지더라고요. 학교에서도 제게 대놓고 뭐라고 하는 사람도 없고요. 물론 뒤에서는 말할 수 있겠지요. 그래서 이제 저의 행동은 반항이 될 수 없는 거예요. 오히려 적어도 학교 안에서는 기득권자가 아닌가 하는 생각이 들었어요.

나를 부정하는 기득권을 해체하는 것

어쩌면 불온은 나를 구성하는 기득권을 해체하는 것이란 생각이 들어요. 저는 대학생운동으로 활동을 시작하게 됐는데 늦깎이였어요. 3학년 2학기 때 시작했으니까요. 제 생각에는 교대는 정말 무식한 교육과정을 운영하고 있는 것 같아요. 많은 초등 교사들은 자신이 되게 똑똑한 줄 알고 있지만 실제로는 그렇지 않더라고요. 심지어 교사가 된 후에 역사서나 철학서 등 인문 도서를 단 한 권도 읽지 않은 분들도 많거든요. 인식론 같은 단어를 처음 들어 봤다는 교사도 있었어요. 교대 교육과정의 영향 때문이죠. 저 역시도 교대에 다닐 때 되게 무식했어요. 졸업할 때까지 페미니즘이나 여성학에 대해서도 역시 한 번도 접해 보지 않았거든요. 종합 대학도 구리지만 적어도 '성의 이해'나 '결혼과 성' 같은 교양 과목이라도 있더라고요. 그러다 3학년 2학기 때 우연히 서울의 모 대학에서 열리는 반성폭력 강의를 듣게 됐어요. 주최도 대학생이었고 강사도 대학생인 강의였는데 그때 제 인생에서 처음으로 성폭력이라는 단어를 들었어요. 여기서 제가 말하는 '처음'이란 제 삶에 유의미하게 느껴졌다는 거예요. 학교에서든 언론에서든 들어서 단어 자체는 알고 있었겠죠.

정말 처음으로 자유롭게 숨을 쉴 수 있게 된 그런 기분이었어요. 여성으로서 갖는 억압에 대해 태어나서 처음 듣는 자리였거든요. 그때 강사가 "내가 가지고 있는 기득권과 소수자성을 한번 표로 정리해 보세요"라고 이야기했어요. 그러면서 자기가 정리한 걸 말해 줬어요. "저는 4년제 대학을 다니고 키는 평균이고, 얼굴에 흉터를 가지고 있지 않고, 옷을 세탁해서 입을 수 있고……" 이런 내용을 쓴 걸 보여 주는 거예요. 제가 생각하는 기득권보다 훨씬 더 폭넓었는데, 그렇게 인식하는 게 옳은 거였어요. 그게 실제 기득권으로 작동되니까요.

수도권 대학이나 교·사대도 기득권이죠. 학벌이 좋은 학교, 욕을 먹지 않을 정도의 외모, 표준어까지. "너 말투가 왜 그래?"라는 말을 들어 보지 않는 것도 기득권일 수 있잖아요. 소수자성도 마찬가지예요. 장애인이나 성소수자는 물론이고 내가 가진 소수자성도 있잖아요. 저는 자기가 가진 소수자성도 중요하게 살펴봐야 한다고 생각해요. 그 소수자성의 위에 있느냐 아래에 있느냐도 어차피 그 두 개를 다 해체해야 알 수 있는 거잖아요. 내가 제대로 잘 살려면 말이죠. 그래서 나를 구성하는 기득권을 열심히 잘 벼려야 하는 것 같아요. 그러려면 정기적으로 자신을 잘 살펴봐야 하고요. 이렇게 보면 기득권 해체라는 말이 불온이고 그 자체가 바로 해방인 거죠.

마지막으로 여러분에게 제안을 하나 하고 싶어요. 〈불온한 교사 양성 과정〉이니 교사가 아닌 분도 계실 테고, 교사 되기를 고민하고 있는 분도 계실 테고, 때려치우실 분도 계실 텐데 저는 이거 하나는 꼭 부탁하고 싶어요.

"교사의 기득권을 인정하고 내려놓는 일에 동참해 주세요."

교사의 전통적인 기득권은 '교사가 학생보다 우월한 존재'라는 거잖아요. 대구교육청에서 운영하는 초등 교사들의 SNS 밴드가 있어요. 혹시 초등 교사인 분들은 가입하시면 좋아요. 수업에 관한 자료의 질은 정말 뛰어나거든요. 그런데 생활교육과 관련된 부분은 정말 구려요. 학기 초인 3월에 '어떻게 하면 학생들을 규칙과 규율에 종속시킬 것인가' 하는 이야기들이 많이 나와요. 특히 많은 게, 6학년 학생들의 화장과 귀걸이 착용에 대한 거예요. 밴드라서 생활교육과 관련된 노하우를 주고받는 당사자가 모두 교사들이에요. 거기 올라온 글들 가운데 이런 내용이 있었어요. "6학년 여학생들 중에 가끔 여교사처럼 큰 귀걸이를 하는 학생들이 있습니다." (웃음) 저도 그 밴드에 학생 인권에 대한 글을 쓴 적이 있거든요. 그래서 알게 되었는데 누군가 글을 쓰면 그대로 올라가지 않더라고요. 교육청에서 운영하는 SNS 밴드라서 장학사와 파견 교사 등 네 명이 검토를 하고 교정까지 봐서 올린다고 하더라고요. 최초 글을 쓴 사람까지 치면 다섯 명 정도의 필터링을 거쳐야만 게시될 수 있어요.

그런데 "여교사처럼 큰 귀걸이를 하고 오는 경우가 있습니다"라는 내용과 작은 귀걸이는 허용하자는 답변을 보고 나니 정말 기가 막히더라고요. 더구나 그림까지 있었는데, 큰 귀걸이 그림에는 X 표시를 하고 작고 달랑거릴 정도의 귀걸이 그림에는 O 표시가 되어 있었어요. 그만큼의 필터링을 거쳐 완성된 글인데 그 모양이라니! 그 글을 읽는데 '이건, 뭐지?' 싶고 헛웃음이 나왔어요.

저는 이게 우리가 가지고 있는 학교의 프레임을 단적으로 보여 주는 거라고 생각했어요. 학교에서 학생과 교사는 다른 종류의 사람이잖아요. 평등하지 않아요. 학교는 신분 사회이고 계급 사회인 거예요. 컴퓨터 게임 중에는 종족을 선택해야 하는 게임들이 있어요. 종족마다 특성이 다 다르고 스킬도 달라요. 외모도 옷도 태어난 곳도 다달라요. 학교라는 게임에서도 마찬가지예요. 학생과 교사는 입을 수있는 옷과 귀걸이도 다르고, 할 수 있는 것도 다르죠. 그냥 똑같은 인간이 아니잖아요. 그 최정점이 교사의 징계권이죠.

그래서 불온한 교사가 가장 처음 해체하면 좋겠다고 생각한 것이, 바로 교사의 징계권이에요. 교사의 전통적인 기득권 중에서 그걸 가장 먼저 해체시켰으면 좋겠어요. 누가 한 말인지는 잘 모르겠지만, 저는 "혁명은 변화하는 것과 변화하지 않는 것의 이중주"라는 말을 되게 좋아하는데요. 기득권 중에서도 당장 변해야 할 것들이 있고, 그렇지 않거나 시간과 성찰이 필요한 부분이 있는 것 같아요.

그중에 징계권은 꼭 변화해야 할 것에 속한다고 생각해요. 그래서 제안하고 싶은 것이 있어요. 청소년 인권을 이야기하며 최근에 '체벌 거부선언'이 진행되고 있는데, 교사들뿐만 아니라 사회 구성원 모두가 동참했으면 좋겠어요.

왜냐하면 학교, 가정, 사회 모두에서 체벌이 일어나니까요. 체벌의 대상일 것 같은 청소년들도 동참하고 있어요. 그들도 동생이나 친구에게 체벌을 하고 있으니까요. 사실 저도 체벌을 했었더라고요. 당시에는 훈육이라고 생각했는데, 시간이 지나고 돌이켜 생각해 보니 그것도 강요고 체벌이었더라고요. 전 어릴 적에 동생에게 《헬렌 켈러》를 읽고 방학 숙제인 독서 감상문을 쓰라고 한 일주일을 독촉했던, 아니 야단쳤던 적이 있어요. 지금 생각해 보면 체벌이었어요. 동의 없는 강제여서 동생의 힘겨움과 고통이 수반되었으니까요.

체벌거부선언은 내가 남에게 가하는 것뿐 아니라 나에게 가해지는 체벌까지 거부하는 선언이기도 해요. 그래서 특정 대상이 아닌 전 국민이 동참했으면 좋겠어요. 체벌거부선언의 범위와 사회적 영역을 확장시키려고 하거든요. 여러분도 불온한 교사로서 교사의 기득권을 해체하는 선언에 동참해 주셨으면 좋겠어요.

참가자 오늘 이야기를 들으면서 아수나로 활동과 실내포차에서의 논쟁, 〈박열〉에서 후미코의 대사를 소개하실 때를 보면, 욕망을 잘 표출하시는 것 같아요. 저는 그렇지 못하거든요. 자신의 생각과 욕망을 긍정하고 표출하는 개인적인 방법이 있는지 궁금해요.

진냥 다른 사람들의 시선을 의식하지 않고 자신의 욕망을 표출할 수 있는지 궁금하다는 거죠? 그런데 저도 생각보다 자유롭게 살고 있진 않아요. 오히려 신경을 끊으려고 노력하고 있어요.

저만의 방법이라고 하기엔 뭐하지만, 저는 제 삶의 극단을 넓히려고 노력해요. 사람은 경험이 구성하는 존재잖아요. 여러분도 많이들 자기가 세상의 왼쪽에 서 있다고 생각할 것 같은데 그건 내가 경험한 것만으로 판단한 거잖아요. 사실과 다를 수도 있어요. 그래서 저는 삶의 극단을 넓히는 데 흥미를 느끼고, 그런 삶이 좋은 것 같아요. 양극단을 넓혀 놓으면 그 평균치만 가더라도 저를 좀 더 해방시킬 수 있으니까요. 나름 노력하고 있는데, 이걸 되게 조야한 수준으로 이야기하면, '똘끼' 있는 사람들을 많이 만나 보려고 욕심을 좀 내곤 해요.

저는 스스로 직업이 세 개라고 생각해요. 일단 생계를 위해서 교사를 해요. 오후 4시 20분이 되면 교실에서 화장을 하기 시작하죠. 아침에는 화장을 안 하고 출근하기 때문에 보통 활동하는 단체의 첫 번째 회의나 일정에 맞춰 교문 밖으로 나서요. 그 후에 집에 가서 실무를 하고요. 생계와 활동 말고 내가 원하는 게 있을 거잖아요. 저는 실과 바늘을 가지고 노는 걸 굉장히 좋아해요. 소품 같은 걸 만들거나 아니면 고양이와 놀거나 컴퓨터 게임을 해요. 모호하긴 하지만 이런 세 가지 일을 하며 살고 있다고 스스로 규정하고 있어요.

그래서 대충 살고 싶거나 내 삶에 부하가 걸리면 적당히 포기도 잘 해요. 내가 힘든 것을 내려놓으면 잃는 게 더 클 수도 있지만, 대신 얻는 것도 분명 있으니까요. 그걸 어리석다고 생각할 수도 있겠죠. 그렇다고 제 방식이 잘못이라고 생각하지는 않아요. 내 삶에서 100을 투자해서 1을 얻을 수 있는 게 있으면, 저는 그걸 별로 안 아까워하거든요. 내가 뭐라도 얻을 수 있는 게 있으면 해 보고, 잘 정리하면 되는 것 같아요. 얻는 게 없다고 제 삶을 소비했다고 여기지 않으니까요. 실제로도 제게는 굉장히 소중한 시간으로 남아 있고요. 물론 저의 노력 때문에 가능한 거예요. 어떻게 갈무리하느냐는 각자의 몫이니까요. 저는 제 경험을 잘 갈무리하고 잘 정돈해서 인생의 서랍장에 차곡차곡 쌓아 놓는 사람이라고 생각해요.

제가 성폭력 사건 해결 과정에 개입을 몇 번 했는데요. 그때마다 사람들이 피해자에게 어떤 말을 어떻게 해야 할지 몰라서 난감해하더라고요. 2차 가해에 대한 우려가 커서요. 그럴 때마다 제가 하는 말이 있어요. "남들은 안 할 것 같으냐? 누군들 안 할 수 있겠느냐? 혹시라도 2차 가해를 했다면 싹싹 빌면 된다." 인간관계는 크건 작건 서로 잘못을 하게 되고 용서하면서 관계가 깊어진다고 봐요. 그러니 잘못하게 되면 일단 용서를 구할 마음가짐만 있으면 돼요. 큰 잘못이면 더 싹싹 빌면 되고요. 그런 게 관계를 깊게 만드는 거라고 생각해요.

제 삶도 마찬가지예요. 피해를 입거나 잘못돼도 해결 안 되는 일은 별로 없으니까요. 또, 해결 안 돼도 뭐, 어때요. 우리가 엄청난 일탈을 하며 살 것도 아니잖아요.

내가 무엇을 욕망하는지는 사람마다 다 다를 거예요. 대신 나를 잘 들여다보는 것은 정말 중요한 것 같아요. 옛날의 나를 안 놓치는 것도 중요해요. 그래서 저는 아침 드라마처럼 살지 말아야지 하고 생각해요. 아침 드라마를 보면 주인공들이 다 비밀이 있어요. 과거가 있든지, 출생의 비밀이 있든지 하잖아요. 그 비밀을 지키기 위해서 더 큰 거짓말을 하고 심지어 범죄를 저지르기도 해요. 그렇게 악수에 악수를 거듭하면서 갈등이 심화되잖아요. 웃기는 건 또 다 해피엔딩이에요. 그 계기는 비밀이 밝혀지는 거고요. 왜냐하면 비밀이 밝혀지고 나면 더 이상 그게 약점이 될 수 없잖아요. 그래서 저도 '과거에 발목 잡히지 말자, 비밀을 만들지 말자'고 다짐하곤 해요.

처음 교사가 됐을 때 제가 빚이 되게 많다는 게 밝히기 싫은 비밀이었어요. 동료 교사들이 해외여행 간다고 또 다녀왔다고 하는 걸 보면 속상하기도 했고요. 물론 지금은 아니에요. 해외여행보다는 PC방 야간 정액을 더 좋아하는 타입이라서. (웃음) 해외여행 등은 내가 욕망하는 게 아닌데 그때는 그걸 잘 몰랐던 거죠. 그러다 한번은 저의 채권과 관련된 서사를 글로 써서 〈오마이뉴스〉에 올렸어요. 이게 메인 화면의 머리기사로 걸린 거예요. 한 60만 명이 봤나? 뭐, 그다음부터 제 마음이 굉장히 편해졌어요. 제 주변 사람들은 아마 다 본 것 같아요. 그렇게 제 비밀 하나가 없어져 버렸어요.

사실 저는 되게 수동적인 사람이거든요. 그래서 저 스스로를 코너로 몰아넣으려고 해요. 그걸 저는 능동적 수동성이라고 부르는데, 비밀을 밝힐 수밖에 없게 상황을 통제해 버리는 거예요.

주요한 건 다음인데요. 스스로를 놓지 않고 포기하지 않는 거예요. 그래야 과거에 발목 잡히지 않고 더 자유로운 내일을 살 수 있어요. 이 말은 애니메이션 〈강철의 연금술사〉에 나오는 말이에요. 사실 저는 운동을 애니메이션으로 배웠어요. 〈에반게리온〉과 〈강철의 연금술사〉 등에서 배웠고 실제로 그렇게 이야기하고 다녀요. 이렇게 모여서 이야기하면 까먹고 지내던 것들을 상기하고 스스로를 다잡는 계기가 되는 것 같아요. 그래서 다들 "뽕 맞으러 다닌다"고 하나 봐요. (웃음)

참가자 자신의 삶의 경계를 넓히기 위해 청소년, 장애인, 성소수자 같은 다양한 사람들을 주위에 많이 두려고 하시는 것 같아요. 자기 주변에 다양성을 가진 사람들을 조직하는 특별한 방법이 있는지 궁금해요.

진냥 어떻게 보면 되게 웃기는 말이 될 수도 있어요. '그래, 내게는 장애인 친구가 필요해!' 하고 주변에 어디 휠체어 탄 사람 없나 하고 찾는 걸 상상해 보세요. 얼마나 웃기는 일이에요. 반인권적이기도 하고, 정말 무례한 거죠. 가장 쉽게 할 수 있는 건 여러분도 이미 하고 계실 것 같은데, 단체에 가입하는 거예요. 저도 빚이 많아서 많이 하지는 못해요. 그래서 후원할 단체를 정할 때 저만의 기준을 세웠어요.

많은 분들이 친한 동료 등 신뢰하는 사람이 속한 단체에 가입하고 후원하잖아요. 그것도 좋지만, 기왕이면 자신의 욕망을 실현할 수 있으면 더 좋잖아요. 그래서 한번은 제가 가진 기득권을 해체하는 활동을 하는 단체들에 후원해야겠다고 결심한 적이 있어요. 내가 지금 남성과 연애를 하고 있으니 성소수자단체에 후원을 해야겠다. 내가 정규직 노동자니까 비정규직이나 해고노동자단체에 후원을 해야겠다. 나이가 들수록 나이주의를 해체하는 청소년단체에 후원을 해야겠다. 이렇게요. 그리고 단체에 가입하고 후원을 하게 되면 적어도 그 단체의 소식지나 메일은 열심히 읽으려고 노력해요. 그 단체의 생각과 감수성의 결을 단련시키기 위해서요. 물론 다 읽진 못하지만요.

오프라인 모임에 참여하는 것도 좋아요. 용기가 필요하지만 직접 참여해서 우애를 쌓을 수 있도록 노력해야 해요. 예를 들어, 장애인단체에서 하는 독서 모임에만 참여해도 느끼는 게 참 많을 거예요.

일단, 모임 장소를 정하는 게 굉장히 힘들거든요. 제가 활동하는 '인권교육센터 오리알'에 휠체어 사용자가 두 분 계시는데요. 예전에는 이동권을 이야기하면 계단이나 턱, 경사로 등만 떠올랐어요. 그런데 모임 장소를 정하다 보니 장애인 화장실이 마련된 곳이 필요하더라고요. 그 전까지는 못 느꼈는데 장애인 화장실이 따로 마련된 공간을 찾기가 쉽지 않았어요.

성별이 분리되어 있는 장애인 화장실은 새로 지은 큰 건물이 아니면 거의 없다시피 했어요. 또, 여러분도 누군가를 만날 때 '어느 지하철역 몇 번 출구 앞에서 만나자'고 하지 않나요? 그 출구는 만나서 함께 갈 최종 목적지와 가장 가까운 출구일 경우가 많고요. 그래야 이동 거리가 짧아지잖아요. 그런데 저희는 엘리베이터와 가까운 출구에서 만나요. 대부분의 지하철역은 엘리베이터가 하나예요. 이동 거리도 달라지고 이동하는 데 시간도 훨씬 더 걸리죠. 이런 부분은 비장애인의 경우 평소 생각하지 못하는 거잖아요. 간접적으로나마 장애인분들이 일상생활에서 얼마나 불편함을 겪고 있는지 알 수 있어요.

우리나라는 장애인의 45% 정도가 초등학교 졸업 학력이 없어요. 저와 같이 활동하는 그 두 분도 제도권 교육 경험이 전혀 없어요. 초등학교도 가 본 적이 없는 분들이에요. 그래서 청소년 인권이나 학생 인권을 이야기할 때 굉장히 힘들어요. 그분들은 학교에 대한 경험이 없기 때문에 공감하고 이해하기가 어렵거든요. 흔히 학교에 대한 경험은 누구나 가지고 있을 거라고 생각하는데 장애인들에게는 그게 현실이 아니에요. 이런 다름이 있기 때문에, 모임이나 회의를 할 때는 제도권 교육을 겪은 사람들과는 다른 방식으로 진행하고 이야기를 해야 하죠.

제도권 교육을 경험한 사람들의 특징이 뭔지 아세요? 앉아서 3시간을 버틸 수 있어요. 그런데 신체장애가 있는 분들은 한자리에 길게 앉아 있지 못해요. 아마 우리도 학교를 다니지 않았으면 그럴걸요. 한자리에 그렇게 오래 앉아 있는 건 자연스러운 일이 아닌데 우리 사회는 그게 너무 당연하죠. 반면 제도권 교육 경험이 적은 장애인 활동가들의 회의는 길지 않아요. 길게 하더라도 40~50분 단위로 쪼개고요. 인권교육도 보통 2~3시간씩 하는데 대상이 장애인일 경우에는 그렇지 않아요. 시간을 짧게 끊거나 좀 더 드나듦이 느슨해요. 활동보조인들이 또 사이사이에 끼여 있으니 참여자가 아닌 사람들이 같은 공간에 있는, 즉 대놓고 참여하지 않는 이들이 절반인 교육이 이루어질 때도 많죠. 이런 다양한 다름을 경험하게 되면 물리적인 상상력이 자극되죠. 굳이 일부러 친구가 되지 않더라도 말이죠.

그리고 독서 모임을 해 보면 아시겠지만, 장애인 활동가들은 필기를 하지 않는 경우가 많아요. 제도권 교육을 안 받아서 그럴 수도 있겠지만, 장애 때문에 필기를 할 수 없는 경우도 많죠. 발제 방식도 우리는 보통 발제문 등 문서를 돌리는데 그렇지 않아요. 독서 방식도, 함께 이야기 나누고 토론하는 방법도 많이 달라지게 돼요. 그림이나 사진으로 발제를 하거나 굉장히 느슨한 수다로 독서 모임이 진행되기도 하죠. 어떤 이는 친목 모임이라고 느낄 만큼 주제에 관련된 대화 비중이 낮았더라도, 혹은 더딘 진행이더라도 또 다른 사람에게는 목표 이상의 양을 소화한 모임일 수 있고요. 그런 새로운 방식들을 모색하고 권장하고 시도하는 것이 나를 보다 더 자유롭게 해요. 교사들이 공부하고 요약해서 하는 문자 중심의 소통 방식에서 벗어날 수 있는 좋은 기회가 되는 것 같아요.

여러 단체에서 하는 강의를 듣는 것도 좋아요. 그래도 정기적으로 모임을 갖는 게 가장 좋겠죠. 이런 노력을 특별히 하지 않으면 삶의 경계를 넓히기 어려워요.

페미니스트 교사가
불온한 교사다

・ 교육의 페미니즘적 전환을 위해

・ 김성애

　중등 교사, 전교조 여성위원회 ksa3414@hanmail.net

〈불온한 교사 양성 과정〉에서 '교육의 페미니즘적 전환'이라는 주제로 강의를 하게 된, 김성애라고 합니다. 경기 부천에 있는 부천공업고등학교에서 역사 교사로 근무하다가, 2017년부터 전교조 본부 전임으로 여성위원장 겸 교섭도 못 하는 전교조의 교섭정책국장으로 일하고 있고요. 올해도 작년과 같은 역할을 맡아 전임 활동을 하고 있습니다.

어떤 사람들이 불온한가

'불온'이 도대체 뭘까요? 불온한 교사는 또 뭘까요? 나름대로 '불온'에 대해서 찾아봤습니다. 제가 모르는 영어 단어가 많더라고요. 첫 번째 disquiet, unrest. 이건 알 것 같아요. 명사로 불안이래요. 다음에는 threatening, 위협적인 / seditious, 선동적인 / rebellious, 반항적인 / improper, 부도덕한 / disturbing, 불안감을 주는 / inflammatory, 선동적인 뭐 이런 단어들이 불온하다는 뜻이라고 합니다. 뭘 위협하는 걸까요? 어떤 선동을 하고 무엇에 대해 반항하는 걸까요? 우리 사회에서 불온하다는 것은 무엇일까요? 무언가를 불온하다고 규정하는 사람들은 누구인가요? 누가 불온과 불온하지 않음의 경계를 규정하나요? 이런 질문들을 던지면서, 오늘 불온이란 말에서 느껴지는 감정은 뭔지 같이 생각해 봤으면 좋겠습니다.

이 사회에서 '이것은 불온하다'고 말할 수 있는 사람들은 어느 정도 힘을 갖고 있는 사람들일 것입니다. 이 사회의 중심에 있는 사람들이고, 그건 다르게 말하면 그들의 입장에선 자신들이 '정상'적인 사람들인 거잖아요. 나머지는 변두리이고 비정상인 것이고요. 국어사전에서도 그렇게 풀이를 했습니다. '불온'을 "통치 계급, 기성세대 입장에서 보아서 사상, 태도 등에 맞서고 대립하는 성질"이라고요. 불온을 규정하는 사람들은 그 사회에서 권력자인 것입니다. 그들은 성별로는 남성이 되겠고, 나이로는 보통은 나이 많은 사람이 되겠고, 인종적으론 백인이 되는 경우가 많겠죠. 그들의 권력에 도전하는 사람, 우리 사회의 중심성/정상성에 저항하는 사람, 그래서 그 경계를 흐리게 하고 흔드는 사람들에게는 불온하다는 딱지가 붙는다는 생각이 듭니다.

불온한 사람들은 어떤 사람들이 있었나 살펴보겠습니다. 박정희 정권 시대에 '오송회 사건'이 있었습니다. "고교 교사 불온 서클 적발"이라고 보도된 사건이었지요. 사건의 핵심은 학생을 대상으로 '선동'을 했다는 것이었습니다. 학생들에게 뭔가 이 사회의 중심성/정상성과 다른 이야기를 했다는 거죠. 이명박 정부 때, 국방부에서 불온서적 목록을 만든 적이 있습니다. 그 목록을 보면 우리가 보기엔 전혀 불온한 것 같지 않은 책들인데, 누군가는 이게 굉장히 불온한 거라고 이야기하는 겁니다. 국방부 입장에선 어떤 사람들이 불온한 사람들일까요? 통일하자는 사람이겠죠. 통일이 되면 군대나 국방부의 규모나 위상이 지금보다 줄어들 테니까요. 더 확대해서는 북한과 비슷한 생각을 한다든지 남한 사회에 대해서 부정적인 사고를 하는 것을 불온하다고 낙인찍습니다. 그리고 지금의 역사 교과서들이 '좌편향'이라고 주장하는 사람들이, 역사 교과서가 곧 '불온 문서'라고 표현을 한 적이 있습니다. 그 교과서로 학생들이 배우면 불온하게 된다는 거죠. 그리고 스스로 불온하다고 한 사람도 있습니다. 〈불온한 당신〉이라는 영화가 있는데요. 이영 감독 작품이고, 영화 카피가 "여자를 사랑한 사람"이었습니다. 여자를 사랑한 것에 왜 불온이란 이름을 붙였을까요? 이 주인공이 여성이었던 겁니다. 생물학적 성별로는 여성인 주인공이 평생 남성의 외모로 삶을 살고 여성을 사랑했던 줄거리예요.

〈불온한 당신〉의 주인공을 보았을 때 어떤 느낌이 들까요? '이상하다, 평범하지는 않네'라고 생각할 분도 있겠죠. "아, 싫어" 이러는 사람도 있겠죠. '좌편향 역사 교과서'를 반대하는 사람들의 감정은 어떤 걸까요? '큰일 났다', '나라 망하겠다', '이런 교과서를 선정하고 가르치는 사람들을 가만두면 안 되겠다' 이런 거겠죠. 이 불온이라는 규정은, 혐오의 감정 ─ 최근엔 '정동'이라고도 하는데 ─ 과 연결이 됩니다. 중심성/정상성을 가진 사람들의 입장에서는, 불온한 사람들은 자기들과 같은 사람이 아닌 것이고, 그 대상에 대해서 비호감을 느끼기도 하고 두려움을 느끼기도 하고, 사회적으로 존재해선 안 된다고 느끼는 경우도 있는 거죠.

최근에 이러한 혐오의 대상이 되는 사람들, '불온한 사람들'은 주로 젠더나 섹슈얼리티와 관련되어 규정되는 것 같습니다. 2018년에

EBS의 젠더 토크쇼 〈까칠남녀〉를 폐지하라고 요구한 시위가 있었습니다. 시위를 한 사람들이 "동성애, 성소수자 인권에 올인하는 〈까칠남녀〉 당장 폐지하라", "교육방송 보다가 내 자식 동성애자 될까 무섭습니다", "교육방송? 성교육방송?" 같은 내용의 피켓을 들었습니다. 이 사람들에게 공격받는 대상은 누굴까요? LGBT — 레즈비언, 게이, 바이섹슈얼, 트랜스젠더 — 인 거죠. 〈까칠남녀〉의 LGBT 출연진 중에서는 은하선 작가가 가장 큰 공격을 받았습니다. "내 자식을 동성애로 만들 것 같은 사람"이라고요. 불온하다고 딱지 붙은 사람들에게 이런 공격이 가해지는 것입니다.

또 다른 경우로, 불온하다고 찍히면 큰일 나니까 몸을 사린 사람들도 있었습니다. 에이핑크의 손나은이라는 가수가 자기 사진을 SNS에 올렸는데, "페미니스트 논란?"이라는 기사가 났어요. 뭐가 문제였을까요? 휴대전화 케이스가 "Girls can do anything"이라는 문구가 쓰여 있는 페미니즘 굿즈였다는 겁니다. 그게 악플과 논란의 대상이 되었습니다. 결국 오해다 하고 사진을 내렸습니다. 불온한 사람으로 찍히면 일단 SNS에서부터 사이버 불링, 집단적인 공격을 받게 됩니다. 그래서 스스로를 단속하게 되는 거죠. 불온하다고 규정하고 경계를 만드는 것은 권력을 가진 사람들이 그 권력을 유지하기 위한 방법인 겁니다. 요새는 '불온'이란 말은 잘 안 쓰지만, 대신에 혐오를 드러내죠. 한 발짝 더 들어가면, '메갈'이라는 딱지도 붙이고 있습니다.

교사들도 마찬가지입니다. 최근에 교사 개인이 신문에 오르내리는 건 주로 안 좋은 일로는 성 관련 범죄를 저지른 경우가 있을 것이고,

아마도 그 다음으로 빈도가 높은 게 '페미니스트 교사'인 경우들 같습니다. 이제 우리 사회가, 예를 들면 제주 4.3 사건을 가르쳤다는 이유로 그 교사는 불온하다고 하는 수준은 좀 지난 듯합니다. 하지만 페미니스트 교사는 여전히 불온한 존재로 분류됩니다. 페미니스트 교사에 대한 어느 언론사의 기사를 보면, "동성애, 한남충 페미니즘교육"이라고 이름 짓기를 해 놨습니다. 페미니즘교육은 동성애를 가르치는 교육이고 한국 남자를 벌레로 부르는 교육이라고 정리해 놓은 거죠. 수업에서 퀴어문화축제 영상을 보여 준 교사는 사과하라는 기사도 있습니다. 퀴어문화축제는 성소수자들의 축제인데 그걸 소개하는 영상을 보여 준 게 잘못이란 거죠. 전교조가 그렇게 교사를 공격하는 것이 잘못되었다고 하자 전교조도 공격을 받았고요.

이렇게 불온하다고 하는 대상에게 가하는 혐오나 공격의 내용을 보면, 요컨대 그들을 부도덕하다고 낙인을 찍고, 아이들을/자식 세대를/누군가를 망치는 거라고 말합니다. 이 불온함을 가만 놓아두면 안 된다는 겁니다. 페미니즘교육이나 성소수자에 대한 이런 생각들이 우리의 상식으로 보면 좀 어이없잖아요. 우리 사회의 특정한 연령대나 소수의 종교적·정치적 신념을 가진 사람들만의 행위라는 생각이 들기도 하죠. 그런데 사실 그렇지가 않았습니다.

교사들에게 페미니즘이 필요해

새로 교사가 된 사람들이 처음 연수를 받을 때, 전교조에서 노동조합을 홍보하고 새내기 교사에게 이런 게 도움이 되겠다 하는 내용을 담은 책자를 만들어서 나누어 줍니다. 〈새내기 교사 길라잡이〉 책자인데요. 올해도 만들어서 1월에 나누어 주었습니다. 그랬는데 어떤 사람이 그 책자의 일부를 사진을 찍고 밑줄을 그어서 인터넷에 올렸습니다. 그 사람이 표시를 한 부분은 '페미니즘 분과' 챕터예요. '페미니즘? 전교조가 뭔가 이상하다'는 주장이었어요.

2017년에 전교조 여성위원회에서 '입이 트이는 페미니즘, 학교 편'이라는 1박 2일 캠프를 한 적이 있습니다. 학교 안의 성희롱과 성차별이 너무 많으니 자기의 경험을 서로 나누자는 취지였습니다. 그 캠프 참가 후기를 〈새내기 교사 길라잡이〉에 실었어요. 초임 교사들이 학교에 온 후 겪게 되는 여러 가지 성적인 차별과 억압이 있고, 이걸 같이 이야기하고 해결할 수 있는 곳이 전교조 여성위원회라고 소개하려고 넣은 겁니다. 그중에 "제가 학교에서 만난 전교조 조합원 선생님들은 그냥 '한국 남자'였습니다"라는 게 있는데, 그 문장에 빨간 줄을 쳐서 올렸어요. 뭐에 꽂혔던 걸까요? '한국 남자'에 꽂혔던 거죠. 〈새내기 교사 길라잡이〉에는 캠프에 참가한 사람 중에 비조합원이었던 교사가 조합원으로 가입하면서 쓴 글도 실려 있었습니다. "전교조에서 만날지도 모르는 '진보 한남'이 정말 싫을 것 같아서" 그동안 가입 안 했는데, 이번 캠프에 참가하면서 다시 생각하게 됐다는 내용이었습니다. 이 글도 사진을 찍어서 올리면서 '진보 한남'에 빨간 동그라미를 쳐 놨어요. 전교조가 '진보 한남'이란 말을 썼다는 거죠.

〈새내기 교사 길라잡이〉 안에는 이런 내용도 있었습니다. "학교 안에서 기간제 여교사가 지속적으로 성희롱을 당했는데 아무도 도와주지 못해서 갑갑하고 힘들었다. 이런 걸 남자 교사들과 한 번도 이야기를 못 했다. 여기 와서 그런 이야길 하고 함께 힘을 내서 어떻게 해 보자는 이야기를 나누니 너무 좋았다." 학교에서 "넌 임신을 취미로 하니?"라는 말을 들었다는 경험담도 있었습니다. 그런데 그런 내용은 하나도 밑줄을 안 그었더라고요. '한국 남자', '한남' 들어간 부분만 인터넷 남초 사이트에 올린 겁니다. 처음 사진을 올린 분은 게시물 제목을 "전교조 실화냐?" 이렇게 달았더군요. 누가 올린 건지는 모를 일이지만, 아마 교직에 입직한 어느 신규 교사분이 올린 것 아니겠어요? 여기서 끝난 게 아니었습니다. 전교조 내부에서도 '전교조가 남성 혐오를 하느냐', '전교조가 페미니즘을 하면서 이상해졌다'는 문제 제기가 나왔습니다. 그런 모습을 보면서, 정말 교대·사대에 페미니즘이 필요하구나 하는 생각이 들었습니다.

자신을 미워한 여자

제 인생을 잠시 돌이켜 보면, 저는 여자를 미워한 여자, 여자를 싫어한 여자였습니다. 남성만 여성을 혐오하는 게 아니라, 여성도 여성을 혐오하거든요. 자기혐오가 있는 거죠. 제가 초등학교 6학년 때, 연도로는 1978년이었습니다. 담임 선생님이 미혼의 남성이었는데 여학생들에게 굉장히 가혹한 사람이었어요. 여학생들에게 '원산폭격' 기합을 주고, 주르륵 세워 놓고는 발로 차서 다 넘어뜨리곤 했습니다. 여학생 중 일부만 예뻐하면서 사이를 갈라놓기도 했습니다. 그때 그런 일을 당하면서 제가 너무 화가 났습니다. 불온하다고 불리는 사람들이 가지는 첫 번째 감정은 바로 분노일 것 같습니다. 분노가 표출되어야 하는데 표출되지 못했죠. 우리는 초등학교 6학년이었고 성별도 여자였고, 그 사람은 남자 담임 선생님이었고, 권력의 차이가 컸던 겁니다. 우리끼린 모여서 욕을 하곤 했는데, 선생님한테 한 번도 반항을 못 했습니다. 지금이라도 그 교사를 만나면 왜 그랬는지 좀 물어보고 싶을 정도입니다.

1980년. 중학교 때였는데요, 엄마 아빠가 부부 싸움을 매일 했습니다. 저는 그걸 보면서 '저렇게 살려면 왜 같이 살아?' 생각했는데, 엄마 아빠 중에 엄마에 대한 불만이 더 많았습니다. 아빠가 엄마의 말을 잔소리라고 규정했고, 저도 엄마의 말은 잔소리고 바가지 긁는 거라고 생각했던 겁니다. 제가 여자로 살았지만 여성의 삶에 공감하기보다는 남성의 언어로 남성에 공감하는 삶을 살았습니다.

1985년. 대학 축제 때 분홍색의 티셔츠와 청치마를 입고 갔는데 선배들의 시선이 좋지 않았어요. 종일 어찌할 바를 몰랐습니다. 내가 뭘 잘못했나 보다 생각했고, 그걸로 대학 생활 때 치마는 끝이었습니다. 그 이후로 치마도 안 입고 선배들을 다 형이라고 부르고 형님들의 세계에서 살았어요. 형님들의 세계에서 운동하고 형님들로부터 이론을 전수받으면서 학생운동을 한 거죠.

교사가 돼서 처음 맡은 게 중학교 2학년 남녀공학 반이었습니다. 그런데 남자애들만 잘 보이지 여자애들은 잘 안 보였어요. '역시 남자애들은 편하고 여자애들은 좀 어려워' 하는 생각도 했습니다. 학교에서도 저한테 남자 반을 주는 경우가 많았습니다. 여성을 지우고 가리고 남성의 언어를 따라 살면서, 저 역시도 남성적이 되어 갔던 거죠. 그래서 저한테 남자 반 담임을 주지 않았을까 합니다. 이걸 깨달은 게 얼마 안 됐습니다. 제가 1991년에 교사가 됐는데, 이런 제 자신을 깨달은 건 2~3년 전쯤입니다. 페미니즘을 알고 나서도 한참 후에 깨달았습니다. 처음엔 '나는 왜 여자 제자가 없지?' 하는 의문을 가졌습니다. 생각해 보니 제가 여학생들을 소중히 생각하지 않고 그들의 목소리에 힘도 실어 주지 않고 그들과 감정적 공감도 하지 않았던 거예요. 돌이켜 보니 내가 여학생을 좋아하지 않았구나, 남성의 언어와 남성의 시각으로 살아왔구나, 이런 걸 느꼈어요.

제가 전교조 활동을 시작하고 난 뒤에, 어느 남자 선배한테 맨날 늦게 들어가면 집에서 싫어하니까 일찍 좀 들어가라고 했더니 그 선배가 "나는 바깥에서 운동을 하고 와이프는 가정을 돌보기로 역할 분담을 했다"고 했어요. 그런데 그때 전 그게 하나도 이상하지 않았습니다. 운동에서 메이저가 되려면 남성들이 주도하는 운동 안에서 내 역할을 잘해야 했습니다. 선배가 저를 불러서 "우리 이런 것 좀 해야 하지 않아? 글 좀 써 봐" 하면 시키는 대로 했습니다. 선배한테 "아 훌륭해, 잘 썼어"라는 말을 들으면 인정받는다고 생각하고요. 그런 삶을 살았던 겁니다. 좀 차별적 표현일 수도 있는데, 내가 운동권 남성의 '식모'로 살았던 것 아니었을까 하는 생각도 들어요.

그런 생각을 하다가 지구지역행동네트워크^{NGA}라는 페미니즘운동

단체의 한 분을 만났습니다. 노동운동을 하다가 조직 내 성폭력 사건을 경험하고 조직에서 그 일을 처리하는 과정에 실망하고 노동운동을 접은 분이었습니다. 그 후 페미니즘을 조금씩 접해 가고 있던 상태였고, 저한테 같이 해 보자고 제안을 했어요. 처음엔 도망 다녔어요. 무서웠거든요. 내가 여자였기 때문에 그동안 어떻게 살아왔는가를 누가 가르쳐 주지 않아도 잘 알고 있었던 겁니다. 내 언어와 내 시각으로 살지 않았단 걸 직면하는 게 두려웠습니다. 그걸 넘어서게 되니까 그 다음엔 하나도 모르겠더라고요. 생전 처음 듣는 이론과 여성학자들……. 페미니즘도 어려웠지만 감수성도 부족했습니다. 감수성이란 건 접하고 부딪히고 하면서 만들어지고 개발되는 거 같아요. 감수성이 아직 없던 제게 페미니즘은 그렇게 어려운 거였습니다.

하지만 페미니즘을 접하면서 좋았던 점은 새로운 사람들을 만난 거였습니다. 여성들도 만났고 다른 여러 소수자들도 만났는데, 그런 사람들의 공통점은 공감을 잘하는 거예요. 공감의 공동체를 경험하고, 운동을 다시 생각하게 됐습니다. 2015년 이후로는, 전교조 안에서 20대 후반에서 40대 초반 정도인 페미니스트들을 만나면서 굉장히 많은 영감을 얻었습니다.

전교조운동의 페미니즘적 전환

그렇게 페미니즘을 공부하면서, 전교조에 페미니즘운동을 가져와야겠다고 생각을 했습니다. 전교조가 예전에 했던 운동 방식을 그대로 답습하고 있는 것처럼 보였고, 그래서 전교조운동에 전환이 필요하다고 생각했거든요.

그동안 전교조에서 어떤 페미니즘운동을 했나 살펴보면, 먼저 반성폭력운동이 있었습니다. 2008년에 있었던 김○○ 성폭력 사건. 민주노총 위원장이 수배가 되어서 도주 중이었는데, 전교조에서 여성 조합원에게 집에 숨겨 달라고 했습니다. 결국 위원장이 체포가 됐는데, 조직에서는 민주노총의 한 명과 위원장을 숨겨 준 전교조 조합원 한 명, 이렇게 딱 두 명이 관여한 일로 축소하려고 했습니다. 여성 입장에선 왜 자기가 모든 책임을 져야 하는지 황당했죠. 대책 회의 이후에 강간미수 사건이 발생했습니다. 피해자는 그 사건을 조직 안에서 해결하려고 했지만 해결이 되지 않고 2차 가해가 일어났습니다. 이런 상황에서 결국 사건이 공개가 되었습니다. 이 사건이 아직도 해결이 다 되지 않았습니다. 전교조의 많은 여성 활동가들과 페미니스트들이 힘을 쏟았고 고생을 너무 많이 했어요. 사건의 책임자가 나중에 승승장구하는 문제도 있었고요.*

전교조에서는 반드시 1년에 1회 이상 반성폭력 연수나 강의를 해야 합니다. 남성 활동가들이 맨날 그 연수에 대해 "우리는 잘 알고 있으니 안 해도 된다"고 이야길 해요. 그러다 성폭력 사건 등이 일어나면

---

* 전교조는 민주노총 김○○ 성폭력 사건의 피해자에게 사건 발생 후 10년이 지난 2018년 3월 24일 공식적인 사과를 했다. 그러나 한편 피해자 지지 모임 대표를 비롯한 5인은 당시 사건 해결의 최종 책임자였던 전교조 위원장의 2018년 경기도 교육감 민주·진보 단일화 경선 참여에 대한 입장을 밝혔다는 이유로 〈공직선거법〉 위반(허위 사실 적시)으로 고소를 당한 상황이다.

항상 여성이 뭘 해야 하지 않느냐고 합니다. 한 번도 성평등 연수에 적극적이지 않다가, 예를 들어 어느 고등학교에서 교사가 학생을 성추행한 사건이 벌어졌다고 하면, 갑자기 여성들에게 연수를 시켜 달라고 하는 등 법석을 떠는 거죠.

그 다음에 전교조에서 했던 페미니즘운동으로 들 수 있는 게 성 주류화 운동이에요. 대표적인 게 대의원 할당제로 대의원의 50%는 여성이 맡게 돼 있어요. 그리고 동반 출마제가 있습니다. 선출직 위원장과 수석부위원장 중 1명은 여성이 합니다. 그런데 결과가 어땠을까요? 여지없이 위원장 성별은 남성, 수석부위원장 성별은 여성이 되곤 합니다. 그래도 올해는 지부장은 17개 시도 중에 여성이 2명입니다. 지부장이 전부 남성인 때도 있었습니다. 그리고 수석부위원장이 굉장히 중요한 선출직인데, 여성이 맡으니까 역할과 위상이 축소됐습니다. 똑같이 선출직인데 전임을 하지 않고 주변화되기도 하고요. 사무처장, 정책실장은 남자가 맡고, 교육선전실장은 여자가 하는 등 성별 고정관념에 따라 역할이 배분될 때도 많습니다. 또, 조직이 잘나갈 때는 다 남자들이 하다가, 조직이 어려울 때 여자들을 부르는 경우가 많은 것 같다는 문제의식을 갖고 있습니다.

전교조에는 참교육 실천 강령이라고 있는데 그중 네 번째 강령이 "우리는 성평등교육을 실천한다"입니다. 이런 강령이 있다는 사실을 조합원들이 얼마나 알고 있을지는 모르겠지만요. 목표와 지향은 분명히 있는데, 전략은 부재합니다. 성평등교육은 여성위원회에서 알아서 하는 일이 되고, 부문의 일이 되는 겁니다. 성평등의 문제는 여성의 문제로 생각하는 거죠. 조직 전체적으로 성평등에 대한 고민이 부족합니다. 세월호 참사 진상 규명을 요구하며 여의도에서 광화문까지 걷는 행진을 한 적이 있습니다. 그때 어린아이와 함께 참가한 교사가 행사 방식이 너무 말이 안 된다고 했습니다. 저도 생각을 못 했던 일인데, 일정한 구간만이라도 유모차에 아이를 태우고 갈 수 있게 해야 한다고 하셨던 거지요. 지금의 행사 방식은 장애인도 참여하지 말라는 거라는 이야기도 하셨어요. 이런 행사 방식도 그렇고 조직 차원에서 성평등과 인권에 대한 고민이 더 확장되어야 합니다.

"우리에겐 페미니스트 선생님이 필요합니다"

2017년, 저에게 페미니즘교육의 중요성을 깨닫게 하는 또 하나의 계기가 된 사건이 일어났습니다. 닷페이스라는 동영상 사이트에서 서울의 한 초등학교의 페미니즘 교사 동아리를 취재했습니다. 그 동아리 멤버는 20명이 넘었고 그 학교 교감도 참여를 하고 있었어요. 인터뷰 마지막에 그 동아리의 최현희 선생님이 학교 운동장 이야기를 했어요. 학교 운동장에 남자애들만 뛰어놀고 여자애들이 없던 거죠. 그때 교사가 그걸 자연스럽다고 받아들이지 말고, "왜 운동장에 여자애들이 없는 거지?" 하고 질문할 수 있어야 하고, 그런 질문을 할 수 있는 힘이 페미니즘이라고 이야길 했어요.

최현희 선생님이 하고 싶었던 말은 뭐냐 하면, 당연한 것들, 원래 그렇다고 생각되는 것들에 대해 의심할 수 있어야 한다는 거였습니다.

그 의심은, 세상은 남자로 대표되고 여자는 자연과 동일시되는 사회 구조라는 거죠. 그리고 사회화라고 할 때, '남자'가 되고 '여자'가 되는 과정을 이야기했습니다. 이분이 여자아이들을 보면 늘 미안하다는 거예요. 활기차게 웃고 자기 이야기를 자유롭게 하던 여학생들이 고학년으로 가면 갈수록 특정한 성별의 모양에 맞춰지는 것이. 자유로움이나 개성을 표현할 수 없게 되는 게 미안하고 아프고, 그걸 해결하려면 페미니즘이 필요하다고 했습니다.

그런데 그런 이야길 한 후 최현희 선생님이 사이버 불링을 당하기 시작했습니다. 페미니즘을 가르친다는 이유로, 남성을 혐오하는 교사다 그런 식으로요. 그 다음에는 사람들이 교사의 신상을 털어서 트위터에 쓴 글이나 사진 등을 찾아내서 공격했어요. 동성애를 가르치는 교사라고, 한남충이라고 말한 적이 있다고 하면서.

최현희 선생님의 말에서 제가 주목한 건 뭐냐면, 학교에 페미니즘이 필요하다는 이야기를 최초로 발화를 했다는 것입니다. 그 전에는 성평등이 필요하다, 성평등한 학교가 되어야 한다 정도의 이야기만 있었습니다. 물론 그런 이야기도 많지는 않았지만요.

최현희 선생님은 인터뷰 동영상이 나간 뒤에 공격이 시작돼서 결국 휴직을 하게 되고 말았어요. 그분도 전교조 여성위원회 활동을 함께 했던지라 저는 이 사건을 계기로 페미니즘교육이란 말을 더 확장시켜야겠다고 생각했어요. 만약 인터뷰에서 "성평등교육이 필요해요"라고 했으면 이만큼 공격을 받았을까요? 페미니즘이란 말 자체가 경계 바깥에 있는 자들의 목소리를 드러내는 게 아닐까 하는 생각이 들었습니다.

저희는 '학교에 페미니즘이 필요하다'고 말하면서 이 사건에 대한 대응을 했습니다. 그러면서 학생들의 이야기를 많이 모았는데요. 생리통으로 조퇴를 하려고 하니까 생리대·생리혈을 찍어서 갖고 오라고 했다거나, 여자애니까 조신하게 다니라고 요구한다거나, 또 가정 시간에 '엄마 역할', '아빠 역할'을 나눠서 설명한다거나, 학생들에게 창녀 운운하는 교사가 있다는 이야기들이 나왔습니다. 예를 들어 "김치녀", "메갈년" 같은 여성혐오 표현은 하루에 수십 번도 넘게 듣는다고 하는데, 그게 학교의 현실입니다. 한국여성정책연구원 조사 결과를 보면, 여성혐오 표현 등에 남성 청소년의 66.7%가 공감을 한다고 합니다. 그리고 대학교에서도 단체 카톡방에서 남자들이 성희롱을 하는 사건들이 일어났잖아요. 그런 사건을 보면서 교사들도, '내가 가르쳤던 남자애들도 혹시?' 생각하게 되는 거죠. 그리고 도대체 교사는 어떻게 해야 하는 걸까 고민이 들기 시작하는 겁니다. 그 남자애들이 못된 거라고 하는 걸로는 해결되지 않는다는 거죠.

그래서 2017년 8월 26일 페미니스트들이 공동 행동을 했습니다. "우리에겐 페미니스트 선생님이 필요합니다"라고 해시태그를 달고서. 인증샷을 찍고 SNS에도 올렸습니다. 리베카 솔닛이라는 페미니스트도 함께했습니다. 그런데 이 해시태그 운동을 하면서도 얼굴을 다 드러내고 사진을 찍지 못한 사람들이 부지기수였습니다. 얼굴을 드러내면 공격받으니까요.

그러면서 학교에서 페미니즘교육을 위해서 어떤 게 필요한지 여러 이야기들이 나오기 시작했습니다. 혐오에 익숙해져서 혐오인 줄도 몰랐고, 그게 혐오이고 잘못이라는 것을 페미니즘을 통해 알게 되었다는 이야기들이었죠. 학생들이 혐오를 계속하지 않으려면 학교에서 그게 잘못이란 걸 이야기해야 합니다. 그리고 또 다른 문제는 인구의 절반이 차별받고 억압받는다는 사실을 가르치지 않는다는 것입니다. 현실을 가르치지 않는데 학교가 대체 왜 있냐는 거죠. 학교에서 학생들이 자는 이유는 힘들어서이기도 하지만 학교에서 배우는 지식이 사회를 해석하고 이해하는 데 도움이 되지 않아서이기도 하잖아요. 그런 문제의식도 있었습니다.

다음으로는 페미니스트 선생님이 필요하다는 것에서 더 나아가서 학교에 페미니즘을 가져오자고 요구를 했습니다. 성평등한 학교를 위해서 뭘 해야 할까요? 먼저 페미니스트 교사를 보호해라. 그리고 교사를 양성하고 연수하는 과정에서 페미니즘교육을 의무화해라. 혐오와 차별과 성폭력 없는 학교를 만들기 위해 대책을 세워라. 특히 학생들에게 성차별을 내면화시키는 국가 수준 학교 성교육 표준안을 폐기해라. 인터넷에서 여성혐오 콘텐츠에 학생들이 쉽게 노출되고 있으니 학교에서 페미니즘교육을 의무화해라. 이런 주장을 하면서 또 해시태그 운동을 했습니다. 돈을 모아서 신문 광고도 했고요. 486명이 349만 5천 원을 모아 주어서 세계여성폭력추방의날에 맞춰서 〈경향신문〉 하단에 광고를 냈습니다.

이렇게 페미니스트들은 계속 진전을 하고 있고 현실을 바꾸기 위해서 노력을 하고 있습니다. 그런 노력의 결과가, 20만 명을 넘긴 '초·중·

고등학교에 페미니즘교육을 의무화해 달라'는 청와대 국민 청원이었죠. 아무래도 제일 많이 청원에 참여한 건 10~20대 여성들일 것 같습니다. 그들에게 페미니즘은 생존이거든요. 이 청원의 의미는 안전하게 살고 싶다는 것이고, 또 사람들이 배워야만 헛소리를 안 하게 된다는 것입니다. 그리고 또 하나는 이게 소수의 목소리가 아니란 겁니다. 항상 페미니즘에 반대하는 사람들의 목소리는 과잉 대표되어 있거든요. 우리의 정당한 목소리들은 상대적으로 과소평가되어 있고요.

학교는 과연 가능성의 공간인가

페미니즘은 왜 혐오의 대상이 되고 페미니스트라고 말하면 공격을 받게 되는 걸까요? 페미니즘이 이 사회에서 힘을 갖고 있는 존재들에게 위협적인 겁니다. 세상의 절반인 여성에 대한 차별과 억압과 착취가 수천 년간 지속됐습니다. 이 지배와 억압의 핵심에는 '성'이 있습니다. 섹스, 젠더, 섹슈얼리티를 통제하죠. 성이란 게 자연적인 것이라고 규정해 놓고 그 안의 권력관계를 은폐합니다. 그렇게 '당연과 물론의 세계'를 구성하고, 누군가의 차별은 원래부터 그런 것, 전통이라는 이름으로 유지되고 있습니다. 그런 구조에 많은 여성들이 분노하고 저항했고, 여성들의 힘이 점점 커지고 페미니즘이라는 사상과 이론들이 등장하게 되면서 이런 모순들을 다시 보기 시작했습니다. 노동자들이 마르크스주의를 통해 세상을 다시 보고 노동자의 관점에서 다시 쓰는 것처럼, 여성들이 개별적으로 분노하고 저항하던 것들이 페미니즘이라는 사상과 이론을 통하면서 세상을 다시 보는 눈이 되고 바꿀 수 있는 힘을 갖게 되는 것입니다.

또 페미니즘은 차이에 주목을 합니다. '만국의 노동자여 단결하라'는 말이 있는데, 만국의 노동자가 하나의 동일한 집단은 아니라는 거죠. 페미니즘은 내부의 차이와 위계를 인식하고, 교차하고 가로지르는 부분에서 운동을 만들어 낸다고 생각합니다. 그런 점에서 페미니즘은 기존 운동과는 다른 전환의 운동이지 않을까 합니다. 약자에 대한 관용과 배려에서, 각자의 차이를 인식하고 소수자성을 발견하고 교차하고 연대하면서 운동을 꽃피우는 것으로 전환할 수 있지 않을까요?

교육의 페미니즘적 전환이란 무엇일까요? 누군가를 차별하고 배제하는 문제를 제도를 만들어서 해결하려는 게 〈차별금지법〉 같은 거잖습니까. 그런 방식도 필요하긴 한데, 제가 생각하는 페미니즘은 더 근본적으로 한 사회가 갖고 있는 가치 체계, 이 가부장적 사회를 뒷받침해 주는 게 뭔지 묻는 거죠. 이 사회를 유지시키기 위해서 혐오란 게 동원되잖아요. 남성 중심, 이성애 중심 등. 이걸 잘 유지하기 위해서 그 안에 들어오지 않는 사람들을 공격하고 혐오하는 거고요. 페미니즘은 법을 제정하는 것만이 아니라 사회 체제를 뒤흔드는 문제인 겁니다.

학교는 이 사회에서 성별을 재생산하는 주요 장치입니다. 남자로 태어나고 여자로 태어나는 것, 성별 자체도 만들어진다고 생각합니다. 이 사회가 유지되기 위해서는 사람들을 남자와 여자로 나눠야 하는데 그 기능을 학교가 하는 거죠. 그리고 '남자다움', '여자다움' 등 성차별 이데올로기를 재생산하는 거죠. 그 다음에 지식을 전달하는데, 이 지식은 기존의 남성 중심 사회가 만들고 필요로 하는 것들입니다. 남성의 관점에서 바라보고 만들어진 지식과 체계들을 의심하고 다시 써야 합니다. 의심한다는 건 항상 경계를 허물고 금기에 도전하는 것이기 때문에 갈등을 불러일으킵니다. 또 다른 한편에선 대안의 정치를 만들어야 합니다. 그 주체로서 교사들이 나서라고 하는 게, '페미니스트 교사가 필요하다'고 하는 말의 의미가 아닐까 합니다.

학교는 과연 가능성의 공간일까요? 저는 그렇다고 생각합니다. 특히 요즘 청소년 페미니스트들이 여기저기로 진출하고 있거든요. 그들과 함께 만들어 가야 합니다. 교사는 학교 안에서 누구에게 주목할 것인가? 성별로는 여성에 주목하는 것이고, 위치로는 소수자들에 주목해야 합니다. 그들은 학교를 다르게 바라볼 수 있고 다르게 만들 수 있는 주체들입니다. 그런 사람들과 손을 잡는 그런 위치성을 교사도 가져야 하지 않을까 합니다. 지금 학교에서는 '남녀는 평등하다'고 말하고 그것만 가르치고 끝입니다. 평등해야 하지만 실제로는 평등하지 않은 현실을 가르쳐야 하는데 그러지 않는 거죠. 지금은 여성들, 소수자들의 목소리를 들어야 할 때입니다. 소수자들의 목소리가 더 많이 펼쳐져야 할 때라고 생각합니다.

이 거대한 페미니즘의 물결 속에서 교사 집단은 뭘 하고 있을까요? 과연 여기에 얼마나 관심을 갖고 있을까요? 특히 많은 남성들이 따라오지 못하고 있는 게 현실입니다. 교사 집단 전체에도, 남교사들에게도 무엇을 할 건지 묻고 싶습니다. 학교에서도 전형적 남성성을 버리고, '남자다운 남자' 포기하고, 새로운 남성성을 삶으로 만들고 그런 삶을 학생들과의 관계에서 실현하는 게 남성 교사들이 해야 하는 것 아닐까요? 이 시대 최고의 불온한 교사는 수천 년에 걸친 거대한 차별, 폭력, 억압을 뒤집어엎으려고 하는 페미니스트 교사이지 않을까 합니다. 학교가 성차별을 재생산한다는 걸 인식하고 거기에 균열을 내고 누구와 함께 무엇을 할 것인가 고민하고, 교사이기 때문에 내가 알고 있는 지식들을 다시 쓰고 새로운 걸 창조해 내고 학생들과 함께 만들어 내는 작업을 해야 한다고 생각합니다.

참가자 말씀하셨던 내용 중에 성평등이라고 이야기할 때랑 페미니즘이라고 말할 때랑 사람들의 시선이 달라진다고 하셨잖아요? 둘이 다른 것일까요?

김성애 성평등은 우리가 도달해야 할 지향인 거잖아요. 페미니즘은 지향인 동시에 바라보는 눈이고 해석하는 틀이고 실천할 수 있는 힘인 거죠. 그런 의미에서 성평등은 실현해야 하지만, 성평등만을 이야기하면 더 깊은 본질적인 체제의 문제에까지 들어가지 못하지 않을까 하는 생각이 들어요. 전교조 여성위원회에서 페미니즘교육을 이론화하고 정리하는 게 앞으로 해야 할 일일 텐데요, 저는 성평등의 '성'과 페미니즘에서 말하는 '성'이 동일하지는 않다고 봐요. 성평등이 젠더 이퀄리티인데, 그 안에 섹슈얼리티 문제는 포함되는 걸까 고민이 돼요. 섹슈얼리티가 성적 지향이나 성애 등인데 성평등이 그런 주제들까지 포함을 할까요? 그런 점에서 성평등은 의미 있는 말이긴 하지만 앞으로 더 확장할 필요가 있다고 생각합니다.

참가자 저는 성평등과 페미니즘이 같은 거라고 생각했거든요. 남성도 여성도 차별받아선 안 되는 게 맞는데, 워낙 한쪽으로 기울어져 있었기 때문에 한쪽을 올리려고 하는 거죠. 저는 그런 것을 적극적인 의미로 페미니즘이라고 한다고 생각했어요. 이런 의미가 맞을까요?

김성애 한쪽이 기울어진 건 맞는데, 페미니스트들은 내려간 쪽을 올리려는 게 아니라 이 구조를 없애려는 거거든요. 기울어지게 만드는 것 자체가 체제이고 아무리 올려도 같아질 수 없다는 거죠. 우리가 흔히 성평등이 잘되어 있다고 생각하는 나라들에도 성별 임금 격차가 있어요. 올려도 근본적으로 차별하는 체제를 없앨 순 없다는 거죠. 그래서 주류화 전략에도 한계가 있다는 것이고, 〈차별금지법〉도 너무 필요하다고 생각하지만 이 법을 만드는 데서 멈추게 되면 과연 현실을 바꿀 수 있을까 하는 생각이 들어요. 그래서 페미니스트들은 혁명적일 수밖에 없고, 공격을 많이 받을 수밖에 없는 것 같아요.

참가자 저는 페미니즘이 저한테 좀 다르게 생각할 수 있게 해 줘서 좋았어요. 우리가 만들려는 사회가 평등한 사회라기보다는, 즐거운 사회가 될 것 같은 거예요. 나다운 걸 표현할 수 있고. 저한테 페미니즘은 그런 존재예요. 학생들이 자신들이 느끼는 억압이나 학교의 문제를 이야기하면 저는 전혀 생각을 못 했던 거라 놀랄 때가 많아요. 그런 문제를 제기받고 다르게 인식하는 것을 접하게 될 때도, 저한텐 일종의 페미니즘처럼 느껴져요.

김성애 그런 것도 페미니즘이죠. 페미니즘이 단지 이론이 아니라, 그렇게 다르게 생각하고 실천하고 나답게 사는, 삶의 방식 같아요. 나답게, 우리답게 행복한 페미니즘을 해야 할 것 같아요. 그리고 교사들이 페미니스트가 돼야 한단 생각이 들어요. 작게는 학교에서 당장 어떤 실천을 할 수 있을까요? 예를 들어 올해는 '남자다운', '여자다운' 이런 이야기를 하지 말아야지, 하고 실제 실천해 보는 거죠. 그걸 하는 순간 달라지는 자기 자신과 교실을 느끼게 될 거예요. 초등학교 1학년을 가르치는 페미니스트 교사가 외모를 평가하지 말자는 스티커를 교실에 붙여 놓고 학생들과 이야기를 나누었대요. 1학기 끝날 때쯤 되니까, 누군가 외모 이야길 하면 스티커를 가리키면서 이거 보라고 한대요. 교사도 자기도 모르게 외모를 평가할 때가 있잖아요. 그러면 학생들이 "어? 선생님 외모 평가 하셨어요. 안 돼요" 한다는 거죠. 그렇게 서로의 변화를 이끌고, 뭐라도 알면 아는 범위 내에서 실천하게 되는 거죠.

참가자 페미니즘이나 페미니스트 이야기를 하면 불편해하고, 괜히 따진다고 생각하는 경우가 있는 것 같아요. 제 주변에도 전혀 그럴 거라 생각을 안 했는데 성차별적인 농담을 하는 남자분이 있어요. 그래서 그런 문제를 지적하면 "나는 농담으로 했는데 너는 왜 다큐로 받아서 분위기를 이렇게 만드니"라고 해요. 아니, 그걸 농담으로 웃으라고 했다는 것 자체가 참……. 이런 남성들에게 어떻게 이야기를 해야 할까요?

김성애 남성들이 페미니즘적인 감수성을 어떻게 가질 수 있을까요? 민주노총에서 3.8 여성대회 준비 회의를 하는데, 이런 일이 있었어요. 성평등 모범 조직상, 모범 조합원상을 다섯 조직과 세 명의 개인에게 수상하는데요, 이번에는 모두 여성이 수상을 하게 되었어요. 그런데 한 남성분이 왜 남성은 없냐고, 상 받는 여성 조합원들이 무슨 일을 했냐고 문제를 제기한 거예요. 아, 여기서까지 남성 이야길 해야 되나. 여자들은 삶 자체가 투쟁이라고 이야길 했는데 이해를 못 하시더라고요. 투쟁이라고 하면 자본과 국가 권력에 맞서 싸우는 것만 생각을 하는 거죠.

남교사들도 많이 물어봅니다. 남교사들은 어떻게 해야 하느냐. 저는 일단 너희들끼리의 '형님, 아우' 문화 좀 깨라고 합니다. 형, 아우 서열 정해서 윗사람 잘 모시는 문화를 만들고 그 문화에서 빠지면 따돌림을 받죠. 그리고 남교사들한테 남학생들을 관심 있게 보라고 해요. 학교의 성평등 교육을 여교사에게 역할을 맡기고 페미니즘 이야기도 여성들이 하게 하고 자신들은 뒤에 따라오겠다고 하는 소극적인 자세를 버리고, 자기 문제로 가져와야 하죠. 성차별 체제는 남성들도 고통스럽게 하고, 가부장제는 가부장에게조차도 버거운 거거든요.

참가자 학교에서 여학생들이 교장 선생님한테 불려 가서 혼난 일이 있었는데, 한 학생이 서러워서 눈물을 흘리니까 교장 선생님이 "여자애들은 왜 그렇게 우니" 이런 말을 한 거예요. 여학생들이 그 말에 폭발을 한 거죠. 그 자리에선 말을 못 하고, 나와서 교장 선생님의 그런 차별적 발언을 참을 수 없다고 이야기를 했어요. 그런데 다른 교사들은 문제를 못 느끼는 거죠. 저만 문제 제기를 하다가 말았는데……. 학교의 감수성이 많이 떨어지는 거 같아요.

  김성애 교육의 페미니즘적 전환은 '그냥 이대론 살지 않을 거다', '이 사회
는 뭔가 좀 이상하다'고 생각하는 데서 시작한다고 봅니다. 선생님이 그렇
게 말한 걸 학생들은 다 기억할 거예요. 그때 나의 말에 힘을 실어 준 사람
이 누구인지. 예를 들어 우리가 세월호 배지를 달고 다니는 게 그런 의미
잖아요. 유가족들에게 힘을 실어 주려는 거죠. 같은 맥락에서 "학교에 페
미니즘을" 같은 배지나 성소수자 인권을 지지한다는 의미의 레인보우 배
지를 달고 다닐 수도 있을 거예요. 그러면 그런 학생들이, 우리 담임 선생
님은 내 편이구나 할 수 있겠죠. 학생들의 곁에 있는 사람이 되어 주는 것
에서부터 출발해야 하지 않을까 하는 생각이 듭니다. 지금 청소년들은 제
세대랑은 다르거든요. 청소년 페미니스트들도 정말 많고 앞으로 점점 더
많아질 거예요. 학교의 구조나 정책을 다 바꾸진 못해도 우리는 함께한다,
거기에서부터 시작하면 좋을 것 같아요.

2부

학생과 교사 관계를
전복하다

청소년운동이
바라는 학교는……

● 학생과 교사는 어떻게 만나야 할까

● 공현

청소년운동 활동가, 《오늘의 교육》 기자 gonghyun@gmail.com

저는 고등학생 때 청소년운동을 시작해서 30대가 된 지금까지 계속 청소년운동을 하고 있는 공현입니다. 제 강의가 이번 〈불온한 교사 양성 과정〉 중에 가장 참여자가 적은데요, 보셨죠? 교사들이 이렇게 청소년운동에 관심이 없어요. (웃음)

나는 어쩌다 청소년운동을 시작했나

제가 청소년운동을 처음 시작한 때가 2005년이에요. 청소년운동을 하면서 가장 많이 듣는 질문 중 하나가 "어쩌다 청소년운동을 시작하셨습니까?"인데요, 사실 별다른 계기는 없었습니다. 2005년이면 제가 고3이었을 땐데요, 그 전부터도 학교 안의 여러 문제에 대해서 개인적으로 문제를 제기하거나 싸운 적은 있었습니다. 학교 기숙사에서 단체 체벌 문제에 대해 항의하는 전단지를 만들어 뿌렸다가 벌점을 받은 적도 있고요, 선배들이 후배들한테 기합을 주기에 학교 폭력으로 경찰에 신고했다가 교무실에 불려 간 적도 있었어요. 학교 안의 여러 문제에 대해 불만이나 문제의식은 있었지만 개인적으로 저항, 반항하는 수준이었지 운동을 통해 바꿔 낼 수 있다는 생각은 하지 못했어요. 그러다가 2005년에 중요한 사건 하나를 만나게 되었어요. 당시 내신 등급제 도입에 반대하면서 서울 광화문에서 청소년들이 1,000명 가까이 모여 촛불 집회를 열었어요. 청소년들 사이에 집회를 열자는 문자가 돌았고, 그렇게 특정 단체에 소속되지도 않은 청소년들이 모인 거죠. 바로 다음 주에는 두발 자유를 요구하는 거리 집회가 서울과 광주, 대구 등에서 열렸어요. 그 행사를 우연히 인터넷에서 보고 이렇게 집회를 열어서 집단적으로 청소년 인권 문제를 요구할 수도 있구나 알게 된 거죠. 저는 그때 전북 전주에서 학교를 다니고 있었는데, 용돈 모은 걸 털어서 혼자서 광주에서 열리는 집회에 참가했어요. 그런데 막상 갔더니 정작 집회는 사람이 적어서 취소됐더라고요. (웃음) 집회는 취소됐지만 그곳에서 청소년운동을 하는 사람들도 만나고, 전주 지역에 있는 인권단체도 소개받았어요. 그렇게 처음 운동을 접하고 시작하게 됐어요.

청소년운동을 했던 사람들을 보면 뭔가 인상적인 장면이 하나씩 있더라고요. 색깔 있는 머리핀을 하고 학교에 갔다가 징계를 받았다거나 교사에게 심한 체벌을 당했다거나 하는. 그런데 저는 딱히 떠오르는 게 없어요. 2005년, 내신 등급제 반대 집회 소식을 들었을 때 가야겠다는 생각을 자연스럽게 했고, 다녀와서 청소년운동을 하고 싶은데 지역에 단체가 없으니까 그렇다면 내가 만들어야겠다고 생각했고요. 그렇게 물 흐르듯이 흘러간 느낌이에요. '청소년운동을 왜 시작했는가.' 이 질문을 하도 많이 받으니까 자문자답을 해 봤어요. 멋있는 이야기는 아니어도 뭔가 답은 해 줘야 할 것 같아서요. 원래 이상하고 독특한 애라서 시작하게 됐을까 하는 생각도 해 봤어요. 청소년운동 활동을 하기 전부터 학교 안에서 독특하기로 유명했거든요. 예를 들면, 제가 고등학교 때 엄청 느리게 걸어 다녔거든요. 한 호흡에 한 걸음, 두 걸음 정도로. 그리고, 비가 오는 날이면 길에 나와 있는 지렁이를 주워서 학교 화단 흙 위에 옮겨 놓기도 하고요. 뭐랄까. 약간 독특하고 자기만의 세계가 있는 아이였어요. 운동을 하는 사람들은 다른 사람들에게 자신이 어떻게 비칠까 걱정하잖아요. 혹시 너무 튀어서 찍히지는 않을까 우려하기도 하고요. 저는 그런 걱정을 별로 안 했어요. 그냥 내가 하고 싶으니까 하는 거였죠. 어쩌면 다른 사람들의 시선을 별로 의식하지 않아서 청소년운동을 시작할 수 있었나 하는 생각도 드네요.

그리고 또 하나 이유를 들자면, 학교에서 가르치는 것과 학교의 실상이 다르다는 데 대한 의문이 있었어요. 학교에서는 민주주의와 인권, 헌법에 대해 배우고, 프랑스혁명 같은 역사적 사건을 통해 인간으로서의 권리와 자유에 대해 이야기하는데 그런 가치가 학교에서는 지켜지지 않는 현실에 대해 문제의식이 있었어요. 그리고, 논리적으로 생각했을 때 말이 안 되는 것도 너무 많았고요. 예를 들어, 재판만 해도 결과를 인정하지 않으면 재심을 청구할 수 있는데 교사가 준 벌점에 대해서는 왜 재심을 청구할 수 없을까 같은. 이런 의문들도 청소년운동을 하게 된 배경이 된 것 같아요.

광주의 집회에 다녀온 후 전주에서도 청소년운동 활동을 해 보려고 몇 명을 '꼬셔서' 여름 방학 때 집회를 열었어요. 두발 자유와 학생회의 학교 운영 참가 등을 요구하며 거리 집회를 했는데 한 스무 명 정도 참가했어요. 그 후에 학교 안에서 청소년 인권 모임을 만들었는데, 열 명 정도가 참여했어요. 처음엔 '전북청소년인권모임'이라는 이름으로 활동하다가 이후에는 '청소년인권모임 나르샤'라고 이름을 바꿨어요. 동아리 형식도 갖추지 않은 조직이어서 방과 후에 비어 있는 교실을 점거해서 모임을 하며 활동을 했어요.

일단 시작하게 되니까 개인적으로 하는 수준을 넘어 좀 더 조직적으로 운동을 하게 되었어요. 두발 자유 문구가 적힌 배지를 구입해서 학교 안에 뿌리기도 하고요. 그리고 또 중요하게 생각했던 게 언론의 자유였어요. 학교에서 발행하는 신문에 교장을 비판하는 칼럼을 썼는데 지도 교사가 삭제해서 그에 항의하려고 신문을 직접 만들기도 했어요. 〈오답 승리의 희망〉이라는 제호의 신문이었는데, '청소년 자유 언론'을 표방하면서, 우리끼리는 지하신문이라고 하면서 갱지에 찍어서 학생들에게 배포했어요. 여기에 더해 학교에 학생들이 자유롭게 의견을 표할 수 있는 자유 게시판을 만들어 달라고 요구하기도 했어요. 학교 안에 게시물을 하나 붙이려고 해도 교무실에 가서 학생부장에게 허가를 받아야 했거든요. 이는 사전 검열 행위라고 비판하면서 언론 자유를 보장하라고 요구한 거죠.

제가 청소년운동을 시작하게 된 이야기를 하면, '뭔가 교사에게 큰 상처를 받지 않았을까' 하는 생각들을 많이 하시는 것 같아요. 그런데 그렇진 않았어요. 물론 제 기억 속의 학교나 교사를 떠올려 보면 굉장히 폭력적인 교사도 있었고, 자기가 잘못을 해 놓고도 잘못한 게 없다고 우기거나 도리어 학생에게 사과하라는 교사도 많이 있긴 했어요. 하지만 살다 보면 꼭 학교가 아니더라도 그런 사람은 많고, 그런 사람이 특별히 나쁘다는 생각은 들지 않아요.

오히려 실망스러웠던 것은, 학교나 교육 제도에 문제가 있다고 말하면서도 정작 제가 교사와 부딪혔을 때 저한테 숙이라고 했던 교사들이에요. 그리고, 대학 진학 문제로 고민할 때 저에게 좋은 대학에 가는 게 이후 운동을 하는 데도 도움이 된다고 권유했던 교사들도요. 지금 생각해 보면 기만적으로 느껴져요. 당시 저는 대학을 꼭 가야 할까, 간다면 서울에 있는 대학에 가야 할까, 지역에 있는 대학에 가는 게 낫지 않을까 고민이 많았거든요. 그런데 단 한 명의 교사도 대학에 가는 게 별 의미가 없다는 이야기를 해 주지 않았어요.

어쩌면 교사 개인의 생각보다는 학교의 구조, 학교 문화, 교직 사회의 분위기나 가치관이 훨씬 더 큰 문제 아니었나 하는 생각도 들어요. 교사 입장에서 생각해 보면, 학생에게 대학에 안 가도 된다는 이야기를 했다가 주변으로부터 어떤 비판을 받을지 모른다는 우려가 있었을 거라고 봐요. 그래서 이후 운동을 하면서 교사 개인이 착한 것보다는 학교와 교육 제도를 먼저 성찰하는 게 중요하다는 생각을 하게 됐어요.

제가 운동을 시작했을 때가 고3이었기 때문에 실제로 학교에 다니면서 활동을 한 건 6~7개월 정도밖에 안 돼요. 그때 저랑 함께 활동했던 후배들이나 그 후에 학교에 들어온 학생들이 나중에 학교 안에 인권 동아리를 만들었다는 소식은 들었어요. 저는 서울로 대학을 오게 되면서 본격적으로 청소년운동단체를 만드는 과정에 함께하게 되었고, 그 뒤로 쭉 청소년운동 활동가로 살아가고 있습니다.

청소년운동에서 이야기하는 것들

청소년운동을 하기 위한 조직을 만든 후 초창기에는 두발 자유, 체벌 금지 등 주로 학생 인권을 요구하는 주장을 많이 했어요. 거리 캠페인도 하고요. 그러다 정부나 학교의 교육 정책과 정면으로 부딪히게 된 게 2008년 이후의 일제 고사, 교원평가 문제였어요. 특히 교원평가 반대 운동을 할 때는 '청소년운동의 배후에 교사들, 정확히는 전교조가 있는 게 분명하다'는 이야기를 많이 들었어요. 청소년이 왜 교원평가를 반대하냐, 오히려 찬성해야 하는 거 아니냐 하는 논리였죠. 당시 저희가 주장했던 내용의 요지는, 교원평가가 학생들이 교사들을 민주적으로 통제하거나 교사들이 인권 침해를 저질렀을 때 막을 수 있는 수단이 될 수 없다는 거였어요. 1년에 한 번 온라인으로 만족도 검사를 하는 게 무슨 힘이 있겠냐는 거죠. 대신 저희가 요구한 것은 교사 인사 과정에 학생 대표가 참여하게 하고, 학교 운영에도 참여하고, 교사가 인권 침해를 했을 때 바로 징계를 할 수 있는 시스템이 필요하다는 거였어요. 한 교사 커뮤니티에 저희 단체가 주장한 내용을 올렸더니 누군가 "저 단체가 주장하는 게 교원평가보다 더 무서운 거다" 하는 댓글을 달았더라고요. 보면서, '오, 굉장히 정확하게 보고 있다' 이런 생각도 했어요. (웃음)

지금 청소년운동 진영에서 굉장히 핫한 이슈가 바로 청소년 참정권 운동이에요. 청소년 참정권 하면 무슨 생각이 나세요? (참가자 : 18세 선거권) 맞아요. 18세 선거권이 가장 대표적으로 이야기되죠. 저희는 청소년 참정권이 단순히 18세 선거권만을 의미하지는 않는다고 이야기해요. 정당 가입이나 선거운동 역시 만 19세 미만은 금지돼 있거든요. 그래서 정당에 가입해서 정당 활동을 하는 데 연령 제한을 없애야 하고, 선거운동도 자유롭게 해야 한다고 주장하고 있어요. 한 자유한국당 의원이 18세 선거권에 반대하는 이유로 '전교조 교사들이 정치 편향적 수업을 해서 학생들에게 영향을 미치기 때문이다'라고 이야기하더라고요. 청소년 참정권에 대해 이야기하면 항상 나오는 주장이죠. 어리고 미숙한 학생들에게 참정권을 주면 교사들이 조종하고 선동할 것이기 때문에 참정권을 제한해야 한다는 거죠. 하지만 청소년 참정권 보장은 단순히 선거를 치를 권리를 넘어 학생이 학교 안에서도 자기 의견을 이야기하고, 정치적인 활동을 하는 것까지 의미해요. 학생이 학교 안에서도 시민으로 살 수 있어야 한다는 거죠. 그러려면 학교에서의 언론 표현의 자유도 보장해야 하고, 교사가 자의적으로 징계를 할 수 없게 법으로 보장해야 해요. 교사가 강단에 서서 일방적으로 가르치는 게 아니라 학생들도 두려움 없이 이의를 제기할 수 있는 학교를 만드는 게 중요하다고 생각해요. 그래서 저는 '학생이 교육을 받는다'라는 표현도 잘 안 써요. 학생과 교사가 함께 수업을 만들고 함께 교육에 참여하는 거죠. 청소년 참정권 운동은 이렇게 교육의 모델과 학생-교사 관계를 바꾸는 데도 의미가 있다고 생각해요.

그리고, 제가 활동하는 아수나로의 중요한 의제 중에 하나가 '학습 시간 줄이기'예요. 학생들이 학교에서만 사는 게 삶의 전부가 아니라, 지역 사회 안에서도 여러 형태로 같이 사는 시간을 갖는 게 중요하다고 생각해요. 물론, '학습 시간 줄이기'는 쉬고 자고 놀 수 있는 최소한의 시간을 보장해야 한다는 뜻이기도 한데, 그것을 넘어 학생 삶에 대한 학교교육의 지배력이 더 줄어들어야 함을 내포하고 있어요. 그래야만 정상적인 교육이 이루어질 수 있을 것 같아요. 지금 학생들은 아침 8시부터 밤 10시까지 학교 안에서만 살고 있잖아요. 그렇기 때문에 학교교육이 더 제대로 될 수 없는 것 같아요. 학습 시간 줄이기 운동을 준비하면서 외국 사례들을 수집했는데, 핀란드를 예로 들면, 시간표에 따라 고등학생이 초등학생보다 학교에서 머무르는 시간이 더 짧더라고요. 초등학교는 학교교육을 통해 배워야 할 게 많고 돌봄의 기능도 있어서 방과 후 교실 등에도 참여하지만, 고등학교의 경우는 학교 밖에서 할 수 있는 다양한 활동이 많기 때문에 굳이 학교에 잡아 두지 않는 거죠. 늦어도 오후 2~3시, 이르면 점심때만 되면 하교를 하더라고요. 이렇게 청소년의 삶에서 교사나 학교의 영향력을 줄여 나가고 교사-학생 관계를 민주적이고 수평적으로 만드는 게 필요한 일이 아닐까 해요.

학교는 청소년운동을 어떻게 바라보는가

청소년운동이 교사나 학교를 부정한다는 문제 제기를 많이 받는데, 그럼 반대로 학교는 청소년운동이나 청소년 인권을 어떻게 바라보고 있는지 묻고 싶어요. 저는 학교나 교사들이 청소년 인권이나 청소년운동을 부정적으로 보거나 완강하게 거부하고, 때로는 아예 무관심하기 때문에 생기는 문제가 훨씬 많다고 생각해요. 청소년운동 안에서도 교육이나 학교 제도에 대한 의견은 다양한 편인데, 아동기/청소년기의 정해진 나이에만 다니는 학교는 없어지는 게 맞다는 데는 많이들 동의를 해요. 언제라도 원하는 시기에 교육을 받을 수 있는 개방된 교육 기관들이 생겨나야 된다는 거죠. 이걸 학교 폐지론이나 탈학교론이라고 생각할 수도 있지만, 저는 그렇게 무리한 주장이라고 보지는 않아요. 청소년은 곧 학생이라는 인식에서 벗어나서 나이에 상관없이 교육을 받을 수 있고, 청소년을 배우기만 하는 존재가 아니라 시민으로 같이 살고 있는 존재로 생각하는 게 핵심이라고 봐요.

청소년 참정권 관련해서 교육감 선거만이라도 선거권 제한 연령 기준을 낮추자는 주장이 많죠. 2016년에 더불어민주당의 박주민 의원이 교육감 선거권을 만 16세로 낮추자는 안을 발의했는데 저는 교육감 선거에 한해서 연령을 달리하자는 건 반대해요. 그것 역시 청소년을 학교교육을 받는 존재로만 보는 발상에서 비롯된 게 아닌가 싶어요. 그런 식으로 치면 알바하는 청소년들은 노동부 장관을 뽑아야 하나 하는 의문도 들고요. 청소년을 학생으로만 보는 관점에서 벗어나서, 노동자로, 소비자로, 마을 주민으로, 더 나아가서는 각 개인으로 보는 게 중요한 전환이 될 거라고 생각해요.

교사들이 학생 인권에 대해 가장 불편해하는 게 자신들을 가해자로 몬다는 것이거든요. 교육이 서비스 산업과 같다고 보지는 않지만, 어떻게 보면 교사들은 콜센터 직원과 비슷한 처지인 면이 있어요. 제품이나 서비스에 대한 만족도는 여러 가지 요소가 총체적으로 영향을 미치는데, 평가는 말단에서 구매자를 상대하는 사람에게 전가가 되죠. 각종 민원은 거기로 몰릴 수밖에 없고요. 교사들도 비슷한 상황이라는 생각이 들어요. 교육 제도나 학교 환경이 갖고 있는 수많은 문제가 있고, 학생들이 처한 상황도 제각각일 텐데 교사들은 어떻게든 학생들을 수업에 집중시켜서 수업을 듣게 하고 기초 학력을 책임져야 하는 요구를 받는 거죠. 그런 상황에서 말단에 있는 교사와 학생들이 갈등을 빚을 수밖에 없고요. 이런 상황을 바꾸기 위해서는 교사 개인보다는 학교나 교육 제도, 문화를 바꾸는 게 더 중요하고 그렇게 되기 위해서라도 기본적인 학생 인권이 보장되고 청소년이 시민권으로서 참정권을 가지는 게 중요하다고 이야기하는 거예요.

교육의 3주체를 흔히, 교사, 학생, 학부모라고 하는데, 은연중에 교사를 주체라고 생각하는 경향이 강한 것 같아요. 학생을 주체라고 하는 것은 그냥 하는 말에 불과한 것 같고요. '교사의 질이 교육의 질을 결정한다'는 말이 보여 주듯이 교사들이 좋은 수업을 해야 학생들이 따라 온다는 믿음이 있는 것 같아요. 하지만 교육이라는 과정에서 의지를 가지고 배우는 것은 학생이잖아요. 그런 관점으로 봤을 때 오히려 학생이 더 주체가 되고 교사들은 학생이 교육을 통해 변화하고 성장하는 것을 돕는 존재가 되어야 할 것 같아요. 그렇게 보면 교사와 학생의 관계는 협력자에 가깝다고 생각해요. 교사들은 직업으로서 교사라는 일을 하는 거고, 그 일을 잘 달성하기 위해서라도 실제 교육을 수행하고 있는 학생들의 협력이 필요하죠. 반대로 학생들도 자신이 더 잘 성장하고 배우기 위해서는 교사들의 협력이 필요하고요. 그런 협력 과정을 어떻게 잘 만들어 갈지가 중요한 것 같아요. 교육학에서는 교사와 학생 사이의 협력 관계를 강조하는 이야기가 많은데, 정작 학교 현장에서는 그런 말조차도 교수 스킬로 소화되고 있는 것 아닌가 하는 우려가 있어요.

무력하지만 무력감에 빠지지는 않기

한국 사람들은 교육 문제에 대해 저마다 할 이야기가 있다고 하잖아요. 얼마나 학교교육이 청소년기에 지배력을 가지고 있고 전 사회적인 문제이기에 그런 건가 싶기도 해요. 교육 제도에 대해 문제를 제기하는 말은 많지만 어떻게 바꿀 거냐 했을 때는 답이 안 나오고, 심지어는 어떻게 바꾸더라도 똑같다는 무력감을 많이 느끼죠. 저는 개인은 무력한 게 맞다고 생각해요. 오히려 교사들이, '내 교실만큼은 해방구로 만들 수 있다'고 생각하는 게 더 위험하다고 봐요. 무력하고 힘에 한계가 있다는 것을 인정해야 되는 거죠. 그렇다고 무력감에 빠지는 게 아니라 할 수 없는 것을 인정하되 할 수 있는 것을 찾아가는 과정이 필요하다고 생각해요. 제가 청소년운동을 하는 과정도 그랬고요.

개인으로 있을 때는 무력하지만, 개인이 아니라 집단이나 조직이 되면 무력해지지 않고 할 수 있는 게 많아지는 것 같아요. 청소년운동에서도 조직화되는 게 중요하다는 이야기를 많이 해요. 학교 안에서 규칙 하나 바꾸려고 해도 혼자 하지 말고 한 명, 두 명이라도 '꼬셔서' 머리를 맞대고 함께해야 한다고, 그래야만 교무실에 끌려가서 탄압을 받아도 버틸 수 있다고요. 학교에서 교사-학생의 비대칭성도 그런 데서 비롯되는 것 같아요. 학생들은 원자화되어 있지만, 교사들은 교직 사회로 조직이 돼 있고 서로 옹호하고 지켜 줄 수 있잖아요. 그런 상황에서 교사-학생 사이에 갈등이 벌어지면 학생이 불리할 수밖에 없죠. 예외적으로 교사들이 불리해지는 때는, 교직 사회 안에서 별로 지지를 받지 못하는 소수자이거나 비정규직이거나 하는 경우이고요.

청소년운동이 오랜 과제로 고민하고 있는 게, 대중 조직화예요. 많으면 수만 명, 적어도 수천 명 정도라도 청소년들을 대표할 수 있는 청소년운동 조직이 필요하다는 거예요. 제가 처음 청소년운동을 시작했을 때는 '대중 조직이 필요하다'는 정도였다면, 지금은 '어떻게 할까', '무엇부터 할까' 하는 구체적 논의가 되고 있어요. 여기까지 오는 데 10년 정도 걸린 것 같아요. 청소년들이 자기 동네와 학교에서 안정적인 조직 위에서 자신들의 문제를 이야기할 수 있게 됐을 때 많은 것이 바뀔 수 있지 않을까 생각합니다.

제가 생각하는 불온한 교사는 무엇인지 말씀드리면서 오늘 자리를 마칠까 합니다. 10년쯤 전에 한 대학의 사범대 학생회가 내는 저널에 원고를 청탁받아 쓴 적이 있어요. "교사답지 않은 교사를 원하다"

라는 요지의 글이었어요. 지금 생각하면 좀 거친 언어였는데, 좀 다듬어서 이야기하면, 첫 번째, 학생의 윗사람이 아니라 학생과 협력자로서의 교사가 필요하다. 두 번째는 학생들을 사랑하고 학생들에게 헌신하겠다는 태도 이전에, 적절히 거리를 유지하면서 학생들을 존중하는 교사가 필요하다. 세 번째는 당장 교실이나 수업을 바꾸지는 못하더라도 어떤 편에 서서 어떤 정치적 목소리를 낼지 고민하는 교사가 필요하다.

1980년대에 전교조 교사들이 해직될 때 학생들이 나섰잖아요. 그때 사건을 연구한 분이 이렇게 표현하더라고요. 당시 교사와 학생의 관계는 사제라기보다는 동지나 벗에 가까웠다고요. 교실 속에서 교사와 학생 사이가 아니라 학교 안에서든 학교 밖에서든 다양한 정치적 실천을 하는 관계, 사회 안에서 겪는 문제나 부조리를 같이 이야기할 수 있는 관계가 되는 게 불온한 교사가 아닌가 생각했어요. 보통 좋은 교사라고 하면 교사의 본분을 다하는 교사라고 생각하는데, 오히려 교사의 역할은 교사의 본분으로 요구된 것의 바깥에 있지 않나 하는 생각을 합니다.

준비한 이야기는 여기까지입니다. 더 궁금한 것이나 이야기하고 싶은 게 있으면 더 나누면 좋겠습니다.

참가자 운동에도 여러 종류가 있을 텐데, 하필이면 청소년운동을 시작한 이유가 무엇인가요.

공현 다른 운동은 별로 생각해 본 적이 없는 것 같아요. 청소년일 때에는 당사자라서 시작했고요, 보통은 20대가 되면 그만두는데, 저는 그만두기 민망해서 계속하다 보니까 지금까지 하게 되었어요. 진로라는 게 필연적이라기보다는 우연적인 게 더 크잖아요. 내가 만난 어떤 사람, 내가 경험한 어떤 사건…… 그렇게 청소년운동을 하게 되었고, '나는 앞으로도 청소년운동 활동가로 살아야겠다' 이렇게 생각한 거죠.

참가자 청소년운동에서 비청소년이 차지하는 비중은 얼마나 되나요?

공현 요즘은 많이 높아졌죠. 20년 전에는 청소년운동은 청소년만 해야 하고, 비청소년이 참여하면 청소년을 지배하거나 영향력을 행사하게 된다는 오해도 있었는데, 지금은 그런 시각은 많이 없어졌어요. 비청소년이 돼도 청소년운동을 하고 싶은 사람은 계속하는데, 다만 청소년들이 주도권이나 발언력을 충분히 가질 수 있도록 하는 단체 운영이나 문화가 중요하다는 것을 강조해요. 청소년운동을 하다 보면 두 번 정도 고비가 있는 것 같아요. 첫 번째는 20대가 돼서 당사자가 아니게 되었을 때, 그리고 두 번째는 20대 중반 즈음 생계나 군 입대 문제가 닥쳤을 때. 그런 식으로 세월이 흐르면서 자연스럽게 점점 숫자가 줄어들게 되죠. 단체마다 비율은 다를 텐데 제가 있는 청소년인권행동 아수나로는 청소년과 비청소년 비율이 반반 정도 돼요. 비청소년 중 절반은 20대 초반이고, 다른 절반은 이십 대 후반이에요. 그래서 중간 허리가 없다고 이야기해요. 역사가 오래된 단체일수록 연령대가 높은 특징이 있기도 해요.

참가자 청소년운동의 대중 조직화는 언제 이루어질까요.

공현 대중 조직화를 시도하는 모임이 만들어졌다가 활동가들의 여건이 아직 마련되지 않았다고 해서 해산한 전례도 있어요. 안정적인 활동가 주체부터 어느 정도 갖춰져야 한다는 거죠. 그래도 저는 시도하는 게 중요하다고 봐요. 처음에는 수십 명, 수백 명에서부터 시작할 수밖에 없고, 만약 하다가 실패하더라도 실패한 경험이라도 남지 시도도 하지 않으면 아무것도 남지 않잖아요.

청소년운동 대중 조직을 만드는 데 최대 문제는 돈이에요. 노동자들은 노조를 만들면 조합비를 내서 운영하잖아요. 하지만 청소년은 조직을 만들어도 회비를 내기가 힘들어요. 첫 번째 문제는 계좌가 없는 청소년이 태반이라는 거고, 두 번째 문제는 계좌가 있더라도 부모가 관리하는 경우가 많다는 점이에요. 현금으로 걷어야 하나 어째야 하나 고민이에요.

참가자 청소년운동을 시작한 2005년 당시 학교 안에 부당한 사례가 많았나요.

공현 제가 다녔던 학교를 예로 들면 인상적인 사건들은 몇 가지 있었죠. 중학교에 다닐 땐 상습적으로 자는 학생에게 담임 교사가 쓰레기통에 물을 담아 와 쓰레기와 함께 뿌린 적도 있었고요. 일상적으로는 중학교 입학했을 때부터 두발 규제를 하는 것이나 교복을 입어야 하는 것도 이해가 안 갔고, 고등학교 때는 연대 기합이나 체벌도 많았어요. 야간 자율 학습도 강제적이고. 지금은 지역별로 좀 차이가 있긴 해요. 청소년운동의 성과라면 성과인데 학생인권조례가 제정된 서울, 경기, 광주, 전북은 변화가 좀 있고, 학생인권조례가 없는 지역의 경우는 제가 학교 다니던 때와 별 차이가 없더라고요. 얼마 전에 '서울 학생 청소년 인권 침해 증언 대회'를 했는데, 제가 속기하다가 울었어요. 성소수자 청소년이 가정에서 폭언을 당하고, 학교에서 성적에 따라 차별당하고, 성적이 낮은 학생에게 모욕을 주는 현실은 그때와 별반 다르지 않다는 생각을 했어요. 오리걸음 같은 간접 체벌은 지금도 존재하고요. 이런 증언들을 들으면서 운동의 성과나 시대의 변화에 따라 빈도나 정도의 차이는 있지만, 여전히 일상적으로 학교나 가정에서 생기는 인권 침해는 있다는 것을 확인했어요.

참가자 처음 청소년운동을 시작할 때 문제의식을 공유한 학생들이 많이 있었나요?

공현 제가 학교 다닐 때는 문제의식에는 동의하는데, '왜 저렇게 나대냐' 하는 시선이 많았던 것 같아요. 더구나 고3이었잖아요. 조용히 공부하고 싶은데 제가 계속 사건을 일으키고 다니니까 '왜 저렇게 시끄럽게 하냐'라고 생각했던 것 같아요. 오히려 1, 2학년 중에 저를 지지하거나 저랑 같이 행동하는 학생들이 많았죠.

참가자 요즘은 그때보다 학생들이 학생 인권에 대해 많이 알고 인권 침해에 대한 문제의식도 갖고 있겠네요.

공현 예전보다는 인식이 많이 높아진 편이죠. 하지만 1980년대에도 두발 규제 철폐 운동이나 강제 보충 수업 철폐 투쟁도 있었고, 동맹 휴학까지 하기도 했어요. 얼마나 확산이 돼 있느냐의 차이지, 당시에도 인권 침해에 대한 불만이나 학생 인권에 대한 문제의식은 있었던 것 같아요. 1990년대 중반을 청소년운동이 본격화한 시기로 보는데, 그 이유 중의 하나가 김영삼 정부 들어서고 사회가 민주화, 자유화되었다고 하는데, 정작 학교는 변화가 없다는 데 문제의식이 컸다고 이야기를 해요.

참가자 청소년운동에서 다루는 주제는 주로 어떤 것이 있나요.

공현 지금까지 가장 비중이 컸던 것은 두발 규제, 체벌, 강제 야자, 종교 강요 같은 학생 인권 문제였고요, 거기서 좀 더 발전하면, 경쟁 교육이나 학습 시간, 교육 제도 같은 교육 문제가 있었어요. 시민으로서의 참정권, 정치적 권리, 집회의 자유도 이야기했고요. 관련해서 박근혜 대통령 탄핵 집회 때도 청소년이 집회 신고를 했더니 그 청소년이 다니는 학교에 경찰이 전화해서 교무실에 끌려가는 일이 있었어요.

청소년 인권 관련한 이슈는 다양한데, 주되게 해 온 것은 이런 것들이에요. 더하면, 현장 실습이나 알바 하는 청소년의 임금 체불이나 폭력 문제 등 노동 문제가 있고요. 아직 미흡한 것이 성소수자나 장애인 등 소수자 청소년들 문제예요. 요새 페미니즘에 대한 인식이 확산되면서 성소수자 문제가 좀 더 조명이 되고 있긴 한데요, 아직 많이 부족하죠. 그리고 게임 셧다운제라든가 하는 문화적 권리도 이야기하는데, 운동으로 이어지지는 못하고 있어요. 참, 가정 안에서의 폭력이나 종교 강요 문제도 이야기하고 있네요.

참가자 저는 교대에 다니는데 얼마 전 수업에서 체벌에 대해서 토론을 한 적이 있어요. 오래된 이슈임에도 불구하고 찬성하는 친구가 생각보다 많아서 놀랐어요. 찬성과 반대가 거의 반반이더라고요. 교대생들의 인권 의식이 이렇게 낮은데, 그게 잘못된 것이라는 걸 어떻게 설득해야 할까요.

공현 체벌은 너무 명백해서, 현재 불법이기도 하고, 때리면 잡혀 간다고 말해 줘야 하지 않을까요. 어찌 보면 교대생들의 인권 의식이 낮은 건 당연한 결과라는 생각도 들어요. 어렸을 때부터 '애들은 말귀를 못 알아들으니 맞아야 한다'거나 '적당한 체벌은 폭력이 아니다'라는 이야기를 엄청 많이 들으면서 자라잖아요. 그렇게 성장했을 때 그런 주장에 동조하게 되는 게 어찌 보면 당연하죠. 여론 조사 결과를 봐도 체벌에 대한 찬반 의견이 반반 정도 나오거든요. 그걸 반영한 수치 같아요. 설득 방법은 여러 가지 있을 것 같아요. 정부의 캠페인과 홍보도 필요하겠고요. 인권교육 활동가들이 하는 방식은 이런 거예요. 찬성이냐 반대냐라는 언어가 아니라 정확히 어떤 것에 찬성하는지를 이야기해 보는 거죠. 체벌에 찬성하는 사람도 '네가 맞아야 된다'고 하면 보통 반대를 해요. 찬성이냐 반대라고 쉽게 말하지만, 정도의 차이가 있는 거죠. 반대하는 사람은 '절대 안 된다'는 절박함이지만, 찬성하는 사람은 '나 말고 누군가'라고 거리를 두는 거죠. 예를 들어 맞는 사람이 너인지, 너 말고 다른 사람인지, 막연하게 요즘 애들인지…… 구체적으로 그 이슈에 대해 어떤 위치에서 어떤 거리감을 두고 말하고 있는지 이야기해 보는 게 필요하다고 생각해요. 대표적으로 소수자 이슈가 그런데, 차별에 반대하는 사람은 절박한데, 찬성하는 사람은 가볍게 찬성을 눌러요. 찬성이라는 표현만으로는 드러나지 않는, 그 사이의 온도차를 보여 줄 수 있는 방법이 있으면 좋겠다는 생각을 해요.

참가자 태형이 사라진 이유를 생각해 보면 쉽게 납득할 수 있을 것 같아요. 만약에 지금 교통사고를 내거나 교통 법규 위반을 했을 때 태형이 가해진다면 과연 받아들일 수 있을까요? 이런 관점에서 과연 교사들이 학생들에게 가하는 폭력이 정당한 것인가 생각해 볼 수 있을 것 같아요.

공현 《불온한 교사 양성 과정》1권에서 강의한 조영선 교사가 한 이야기인데, 체벌 금지는 교사들에게도 좋은 일이라는 거예요. 예전에는 체벌을 하다가 학생이 다치면 교사가 다 배상해야 했잖아요. 체벌은 교사 개인에게도 불확실하고 위험한 처벌 방식이에요. 체벌을 없애는 건 교사들도 위험 책임으로부터 벗어나는 일인 거죠. 소지품 압수도 마찬가지예요. 학생들의 물건을 압수해 갔다가 잃어버리면 배상해 줘야 하거든요. 단체에서 학생인권상담소를 운영하는데, 접수된 내용 중에 운동선수인데 체벌을 당해 손상을 입어서 운동을 못 하게 되었는데 재판을 걸고 싶다는 사례도 있어요. 여전히 체벌로 인한 분쟁이 있는 현실이죠.

참가자 인권 침해 사례는 과거에 비해 많이 나아지고 있나요? 아니면 여전히 빈번히 발생하나요?

공현 분명히 나아지고 있긴 하죠. 제가 학교 다닐 때 이슈가 되었던 게 200대 체벌 사건이에요. 한 학생을 200대나 때린 거죠. 그리고 뜬금없이 '개학했으니까 열심히 공부하겠다는 의미로 한 대씩 맞고 시작하자' 하는 교사들도 있었어요. 적어도 이런 케이스는 이제 없죠. 그리고 2015년에 〈아동복지법〉이 개정되면서 체벌은 완전히 금지가 됐어요. 이렇게 법 제도도 계속 변화하고 있고요.

그래도 사회적으로 체벌 문제가 잘 안 줄어드는 이유가 있는 것 같아요. 교사 중에 체벌을 하는 교사가 줄었다 해도 체벌을 하는 교사들이 여러 반에 수업을 들어가니까 빈도는 줄어도 체벌 경험 자체는 줄지 않는 거예요. 교사 집단에서 보면 '요새 때리는 교사가 어디 있어요' 하겠지만 학생 입장에서 볼 때 때리는 교사는 여전히 있는 거죠.

참가자 오늘 이야기 중에 제일 인상 깊었던 것은, '개인은 무력하지만 무력감에 빠지지는 말고, 할 수 없는 것을 인정하되 할 수 있는 것을 고민해야 한다'라는 부분이었어요. 학교가 나이와 학년을 기준으로 이루어져 있는 문제도 이야기하셨는데, 청소년운동 진영에서 직접 학교를 만들어 볼 수도 있지 않을까요. 학교의 형태일 수도 있고, 아닐 수도 있겠지만 하나의 모델을 만들어 보는 것도 멋있을 것 같아요.

공현 '희망의 우리 학교'라고, 청소년들이 만든 대안학교가 있었어요. 그때 실험한 방식이 학생들이 직접 커리큘럼을 짜고, 강사를 섭외해서 같이 공부하는 모델이었어요. 하지만 그렇게 개별적으로 학교를 만들어 보는 게 변화에 얼마나 의미가 있을지는 잘 모르겠어요.

참가자 교사와 학생의 수평적 관계에 대해 말씀하셨는데, 학생들은 하도 수직적 관계에 익숙하다 보니까 수평적 관계를 요구하는 경우가 별로 없고 교사의 의지에 좌우되는 것 같아요. 어떻게 하면 교사 개인의 의지를 넘어 구조적으로 그런 환경을 만들 수 있을까요.

공현 교사와 학생 사이의 권력이나 권리가 불균등하잖아요. 학교 규칙 중에 대표적인 '악법'으로 '교사 지시 불이행', '교사한테 불손함' 같은 걸 징계하는 내용이 있어요. 엄청 자의적인 조항이죠. 벌점이 어느 정도 이상 되면 선도위원회에 회부돼서 징계를 받거나 상장이나 포상에서 제외되기도 하고요. 학생들에게 일방적으로 불리하게 돼 있는 권리들을 재조정하고, 정작 교사에게 필요한 것들을 보장해 줘야 해요. 수업 구성에 대한 권리든, 평가권이든. 교사들이 학생들을 인격적으로 제압할 수 있는 권리는 폭넓은데, 수업이나 평가에 대한 권리는 제약이 많죠. 반대로 돼 있다는 생각이 들어요. 그런 현실을 변화시켜야 하고, 두 번째로는 입시 위주의 교육 환경도 바뀌어야 해요. 입시에 맞춰 교육을 하고, 진도를 나가야 하니까 서로에게 여유가 없죠. 그러니 교사와 학생 사이에 갈등이 생기면 조정하는 게 쉽지 않고요. 학생들에게도 여가가 필요하고 교사들도 수업에서 벗어나 다른 것을 할 수 있는 시간이 필요해요. 이런 환경이 만들어질 때 교사와 학생의 수평적 관계도 가능해지지 않을까 생각해요.

참가자 청소년 참정권에 대한 전망은 어떤가요?

공현 문재인 대통령도 후보 때 청소년의 정당 가입 등 청소년 정치 활동 연령 제한을 폐지하겠다고 공약을 하긴 했어요. 저희는 참정권은, 선거권을 넘어 정당 가입과 선거운동까지 포함하는 거라고 주장해요. 청소년은 선거운동이 금지돼 있어서 누굴 찍으라고 하는 순간 선거운동이 돼서 선거법으로 처벌을 받아요. 인터넷에 어떤 후보를 찍어 달라고 글을 쓴 청소년이 선관위에서 경고를 받고, 한 번만 더 걸리면 사법 조치 하겠다는 엄포를 들은 경우도 있었어요. 헌법재판소에서 온라인 선거운동은 자유롭게 할 수 있다고 판결했는데, 교사, 청소년은 여전히 불가능해요. 교사들이 페이스북에 정치적 표현이 담긴 글을 올리거나 심지어 '좋아요' 하나 누르는 것도 고발당해요. 이런 상황에서 당장 어떻게 하면 법적으로 규제받지 않고 선거운동을 할 수 있을까 고민이에요. 일단 문재인 정부 임기 중에는 선거권 제한 연령 기준을 낮추는 것이든 정당법 개정이든 청소년 참정권에 대해 조금의 진전이라도 만들 수 있을 거라고 기대하고 있어요. 국회 안에서도 '무조건 반대'를 하고 있는 정당도 있어서 쉽지는 않겠지만요.

모든 억압에
저항하라

— • 행동하지 않으면 변하지 않는다

— • 이용석

중등 교사 10860953@hanmail.net

저는 경기도 부천에 있는 부천남중학교에서 학생들하고 같이 국어를 공부하고 있는 교사 이용석입니다. 2018년부터는 학교 현장을 떠나서 전국교직원노동조합 전임자로 경기지부 일을 하게 됐습니다. 이것저것 고민도 많고 노력도 하면서 좀 뭐라도 바꿔 나가고 싶어서 몸부림치고 있습니다. 저는 '톨'이라는 이름도 쓰고 있는데요. 쌀 한 톨, 두 톨 할 때의 '톨'입니다. 혹시 나중에 다른 자리에서 만났을 때도 톨이라고 기억해 주시면 좋겠습니다. 제가 이야기하는데 뭔가 불편하거나 문제가 되는 내용이 있다면 자연스럽게 지적도 해 주시기를 바랍니다.

"억압하는 모든 것에 저항하라." 체 게바라의 말입니다. 저는 좀 더 짧게 "모든 억압에 저항하라"라고 하는 게 더 나은 것 같아서 그렇게 바꿔서 강의 제목에 썼습니다. 이때 '모든'이라는 말을 쓴 건, 저 자신도 포함하는 것입니다. 제 안에 저 자신을 억압하는 것도 있겠지만, 언제든 제가 가해자가 될 수도 있다는 가능성도 생각해야 합니다. 그리고 저는 이 사회에서 중년, 남성이고 제가 느끼는 억압보다 더 많은 억압을 느끼는 분들도 많을 겁니다. 여하간 이때 '억압'이라고 하는 게 제도나 정책이나 관습 같은 형태의 억압뿐만 아니라 아무리 작은 것이라도 모두 살피자는 의미에서 '모든 억압에 저항하라'라는 말을 했습니다.

그리고 저는 교사는 말이 아니라 실천으로 가르친다고 생각을 해요. 교탁에 서서 하는 말보다 교사가 학교 안과 밖에서 어떻게 살고 있고 어떤 모습을 보여 주고 있는지가 학생들에게 더 많은 것을 이야기해 주지 않나 생각합니다. 그래서 약간은 과감하지만 "행동하지 않으면 변하지 않는다"라는 부제를 붙여 보았습니다. '불온한 교사'란 무엇인가에 대한 제 나름의 답이라고 할 수 있습니다.

'발명'된 억압의 틀

저는 강의할 기회가 있거나 다른 분들과 이야기 나눌 때 항상 피노키오 이야기부터 시작합니다. 피노키오가 남성일까요, 여성일까요? 사실 별로 생각을 해 본 적이 없는 문제죠. 우리가 어릴 때부터 접해 왔던 이야기나 동화 속에서 피노키오의 모습은 남성, 소년인 것 같다고 많이 이야길 합니다. 왜 그럴까요? 머리도 짧고 남자아이 같은 옷을 입어서? 이야기 속에 나오는 피노키오는 인간에 의해 만들어진 인형인데, 남성이나 여성이나 기타 어떤 성별로 구별하기는 어려워요. 그렇다면 왜 피노키오가 우리에게 남성의 이미지, 소년의 이미지를 갖고 있을까요? 저는 피노키오를 만들었던 제페토 할아버지가 피노키오를 남자아이로 보고 남자아이로 만들고 싶었기 때문이라는 생각을 합니다. 남자아이가 많이 입는 옷을 입힌다거나, 남자아이로 행동하도록 요구한다거나 한 거죠. 피노키오는 '나는 누구일까?' 생각하기 전에 이미 할아버지가 설정해 놓은 대로 '나는 이런가 보다' 하게 됐던 거죠.

이런 문제를 '발견'과 '발명'이라는 두 개념으로 나누어서 바라보고 싶습니다. 발견은 이미 있던 것을 찾아내는 것이고, 발명은 새롭게 어떤 것을 만들어 내는 거잖아요. 예를 들어 '여성도 인간이다', '여성도 참정권을 가져야 한다' 이야기하는 건 여성의 존재를 드러내는 것이라면, '여성은 정치적 주체가 될 수 없다', '여성은 집 안에만 있어야 한다' 이런 여성의 상은 발명된 것이죠. 흔히 크리스토퍼 콜럼버스가 1492년에 또 다른 대륙을 발견했다고 말합니다. 그것 자체도 유럽인 중심적인 이야기죠. 그런데 거기에 더해서 그 이후에 백인들이 한 짓은 '발명'이라고 생각합니다. 제국주의적으로 자기 이익을 취하기 위해 인종을 나누고 인종주의와 지배 체제를 발명했던 거죠.

학교와 청소년에 관해서도 이런 관점으로 보려고 합니다. 인터넷을 검색해 보면 이런 체크 리스트가 있더라고요. "우리 아이…… 혹시 중2병인가요?" 한번 볼까요? "자신이 최고라고 생각한다", "외모에 대해 불만족스럽다", "감정 기복이 심하다", "충동적이다", "군중 심리가 있다", "감정 조절이 잘 안 된다", "성과 이성에 관심이 높다", "친구가 무엇보다 중요하다", "아무 이유 없이 우울하다", "좋은 친구 관계를 유지하기 어렵다", "진로에 대한 고민이 많다", "부모와 멀어진다"……. 3개 이상 해당되면 '중2병'이라고 합니다. 여기 적힌 것들이 청소년들만의 특징이거나 '중2병'이라고 불릴 만한 것일까요? 우리가 청소년을 바라보는 관점 역시, '중2병'이라고 하든 '사춘기'라고 하든 '질풍노도의 시기'라고 이름 붙이든, 청소년들에 대해 몰랐던 것을 발견한 것인지 아니면 어떤 의도를 가지고 발명한 것인지 되묻고 싶습니다. '모든 억압에 저항하라'고 했을 때 그 억압의 실체가 무엇인가, 우리가 겪는 차별과 배제가 누군가에 의해서 발명된 것 아닌가, 우리는 어떻게 그런 발명된 틀에 저항하고 다시 시작할 수 있을까 고민해야 합니다. 제가 학교에서 청소년들을 만날 때도 '청소년은 이래야 한다' 하는 편견을 갖고 있지는 않나 고민이 들곤 해요. 저는 학교의 일상을 이런 문제의식을 갖고 들여다보려고 합니다. 제가 학교 안에서 고민하고 실천했던 몇 가지 경험을 들려드리겠습니다.

국기에 대한 경례 거부와 페미니스트 교사 사이

아시는 분도 계시겠지만 저는 2006년에 국기에 대한 맹세·경례를 거부했다고 징계를 받았습니다. 제가 국기에 대한 경례를 해야 할 이유가 없더라고요. '왜 국가라는 이름으로 내가 동의하지 않는 것을 하라고 강요할까.' 그런 불편함과 불쾌함을 느꼈고 내가 그것에 저항하지 않는다면 학교에서 만나는 학생들과 무슨 이야기를 나눌 수 있을까 하는 생각이 들었습니다. 제가 "거부한다!"라고 선언을 한 적은 없고요. 다만 수업 시간에 국기에 대한 경례가 뭔지, 국기에 대한 맹세문에 대해 학생들은 어떻게 생각하는지 이야기 나누는 수업을 진행한 적은 있습니다. 그래서 학생들은 제가 어떤 생각을 갖고 있는지 알고 있었습니다.

그러다가 2006년에 고등학교 3학년을 맡았는데, 학교장이 평일 수업 시간을 활용해서 사설 모의고사를 진행하려고 해서 제가 좀 강하게 반대했습니다. 그랬더니 몇몇 학부모들이 교무실로 와서 항의를 하신 거예요. 저는 학생들을 줄 세우는 사설 모의고사를 왜 정규 수업 시간에 하느냐, 정 하려면 일요일에 희망하는 학생들을 대상으로 하라고 반박했습니다. 그랬더니 저에 대해서 그 학부모들이 교육청에 민원을 냈습니다. '국기에 대한 경례를 안 한다', '목걸이, 팔찌 같은 걸 하고 다닌다', '생활 한복을 입고 다닌다', '이순신 장군을 무시하고 모욕했다'. 수업 시간에 이순신 관련 지문이 나와서, 이순신이라는 위인이 왜 그렇게 군사주의적인 면만 미화될까, 다른 측면도 있다는 이야기를 한 적이 있었거든요. 그러고 나니 한 언론이 저를 '빨갱이 교사'로 지목하면서, 그 민원 내용 중에서 국기에 대한 경례 문제와 이순신 장군 문제에 방점을 찍어서 기사를 냈습니다.

남교사인데 목걸이, 팔찌를 하거나 생활 한복을 입고 다닌다고 민원이 접수된 건 교육청에서도 난감했겠죠. 그래서 실제로 교육청 징계 위원회에 회부가 되었을 때는 국기에 대한 경례 거부와 관련한 '교사의 정치적 중립성 위배', '품위 손상'이 징계 사유였습니다. 저는 그때 크게 두 가지, 학교장이 독단적으로 모의고사 실시를 결정하는 등 학교 안의 비민주적인 모습 그리고 국기에 대한 경례를 강요하는 국가주의적·전체주의적 군대 문화의 문제와 싸우는 것이라고 생각했습니다. 외부에는 국기에 대한 경례 거부 사안이 좀 더 크게 알려졌죠. 징계를 받고 징계 무효 결정을 내려 달라고 재판까지 청구했는데요. 결과는 기각이었습니다. 헌법에 보장된 사상과 양심의 자유는 인정하는데 교사라서 그걸 다 보장하기가 어렵다는 게 기각의 요지였죠. 조금 덧붙여서 말씀드리자면, 일본에도 똑같이 국기에 대한 경례 등을 거부하고 징계받은 140여 명의 교사들이 있었습니다. 그분들이 1심에서는 징계가 부당하다고 판결을 받아 내서 승소를 했는데, 2심에서는 패소했습니다. 한국의 경우에는 일상생활에서는 국기에 대한 경례를 많이들 거부할 텐데 그걸로 징계를 받은 건 아마 민주화 이후로는 제가 처음이었을 겁니다. 당시 일본의 그 교사들도 만나 보고, 학교교육 내에 있는 이와 같은 문제들에 대해 공론화하는 게 필요하겠다고 생각해서 인권단체들과 이야기하는 자리를 마련하기도 했습니다.

그리고 2017년에는 페미니스트 교사에 대한 공격에 맞서서 연대하면서 "내가 바로 페미니스트 교사다"라는 선언을 하고 언론 인터뷰도 했습니다. 저는 10년 전 국기에 대한 경례 거부와 지금의 "내가 바로 페미니스트 교사다"라는 선언 사이에 공통점이 있다고 생각합니다. 당연시되었던 현실에 대해서 의심을 품고 거기에 저항하기 위해서 실제로 목소리를 내려고 한 일이었다는 것입니다. 국기에 대한 경례를 거부했던 것은 국가주의적 입장에서 다른 것들을 억압하는 것에 대한 문제의식이었지요. 그리고 제 짧은 소견으로는, 페미니스트는 성별 이분법과 그걸 바탕으로 한 모든 억압들에 대해서 저항하는 사람이라고 생각합니다. 남성과 여성이라는 구분과 대립이 가장 오래된, 그리고 일상생활에까지 녹아 있는 가장 중요한 억압일 테고, 그게 '남성'으로 대변되는 인간에 의한 다른 동물에 대한 억압 등 여러 억압들의 시작이라고 봅니다. 이렇게 저에게는 2006년에 국기에 대한 경례에 대해 저항했던 것이나 2017년에 페미니스트 교사라고 선언한 것이 같은 맥락 위에 있다는 생각이 듭니다.

학생 자치 비틀어 보기

국기에 대한 경례를 거부하고 여러 사건을 겪은 뒤로, 학교 안의 또 다른 억압이 어떻게 나타나는가에 대해 더 생각하게 되었습니다. 국가주의에 맞서 싸우는 것도 중요한 일이지만, 일상생활 속에서 아무렇지도 않은 것처럼 계속되고 있는 것들에 대해서 고민을 해야 한다고 생각합니다. 그래서 전혀 불편하지 않았던 것들이 불편해지는 과정이 모든 억압에 저항하는 과정이라고 생각해요. 제 눈에 들어온 건 학생 생활과 관련된 것들이었어요. '한국 사회와 국가는 학교 안에서 학생들에게 어떻게 작동하고 있을까? 나 역시 가해자의 위치에서 억압하고 있지는 않나?' 등의 고민을 했습니다.

예를 들면 저는 수업을 시작할 때 "차렷, 경례" 하는 것부터 마음에 안 들었어요. 학교에 군사주의적인 모습, 군대 문화가 많잖아요. 우선 학교 건물 구조도 군대 막사와 많이 닮아 있고, 또 줄을 설 때도 항상 오와 열을 맞추라고 하죠. 차렷, 경례도 그렇습니다. '차렷'은 '얼차려', 즉 '정신 차려'란 뜻이고, 경례는 윗사람한테 예의를 갖춘다는 말입니다. 이게 과연 교사와 학생 사이에 서로 합의된 상태에서 이루어지고 있는가 생각해 보면 아니더라고요. 그래서 그걸 없애려고 했습니다. 문 열고 들어갈 때 교사가 "안녕하세요" 하고 인사를 하면 학생들도 "안녕하세요" 인사해 주는 방식이면 되지 않을까요? 또 바쁘면 인사를 안 할 수도 있지 않습니까?

또, '반장은 필요할까?'라는 고민을 해 봤습니다. 정식 명칭은 학급 회장이지만 예전부터 반장이라고도 하잖아요? 그것도 일제 강점기 때 학교를 준군사화하면서 만들어진, 군대의 '분대장' 등에서 비롯된 용어로 알고 있습니다. 담임을 맡으니까 학급에서 학급 회장, 반장을 뽑으라는데, 반장이 필요한지 정작 학생들과 한 번도 이야기를 나눠 본 적이 없더라고요. 그래서 학생들하고 우린 왜 반장이 필요할까 물어봤는데 정작 학생들도 굳이 반장이 필요 없다는 거예요. 그럼 반장을 없애고, 차라리 우리 반이 1년 동안 함께 잘 지내기 위해 뭘 하면 좋을지 이야기해 보고 싶은 사람들이 모임을 만들자고 했습니다. '학급자치운영위원회' 이런 식으로 이름도 거창하게 붙였죠. 5~6명의 학생들이 모였는데, 그런 걸 해 본 적이 없어서 자신들이 무슨 역할을 해야 하는지 몰라서 힘들어하더라고요. 저도 같이 고민을 하면서 이야기를 하고 역할을 만들어 나갔더라면 더 좋았을 거란 생각을 나중에 했습니다. 결과는 실패에 가까웠지만, 여하간 반장을 없애는 데는 성공했습니다. 반장이 없으니까 불편한 것은 교사들이더라고요. 사실 교사들이 바쁠 때 '부려 먹기' 좋으라고 반장을 두는 것 아닐까 하는 혐의도 듭니다.

다음 해에도 학급 회장을 없애려고 했는데, 어떤 학생이 자기는 학급 회장을 해야겠다고 하는 거예요. 이유가 뭐냐면, 생활기록부에 경력으로 기록하기 위해서라고 했습니다. 외고에 진학하기로 정했기 때문에 경력이 필요하다는 거예요. 그래서 고민을 했죠. 본인이 필요하다는데 쓸데없는 거라고 하지 말라고 할 수는 없잖아요. 결국 선거를 좀 다르게 해 보자고 제안했어요. 학급에서 학급 회장의 역할이 뭔지에 대해서 후보들이 각자 자기 생각을 이야기하는 토론회를 하자고 했지요. 그때 학급 회장의 역할에 대해서 '담임 교사하고 맞장 뜰 수 있어야 한다'는 이야기도 나왔어요. 학생들의 의견을 가지고 담임 교사와 단체 교섭을 하듯이 협상을 해야 한다고요. 그런 시도들이 항상 성공적이었던 건 아니지만, 적어도 왜 그런 역할이 필요한지에 대해 한번 생각해 보는 계기는 되지 않았나 자평해 봅니다.

그러다가 학생부에서 학생회를 맡게 됐습니다. 그런데 학생회 선거 관리위원회를 교사들이 하는 거예요. 이건 아니다 싶어서 학생들로 선거관리위원회를 꾸리고 학생들이 직접 진행할 수 있도록 했죠. 학생들도 좋아했고, 아무 문제 없이 잘 진행됐습니다. 그렇게 선거를 마치고 학생회장이 당선되었는데 학교장이 임명장을 수여하는 거예요. 그래서 선거관리위원회에서 당선증을 주고, 교장 선생님은 학생회장과 어떻게 함께 학교를 만들어 갈지 이야기하셔야 되지 않겠냐고 제안을 했습니다. 교장 선생님도 임명장을 주겠다고 고집을 부리는 건 이상하다고 생각하셨나 봐요. 그래서 교장이 임명장을 수여하지 않고 선거관리위원회에서 당선증을 주는 방식으로 바꾸었습니다.

그리고 학생들이 학교 안에서 자신의 목소리를 낼 수 있는 게 왜 학생회밖에 없을까 하는 생각도 해 보았습니다. 지금은 총학생회는 하나뿐이고, 학생들은 학급 회장들을 통해서 의견을 수렴해서 학생회에 전하는 그런 방식이더라고요. 학생회가 2개면 왜 안 될까? 학생회가 아니어도, 학생들이 자기 목소리를 낼 수 있는 의미 있는 정치적 단위가 왜 없을까? 특히 여학생회는 왜 없을까? 그런 생각을 했습니다. 여교사나 여학생이 학교생활에서 경험하는 건 남교사나 남학생과는 다를 수 있겠다 싶거든요. 여학생회 문제는 제가 먼저 나서서 이야기하는 게 좋을지 다른 더 좋은 방법이 없는지 고민 중입니다.

학생 자치라는 게 단순히 선거를 통해서 학생 대표를 뽑는다는 의미를 넘어서 학생들이 좀 더 즐겁게 학교생활을 하기 위해서 하는 거잖아요. 지금까지의 경험으로 보면 학생들은 때로 실패하기도 했지만 또 기대 이상으로 잘해 내기도 했습니다. 게다가 교사의 부담도 훨씬 덜 수 있었습니다. 가령 다른 교사들이나 보호자들이 저한테 왜 휴대전화를 안 걷느냐고 항의를 해도, "학생들이 스스로 논의해서 결정한 바입니다. 스스로 규칙을 만들어 가겠다고 하니 존중해야 하지 않겠습니까?"라고 대답하면 저도 덜 부담스럽습니다.

학생 생활 비틀어 보기

중학교에 자유학년제라는 게 들어오면서, 우리 지역의 한 청소년수련관에서도 학교 제도나 문화 중 바뀌어야 할 게 무엇이 있는지 논의하는 프로그램을 운영했습니다. 주제를 정해서 조사하고 토론하고 대안을 내놓는 방식이었죠. 그때 제일 많이 나온 주제가 "교복을 입어야 하나?"였습니다. 학생들이 게시판에 "우리도 개성이 있다", "우리도 입고 싶은 걸 입게 해 달라", "교복 안 입어도 큰일 나지 않는다"라고 하면서 교복을 입지 말자는 의견을 붙여 놨습니다. 교장은 지나다니면서 볼 때마다 불편해했죠. 저는 그게 우리의 교육적 성과이고 주체적이고 창의적인 인간을 양성한다는 우리 학교의 교육 철학에 부합하니까 좋은 거라고 이야기하면서 그 게시판을 유지했습니다.

교복 말고도 학생들이 많은 의견을 냈어요. 급식에 관련해서도 "맛이 없어요"부터 시작해서 본인들이 생각하는 급식의 개선할 점과 대안을 게시판에 붙였습니다. 그랬더니 영양사가 꼭 그래야 하느냐고 이야기를 해서, 제가 죄송하지만 그래도 이런 이야기들을 우리가 한 번쯤 고민하면 좋지 않겠냐고 답변드렸어요. 학생들은 자기 목소리를 내고 게시판에 붙여 놓는다는 것만으로도 좋아하더라고요. 실질적으로 학교 정책에 반영되지는 못하더라도, '내 이야기를 학교 안에서 할 수 있구나' 하고 느낀 게 좋았다고 학생들이 평가했습니다.

그리고 호칭에 대한 고민도 있었습니다. 교사들은 "선생님"이라고 부르는데, 왜 학생들은 "학생님"이라고 부르지 않을까요? 교실 안에서 익숙해져 있는 권력관계를 해소하는 것부터 필요하다는 생각이 들었습니다. 그중 대표적인 것이 서로의 호칭과 말투의 문제였죠. 서로가 서로를 어떻게 부를 것인가 하는 문제가 사회적 권력관계와 고정관념을 많이 반영하고 있잖아요. 예컨대 사회운동을 하는 사람들도 보면 좀 나이 많고 저명한 남자분이 나오면 "어르신"이라고 하지만 여자분들에게는 그런 표현을 잘 안 쓰죠. 교사와 학생 사이의 호칭의 권력관계를 해소하기 위해서 상호 존대를 할 수도 있고 상호 반말을 쓸 수도 있지만 아무래도 학생들도 그렇고, 학교 밖에서 만나는 청소년분들도 저한테 "용석아"라고 부르기는 어려워하더라고요. 그래서 편하게 부를 수 있는 별명, '톨'이라는 이름을 정했습니다. 학교에서 저를 소개할 때 항상 '톨'이라고 불러 달라고 부탁합니다. 그러니까 '톨'이라고 부르는 학생들도 있고, 여전히 익숙지 않아서 '톨쌤'이라고 부르는 학생들도 있어요. 호칭을 바꾸는 문제는 학생들도 좀 재미있어했고, 다른 사안에 비해 상대적으로 풀어 나가기 좀 쉬운 문제였습니다.

출석부에서 왜 남학생부터 앞 번호를 매기는가 하는 문제를 요새 여러 학교에서 제기하고 있죠. 저희 학교에서는 제가 5년 동안 이야길 했는데, 이번에야 바뀠습니다. 2018년 신입생부터 남녀 구별 없이 가나다순으로 번호를 붙입니다. 학생들은 이 문제에 불편함을 잘 못 느껴요. 학생들이 출석부를 정리하는 것도 아니니까요. 그래서 어떻게 이야기를 할까 고민했는데, 학생회장에 당선된 여학생이 그런 문제의식을 가지고 있었나 보더라고요. 확실히 남학생들보다 여학생들이 그런 면에서 더 빠르게 변하고 있다는 것을 체감하고 있어요. 이런 사소한 것까지 신경 써야 하냐고 생각하실 수도 있겠지만, 저는 이는 단순히 출석부 순서의 문제가 아니라 학교에서 남학생과 여학생을 나누어서 관리하려고 하는 데서 비롯된 문제라고 봐요. 이런 문제를 제기하고 질문하는 것부터가 더 많은 이야기를 시작할 수 있는 토대가 되지 않을까 생각합니다.

또, 제가 청소년 노동 인권 관련 활동도 같이 하고 있는데요. 학교 안에서 청소년들의 노동은 어떨까요? 컵을 닦고 교실 청소를 하는 게 '교육'의 이름으로 이루어지잖아요. 그런데 똑같은 일이 학교 밖에서는 노동입니다. 보통은 '학생들도 학교에서 같이 생활하니까 당연히 청소해야지' 하고 생각하고 말지만, 당연하다고 생각하지 않으면 다르게 보입니다. 예를 들어 전과 달리 화장실 청소를 지금은 학생들에게 안 시키고 청소 노동자가 합니다. 왜냐하면 화장실 청소가 더 이상 학생들에게 청소의 개념으로 다가오지 않게 되었기 때문입니다. 또, 컵을 씻는 일 같은 것도 알게 모르게 여학생에게 맡겨지는 경향이 있습니다. 그래서 저는 청소를 당연히 해야 하는 것으로 보기보다는 같이 어떻게 깨끗하게 사용할까 하는 관점으로 이야기를 하면서 청소를 최대한 줄일 수 있도록 했습니다. 가능하면 쓰레기를 안 버리고 어지럽히지 않으면 청소를 안 해도 되니까요. 물론 그런다고 해서 교실이 아름답고 깨끗해지지는 않았습니다. 하지만 안 버리는 것부터 하자고 하니까 학생들이 '할 수 있는 방법이 뭘까' 스스로 고민하게 되더라고요.

학교의 학생생활규정에 관한 이야기는 그간 워낙 많은 문제 제기가 있었죠. 그런데 규정 자체를 없애지는 않고 학생 스스로 만들게 하거나 '교실에서 만드는 평화의 약속'처럼 형식을 부드럽게 하는 접근이 많았습니다. 저는 과연 그러한 규정들이 우리에게 필요한지, 왜 스스로 틀을 만드는지 묻고 싶습니다. 이런 이야기를 교사분들에게 하면 규정이 없으면 큰일 나는 줄 아는 분들도 많습니다. 그런데 사실 학생생활규정이라고 해도 들여다보면 대부분 가장 많이 해당되는 건 용의복장 관련 규정인데, 그게 꼭 필요할까요? 분명 규칙이 없으면 불편한 학생들도 있습니다. 굉장히 자유롭게 행동하는 학생들도 있고 여러 사건이 일어나기도 하거든요. 그래서 "선생님 이런 걸 그대로 둬요?" 하는 이야기가 나오기도 합니다. 그래도 저는 규정을 정하기보다는 서로 어떤 약속을 하고 지킬 수 있을지 이야기를 나누려고 합니다. 쉽지는 않았지만요.

학생생활규정 관련해서 마지막으로 제가 제기하고 싶은 질문은, '지각이 징계가 가능할까?' 하는 것입니다. 학생생활규정의 중요한 한 축이 선도 규정, 징계 대상을 정해 놓은 것입니다. 징계를 받는다는 건 죄를 지었다는 건데, 일반적으로 죄라는 것이 누군가의 권리를 침해하는 일이고, 징계, 벌이라는 것은 그에 대한 조치라고 저는 이해하고 있습니다. 그런데 지각을 하는 것이 죄일까요? 자다가 늦게 온 게 다른 누군가의 권리를 침해하는 걸까요? 우리가 생각하는 바람직한 생활 태도라는 게 있지만, 그것을 징계를 통해 습득하게 하는 게 가능한 건지 고민이 있습니다. 학생생활규정에서 지각이나 화장처럼 남에게 피해를 주지 않는 내용은 전부 빼야 한다고 생각합니다.

그래서 학생회 학생들하고 학생생활규정을 다시 만들기 위해 학부모 토론회, 교사 토론회, 학생 토론회, 전체 토론회 등을 여러 번 거쳐서 규정을 만들어 봤습니다. 그때 가장 첨예하게 갈렸던 게 의외로 화장이었는데요. 그 쟁점도 입술 색깔의 진하기를 어느 정도까지 허용할 거냐 뭐 이런 거였어요. 참 이상한 쟁점이죠. 제가 의도한 바대로 된 건 아니었지만, 굉장히 대강의 규정으로 바꾸는 데까지는 성공했습니다. 학교 안에서 절차대로 하다 보니 한계도 있었지만 그래도 의미 있는 경험이었다고 생각합니다.

이렇게 학교 안에서 교육이란 이름으로 일상적으로 벌어지는 일들에 대해 의심하면서 억압에 저항하는 것이 가능하다고 생각합니다. 요즘 저는 학교가 단지 교육하는 공간이 아니라 학생들이 생활하는 공간이라는 생각을 가지게 되었습니다. 그렇게 생각하면 학교 안에서 벌어지는 많은 일들에 대해 다르게 보고 바꿔 볼 수 있지 않을까 합니다.

학생들에게 말을 거는 시도

이 외에도 계기 수업도 비틀어 보기를 통해 학교에서 일반적으로 진행되는 계기 수업이 아니라 다른 관점으로 보는 계기 수업을 고민했습니다. 예를 들어 3월 8일 세계여성의날에는 성에 기반한 억압과 차별이 우리 학교 현장에서, 교실에서는 어떻게 나타나는지 이야기해 보려고 합니다. 4.3항쟁은 5.18민주화운동, 6.10민중항쟁과 연결해서 저항의 역사를 들여다봤습니다. 좀 다른 관점에서 새롭게 이야기하는 경우도 있어요. 5월 8일 어버이날에는 이른바 '정상 가족'이 아니라 다양한 형태의 가족이 있다는 것을, 5월 21일 문화 다양성의 날에는 한국 사회의 다양함에 대해, 6월 25일에는 반전 평화에 대해, 7월 17일 제헌절에는 민주주의와 국민의 권리에 대해, 8월 15일 광복절은 독립뿐만 아니라 민중이 자주민임을 선포한 것에 대해 이야기했습니다. 11월 3일 학생독립운동기념일에는 '학생의 날'에 대한 의미와 민주주의를 위한 현재 학생들의 움직임에 대해, 12월 10일 세계 인권의 날에는 경기도 학생인권조례에 대해 이야기하고 있습니다. 기념하되 지금은 무엇을 생각해야 하는지에 대해서 학생들과 나누고 싶기 때문입니다.

저는 학교에서 인문사회부장도 맡고 있습니다. 학교로 오는 각종 안내 자료를 학교 게시판에 붙이는 걸 맡고 있어요. 그런데 게시물을 붙이는 건 학생들에게 말을 거는 건데, 그냥 붙이라고 내려온 것들을 붙이기만 하면 되나 고민을 했습니다. 그래서 게시판 한쪽에는 붙여야 하는 것들, 진로 관련 안내 이런 걸 붙이는 공간으로 만들고, 한쪽은 학생들이 자기들 이야기를 붙일 수 있게 만들고, 마지막으로 한쪽은 '성평등 게시판'을 만들었습니다. 그 게시판을 통해서 성평등 문제도 다루고, "오늘은 ○월 ○일인데 무슨 날인지 아시나요?" 하면서 말 걸기를 시도했습니다.

성평등 게시판을 만든 또 다른 이유는, 학생들이 너무 용어를 모르기 때문이었습니다. 그래서 남성, 여성, 젠더, 생리 등 용어를 설명하는 내용을 그 게시판에 붙였습니다. 식당 앞에 학생들이 급식을 먹기 위해 줄 서서 기다리는 곳에 게시판을 만들었거든요. 점심시간에 줄 서다가 읽어 보는 학생들도 있고, 관심을 갖고 일부러 와서 읽어 보는 학생들도 있었습니다.

2016년 12월에 학교 게시판에 '여성혐오'라는 개념을 설명하는 글을 붙인 적이 있습니다. 다음 날 난리가 났죠. 교육청이랑 저희 학교 홈페이지에 사람들이 '메갈 교사다', '파면시켜라' 하면서 항의를 했습니다. 그 게시판 내용을 남초 온라인 커뮤니티에 올려서 공격을 하게 만든 게 다름 아닌 동료 교사였어요. 학교 안에도 이렇게 여성혐오적 문화나 인식이 강고합니다. 그래서 더더욱 여성혐오에 대해 정확히 알려야겠다고 생각했습니다. 그 일이 있고 난 뒤에 2017년부터는 3월 8일 여성의날이나 11월 25일 세계여성폭력추방의날 때 더 잘 준비해서 계기 수업으로 여성혐오나 여성에 대한 폭력에 대해 이야기를 나누려고 노력했습니다.

질문을 만드는 행동

마지막으로, 제가 학교 바깥에서 모색한 일들에 대해 말씀드리려고 합니다. 학교의 경직된 모습을 무너뜨리려면 학교 바깥의 이야기들이 학교 안으로 들어와야겠다는 생각이 들더라고요. 그래서 경기 부천에서 청소년 노동 인권 관련 활동을 하면서 아르바이트하는 청소년들과도 만나고, 학교 밖 청소년들과도 만났습니다.

저는 학교 밖 청소년과 학교 안의 청소년의 경계가 그렇게 명확하지 않다고 생각해요. 저의 경우 학교 밖 청소년이라고 일컬어지는 분들을 만나고 난 후, 학교 안에서도 청소년들과 대화가 더 잘되었습니다. 학교 밖에서 만난 청소년들이 자신들은 학교를 탈출했다는 표현을 많이 쓰더라고요. 너무 힘들고 어려워서 탈출했다고. 교사로서 '아차' 싶었던 이야기들도 있었습니다.

청소년운동 활동가들도 만나 보았습니다. 덕분에 청소년운동의 역사와 그간의 성과도 알게 되었습니다. 청소년들의 운동이나 목소리가 몇십 년 전부터 늘 있었더라고요. 그래서 학생회 학생들에게도 함께 공부할 만한 사례를 제안할 수 있었고, 좀 더 많은 질문과 시도를 할 수 있었습니다. 저는 이왕이면 학교 안팎의 경계를 넘나드는 고민과 실천이 우리에게 더 많았으면 좋겠다고 바라고 있고, 저도 노력하고 있습니다.

질문이 있어야 행동한다는 말이 있습니다. 그런데 반대로 작게라도 행동하지 않으면 질문이 만들어지지 않는 것 같아요. 행동함으로써 더 명확한 질문이 만들어지는 것 같습니다. 그리고 행동해서 만들어 진 질문을 통해 변해 갈 수 있을 거라고 생각합니다. 교실 안의 작은 일, 학교 안에서 벌어지는 일상적이고 사소해 보이는 일부터 바꾸려고 하는 게 필요하지 않을까요? 제 이야기는 여기서 마치도록 하겠습니다.

참가자 울산에서 체벌·언어폭력 등의 사건이 터지니까, 교육청에서 서로 존중하는 문화를 만들자고 교사들더러 학생들에게 경어를 쓰라는 권고를 했다더라고요. 그랬더니 어느 고등학교 교사들이 "아이고 그럼 너네를 뭐 '학생님'이라고 불러야 되냐" 이러면서 반감을 표했다고 해요. 교사가 학생에게 경어를 쓰자는 이야기가 2003년에 MBC 방송 프로그램 〈느낌표〉에서도 나왔잖아요. 오래전부터 제기된 문제인데 너무 받아들여지지 않는 것 같아요. 교사 사회나 학교 문화를 어떻게 바꿀 수 있을까요?

이용석 사실 교사들 사이에서도 서로가 서로를 어떻게 호칭하고 있는지, 교장이나 교감, 나이 많은 교사와 나이 어린 교사 사이의 관계는 어떤지부터 봐야 할 것 같아요. 교사 사회가 변하지 않고 교사와 학생들의 관계만 달라질 수 있을까 생각해 보면, 아주 독한 개인 외에는 그렇게 못 할 것 같아요. 예를 들어서 저는 일상적인 대화에서도 젊은 남교사들에게 "형님"이라고 자꾸 불리거든요. 학교에서 형님이라고 부르면 제가 다 같은 교사이지 무슨 형님이냐고 하는데, 그렇게 말해도 술자리에 가면 역시나 또 "형님 어쩌고저쩌고"……. 그리고 학교에는 일반적인 회사에서처럼 부장, 차장 이런 직위가 없잖아요. 부장 교사는 단지 특정 부서의 역할을 맡은 거죠. 그런데 다들 부장님이라고 부르고 윗사람처럼 대하죠. 이런 호칭이나 문화에 대해서 예민하게 받아들이고 자꾸 문제를 제기하는 게 필요할 것 같아요. 그러기 위해서라도 교사들이 삼삼오오 모여서 이런 이야기를 의식적으로 자꾸 하는 게 필요하지 않을까 합니다.

참가자 "형님"이라고 부르는 게 불편하다고 하셨는데, 저는 학교 밖에서 교사들끼리 있을 때 "쌤", "선생님" 하고 부르면 주변 사람들이 우리가 교사인 걸 알게 되는 게 싫어서 사석에서는 선생님이라고 안 부르려고 하고 있어요. 저희가 교사라서 왠지 술에 취해도 안 될 것 같고. 그래서 선생님 대신 형님 같은 호칭을 쓰는 이유도 있다고 생각해요.

이용석 말씀하신 건 좀 더 고민을 해 봐야 할 것 같아요. 밖에서는 어떻게 부르면 좋을지도 좋은 아이디어가 있으면 공유해 주세요. 한국에는 2인칭을 부를 말이 마땅치가 않아요. '너'라고 하기에도 좀 어색하고, '당신'이라고 하면 시비 거는 것 같고…….

그런 문제 이상으로, 제가 형님이라고 부르는 걸 한번 인정하니까 사생활에 대한 이야기까지 훅 들어오더라고요. 호칭을 더 평등하게 조심스럽게 쓰자고 하면 서먹해하고요. 그런 호칭이 친밀감을 표현하고 가까워지는 걸 허락하는 거라고 생각하는 문화가 있는 것 같아요. 또, 저는 교장 선생님, 교감 선생님이라고 안 부르고 '교장님', '교감님'이라고 부르거든요. 교장, 교감은 이제 선생이 아니잖아요. 그런데 교장님 하고 부르면 불편해해요. 우린 동료 교사이고 교육 가족인데 왜 그렇게 부르냐고. 그런 관계나 감정의 문제가 얽혀 있죠.

교사들 사이의 문화도 지역에 따라 편차가 좀 큰데요. 정말 형님 문화가 아주 공고하게 만들어져 있는 지역이 있습니다. 교장을 우두머리로 서열이 다 짜여 있는 문화요. 거기에 들어가지 않으려 하는 교사는 지역의 교사 사회에서도 완전히 배제되고요. 앞으로 꾸준히 바꾸어 나가야 할 것 같습니다.

참가자 호칭 문제 외에도 학생을 바라보는 관점에 대해 성찰할 지점이 많다고 생각해요. 예를 들어 밥을 먹을 때 보통 서로 "맛있게 드세요"라고 이야기하잖아요. 그런데 학교에서는 학생들한테 "잘했어" 하고 칭찬하거나 평가하는 이야기를 더 많이 하는 것 같아요. 그렇게 일상적인 것도 잘했다, 착하다 비교하고 평가하는 게 능력주의 같다는 생각이 들어요.

이용석 칭찬은 고래를 춤추게 한다고 하는데, 저는 칭찬은 고래를 수동적으로 만든다고 생각해요. 같이 밥을 먹으니까 제가 스스로 "잘 먹겠습니다" 하는 거지, 다른 사람한테 "잘했어요" 이런 말은 안 씁니다. 저도 매 순간 어떤 표현을 쓰는 게 더 좋을지 고민하고 노력하고 있어요.

참가자 계기 수업에 대한 이야기를 해 주셨는데요. 저는 담임을 맡았을 때는 반에서 조례나 종례 시간에 '오늘은 이런 날이다' 이야기하는데 수업 시간에는 마치 수업과 상관없는 이야기를 하는 것 같아서 좀 마음에 걸려요. 저는 과학 교사인데, 요즘 관심사는 여성과 농민인데, 과학 수업을 하러 갔다가 '오늘 농민의 날이야' 하고 이야기를 못 하겠더라고요.

이용석 그런 어려움이 있을 것 같네요. 저는 국어 교사니까 지문을 선택하거나 이야기 소재를 정할 때 연결 짓기가 더 수월한 측면이 있는 것 같습니다. 초등학교 교사들은 수업을 다양하게 구성할 여지가 더 많은 것 같은데, 중·고등학교는 과목별로 나뉘어 있어서 더 어렵죠. 특히 과학이나 수학 같은 과목은 더 그렇습니다. 저는 전교조 경기지부 4.16특위를 같이하고 있어서 4.16 관련 계기 수업을 기획하는데, 수학 시간에 어떻게 계기 수업을 만들지 고민스럽더라고요.

저는 일관되게 하면 괜찮다는 생각이 들어요. 학생들이 '저 선생님은 수업 시간에 첫 시작을 항상 그런 이야기로 하는 선생님이다' 하는 생각을 하는 거죠. 저는 EBS에서 만든 〈지식채널e〉 영상을 자주 보여 주면서 시작했더니, 제가 수업 들어가면 "선생님 오늘은 그거 안 봐요?" 이렇게 이야기가 나오더라고요. 이 교사는 우리에게 오늘은 무슨 날인지 소개하면서 시작한다는 인식이 생기면 덜 어색해했던 것 같아요.

참가자 중등교육의 목표는 민주 시민 양성이라고 되어 있지만, 실제로는 중등교육은 교과별로 다 나뉘어 있어서 총체적으로 생각을 못 하게 되잖아요. 역사 교사는 역사를 배움으로써 어떤 사람이 되어야 할지 가르치는 게 중요한데 자꾸 놓치게 되죠. 중등 교사들이 그런 교과 간 칸막이를 어떻게 넘을지 고민해 봤으면 해요. 저도 그런 틀에 갇혀 있더라고요.

이용석 학교 안에서 같은 교과 교사들과 이야기 나누어 보는 것도 좋겠고, 이렇게 학교 밖에서도 만나면 좋겠습니다. 만나서 이야기하고 나면 학교에서 학생들에게 무엇을 이야기하고 어떻게 공유해야 할까 더 좋은 아이디어가 떠오르는 것 같아요.

저는 예전에는 절기를 갖고 계기 수업처럼 한 적이 있어요. 오늘은 어떤 절기고, 뭘 심는 날이고, 이런 이야기를 한 거죠. 국어 교사가 그러면 생뚱맞잖아요. "이런 절기, 이런 단어 들어 본 적 있어요?" 하면서 접근했어요. 오늘이 무슨 날이래 하면서 절기에 맞물려서 삶의 이야기를 했지요. 여성과 농민 이야기를 하고 싶다면, 월별로 기획해서 그들의 삶에 대해 이야기하는 시간을 만드는 건 어떨까요?

참가자 학교 밖에서 여러 교사들을 만나면 좋겠지만, 출근하면 해야 되는 일이 너무 많잖아요. 그래서 정말 나에게 중요한 일이 아니면 에너지를 별로 못 쓰는 것 같아요. 그러니까 이야기할 사람도 없고, 저 혼자서는 감당할 수도 없고. 그래서 뭔가를 시도하기가 너무 어려워요.

이용석 저도 징계받고 경기도 부천에서 시흥으로 발령을 받았을 때 그런 경험을 겪어 봐서 무슨 말씀인지 이해가 가요. 저도 다른 지역으로 옮기니까 할 수 있는 게 없더라고요. 그래서 이후 부천으로 돌아와서 그때 고민한 것들을 동료 교사들과 나누고 실천했습니다. 강의하면서 제가 마치 저 혼자 힘으로 이렇게 해 온 것처럼 이야기를 했는데, 혼자 힘으로 절대 여기까지 못 오거든요. 혼자서는 할 수 없다고 생각해요. 다만 그렇다 해도,

선생님이 갖고 있는 문제의식이 있잖아요. 그 문제의식을 계속 갖고 있는 게 큰 에너지라고 생각하거든요. 지금 당장 무언가를 하지 못하더라도 그런 문제의식을 놓지만 않으시면 될 것 같아요.

참가자 몇 달 전에 저희 학교 여자 화장실에 메모지가 붙었어요. 페미니즘에 대한 내용으로. 그 후 1개, 2개 계속 붙더라고요. 그런 사건이 같이 이야기도 하고 변화를 만들 수 있는 시작이라는 생각이 들었는데, 실제로는 그냥 "붙은 거 봤어?" 정도만 이야기하고 그 이상 진도가 잘 안 나가는 거예요. 다들 바쁘니까. 그러다가 시간이 흐르면서 메모지는 다 떨어졌고요. 뭔가 학교를 바꿀 수 있을까 싶었는데 그렇게 그냥 지나가 버린 것이 굉장히 아쉬웠어요. 저도 에너지를 쏟을 여건이 안 되고……..

이용석 다음번에는 그렇게 안 하실 거잖아요. (웃음) 처음부터 크게, 추진력 있게 되는 일은 거의 없는 것 같아요. 메모지가 붙었으면, 학교 게시판에 그런 메모지를 붙이는 통신을 만들어서 누가 또 붙이고, 그에 대한 답장을 누가 또 붙이고, 이렇게 이야기를 이어 갈 수도 있겠죠. 좀 작게 시도하는 것도 가능하지 않을까 생각이 들어요. 선생님께서 고민하시는 게 저희들의 현실이잖아요. 뭔가를 하려면 참 힘들죠. 하루 종일 수업도 하고 담임 일도 하고 얼마나 일이 많아요. 대부분의 교사들이 대단한 게 그럼에도 그것들을 전부 하고 있다는 거죠. '내가 좀 더 잘했으면 좋겠는데' 하는 아쉬움이 들더라도 어쩔 수 없잖아요. 그래도 학교 밖에서라도, 한 달에 한 번이라도 이렇게 만나서 이야기하는 건 꼭 하셨으면 하는 바람이에요. 2017년에 페미니스트 교사 캠프를 전교조 여성위원회에서 준비했는데요. 그런 고민을 갖고 있는 사람이 있다는 것조차 서로 모르고 있다가 알게 돼서 비정기적으로 계속 만남을 이어 가는 분들도 있거든요. 저는 그것만으로도 진짜 대단하고 충분하다고 생각해요.

참가자 모든 억압에 저항하라는 선생님의 말씀에는 많이 공감하는데, 무엇을 어떻게 하면 좋을지 혼란스럽네요.

이용석 저도 뭐 별거 없습니다. 말씀드린 것들을 하기까지 10년이 걸렸거든요. 다른 선생님들은 아마 저보다 덜 걸리실 거예요.

참가자 선생님이 말씀하신 여러 실천들이 선생님이 남성이었기 때문에 가능했을 수도 있겠다는 생각도 들어요.

이용석 네, 맞습니다. 저는 일단 중년 남성이고, 정규직에다가, 이성애자이고…… 제가 가지고 있는 게 많지요. 페미니즘의 경우도 남성이기 때문에 제가 발언할 수 있는 힘이 부여되어 있었다고 생각합니다. 저의 그런 권력을 인식하고 권력에서 벗어나려 하는데, 그건 결코 혼자 못 하거든요. 주변에서 저에게 경계하라고 메시지를 주고 충고하고 질문을 던져 주는 게 중요한 것 같습니다. 그래서 저는 학교 밖의 선생님들이나 페미니스트 분들을 더더욱 만나서 이야기 나누고 공부해야겠다고 생각합니다.

학생 사회의
상상과 기획

• 시민교육, 학생 사회를 상상하라

• 배이상헌

중등 교사 chamtear@hanmail.net

저는 광주에서 교사 생활을 하고 있는 배이상헌입니다. 1989년에 교직 생활을 시작했는데요, 그해에 전교조가 결성됩니다. 그래서 임용 6개월 만에 전교조 가입을 이유로 해직되어 5년 가까이 해직 생활을 보내고, 1994년부터 지금까지 교직 생활을 하고 있습니다.

2000년부터 부모 성을 같이 써서 '배이상헌'입니다. 제 어머님 성이 '배'인데 처음 3개월여 '이배상헌'으로 시도했다가 입버릇이 여의치 않아 배이상헌으로 바꾸었습니다. 저의 최소한의 커밍아웃이지요. 3월에 수업을 시작할 때면 2시간가량 이름을 핑계로 저의 삶이나 성평등의 가치에 대해 자연스럽게 이야기를 나눈답니다.

가르친다는 것은 다만 희망에 대해 이야기하는 것이다

신영복 선생님의 말씀인데요, "배운다는 것은 자기를 낮추는 것이다. 가르친다는 것은 다만 희망에 대하여 이야기하는 것이다. 사랑한다는 것은 서로 마주 보는 것이 아니라 같은 곳을 함께 바라보는 것이다". 저는 이 세 문장 중에서 두 번째가 가장 어렵더군요. 정작 교사인데도 다른 두 문장과 달리 "가르친다는 것은 다만 희망에 대하여 이야기하는 것이다"는 오래 생각하게 되더군요. 어떨 때는 느낌이 왔다가, 어떨 때는 느낌이 막연해지곤 하는 거죠. 신영복 선생님께 제가 직접 물어보지는 못했지만, 제 나름 이 문장에 대해 정리한 결론은, 인간에 대한 희망은 교육의 알파와 오메가라는 것입니다. 교사 그리고 교직은 결국 인간에 대한 희망을 이야기하는 자리가 아닐까요.

인간을 불신하고, 사람에 대한 절망에 휩싸이면 학생들 앞에 서는 게 참으로 불편해집니다. 인간을 믿지 말고 공동체적 협력의 가치를 신뢰하지 말라고, 사람을 수단으로 잘 활용해서 잘 딛고 일어서라며 자신에게 하는 이야기를 학생들에게 하게 됩니다. 어느 순간 교사의 학생에 대한 애정은 험한 세상에서 살아남는 처세술을 설파하는 것으로 전락합니다.

오늘날 우리 학교의 비극은 학교가 인간에 대한 철학을 키워 주기보다 순간순간 살아남기 급급한 처세술을 가르치는 것이라고 생각합니다. 제가 고등학생 때 교사들을 그렇게 비난했더랍니다. "학교는 처세술을 가르칠 뿐 철학을 가르치지 않는다"고요. 막상 제가 교사가 되고 나니, 저는 학생들을 철학의 자리에 들어서게 하고 있는가, 학생들에게 인간에 대한 희망을 갖게 하고 있는가 고민이 듭니다. 학급 담임을 맡으면서 어떤 교사는 쉼 없이 학생들을 고릅니다. 좋은 애, 나쁜 애, 그럭저럭 괜찮은 애. 그것은 사실 교사의 인간에 대한 불신과 방어 의식의 귀결입니다. 교사가 그러하듯 마찬가지로 학생들 역시 사람에 대한 질문을 끊임없이 하고 있습니다. 교사의 인식이 서투른 패배의 결정체라면, 학생들의 질문은 성장기에 당연히 생성되는 마땅한 질문이며 성장 체험입니다. 좋은 친구, 나쁜 친구, 믿을 만한 친구, 도무지 감당할 수 없는 친구……. 사람이 뭐냐? 인간은 믿을 만한 존재인가? 인간 일반에 대한 이미지를 구성하고 논리를 만들어 갑니다.

교사는 의식하지 못하지만, 학생들에게 학교는 가정이라는 사적 공간을 나와서 처음으로 접하는 공적 공간입니다. 이런 공적 공간에서, 우연히 스치고 지나가는 인연들 속에서 인간에 대한 철학을 어떤 형태이든, 어느 수준이든 가꾸게 되며 또 그것은 매우 중요한 인간 성장의 근거가 됩니다. 그것이 바로 학생이 서 있는 배움의 자리이고, 교사는 자신의 교육 활동에서 그 부분을 제대로 주목할 수 있어야 한다고 생각합니다.

학교 혁신에 대한 담론도 결국 학교가 인간에 대한 불신과 절망의 자리, 인간에 대한 처세술을 배우는 자리가 아닌, 인간에 대한 보편적인 확신과 희망의 체험장, 배움터가 되어야 한다는 문제의식과 만나야 한다고 생각합니다.

오늘 우리가 이야기하고자 하는 '시민교육', '학생 사회' 역시 신분과 차별의 역사를 끝내고 공공의 가치를 중심으로 서로 협력하는 공적 프렌드십의 이야기입니다. 그게 신영복 선생님이 말씀하신 "가르친다는 것은 다만 희망에 대하여 이야기하는 것이다"의 의미라고 여기며 교육의 알파와 오메가로 받아들여야 한다고 생각합니다.

1989년의 고등학생운동

저는 이 강좌의 표제어로 붙여진 '불온한 교사'라는 단어가 참 좋습니다. 저는 교직에 들어올 때 전교조, 교사운동을 만나서 교사들과 어떻게 협력할 것인가를 고민할 수 있었는데, 그것은 분명 행운입니다.

선배 교사들, 특히 1985년도 이전 즉 '민중교육지 사건'과 같은 교사운동의 단초적 사건이 생기기 전에는, 교사들이 교사들과 협력한다고 생각하기보다는, 대체로 학교라는 공간에 숨어들어 가서 게릴라전을 하는 거예요. 이를테면 정규전에 대한 전망이 전혀 없는 것이죠. 낮에는 학교에서 학생들과 만나면서 최소한 자신의 양심 속에서 할 수 있는 만큼을 하고, 저녁에는 야학이라든가 치열한 삶의 현장으로 가서 열악한 민중들의 삶 속에서 내가 무엇을 도울 수 있을까를 고민하고 실천했던 것 같습니다. 그게 1970~1980년대 뜻있는 선배 교사들의 모습이었던 것 같아요.

저는 1989년에 교직에 들어왔기에 교사들과 협력하는, 노동조합과 같은 교사 대중 조직을 결성하면서 함께 역사를 만들어 가는 꿈을 품을 수 있었습니다. 캄캄하고 어두웠던 시대를 지나 6월항쟁 이후 비로소 가시화된 꿈이었지요. 이를테면 정규전을 꿈꾼 것이겠지요. 정치권력의 도구이자 로봇 제조 시스템 같은 교육 제도를 인간적인 교육 제도로 만들 수 있지 않을까 하는 꿈, 그러한 희망이 꽃피던 시기가 제가 교직에 들어왔던 1980년대 말이었습니다.

그런데 한편으로는 고민의 범위가 너무 넓었어요. 학교 권력, 교육 권력을 바꿔야겠다는 희망의 범위는 너무 파고가 높아서, 파도에 휘말려서 안에 들어가 있을 때는 보이지 않았어요. 근본적으로 학교를 변화시켜야 한다는 열망 때문에 학교 현장의 모든 것들의 옳고 그

름에 대해 촉각을 곤두세우기도 했지요. 게릴라전 같으면 필요에 따라 버릴 것은 버리고 우선 시급한 것들을 취하는 신축성과 기동성이 가능했을 것입니다. 학교는 어차피 버림받은 공간이고 지금 당장 무슨 학교 변화에 대한 전면적인 설계도를 내놓고 심판받을 때가 아니니까요. 하지만 막 시작한 정규전은 불타오르는 뜨거운 변화의 에너지를 바탕으로 천차만별의 교사들 속에서 다양한 팀워크를 만들어야 했습니다. 설계도도 분명해야 했고, 끌어안고 함께 가야 할 대중의 모습은 참으로 다양한 것이 노동조합운동이었습니다. 인간으로서 저 자신을 단련시켜야 하는 득도의 체험장이었지요. (웃음) 그 고민의 범위가 너무 높아서 부담이 컸어요. 그러다 보면, 교사운동이 책임지는 범위가 너무 넓으니까, 소소한 것, 본질적인 것은 놓치기도 하고, 어느 순간은 오히려 교사대중운동 속에서 기능화되는 편리함의 유혹도 항상 있었습니다.

저는 사범대를 다니면서도 교사가 되겠다는 꿈을 갖기 힘들었습니다. 시대를 잘 만나서 수업도 안 들어가고 학점도 안 좋았지요. 그런 제가 교직에 들어간 것은 기적이죠. 1.87이라는 학점을 가지고서요. (웃음) 그 기적은, 87년, 88년이 주는 시대의 기적이에요. 어제 마침 〈1987〉 영화를 보았습니다만 그때의 분위기를 상상한다면 제 말이 무슨 말인지 이해할 수 있을 것입니다. 저는 전라도 광주의 살레시오 고등학교에서 교직 생활을 처음 시작했습니다. 후배의 강권에 못 이겨 사립 학교에 그냥 원서를 냈지요. 그런데 학교에서 진지하게 검토하는 거예요. 면접에서 "왜 이렇게 학점이 안 좋은 거냐?"라는 질문을 던지면서까지요. 수업 실연을 마치고서 교무실 한편에 대기하고 있었는데, 제 수업의 평가자였던 50대 중반의 교사가 다가와서 "요즘 같은 세상에는 자네 같은 사람이 교사를 해야 돼"라고 말씀하시는 겁니다. 저의 수업은 당시 제 느낌에도 매우 거칠었고 상당히 진보적인 메시지를 도전적으로 노출하고 있었습니다. 그래서 저는 그분이 나름 진보적인 교사인가 보다고 짐작했습니다. 그런데 이후 취직이 되어 노조를 결성하고 해직되는 과정에서 겪어 보니 매우 보수적인 분이었습니다. 그렇게 보수적인 분도 그런 생각을 내뱉게 하는 혁명적인 시대였지요. 단지 전두환 정권이 물러나고 좀 더 새로운 민주 권력이 들어서는 정도가 아니라 세상이 확 뒤집어질 것 같은 혁명적 에너지가 발동하던 시기였습니다. 1985년 민중교육지 사건부터 1990년대 초반 전교조 건설기까지 쏟아진 교육운동의 광범위하고 근본적인 고민의 범주들을 돌이켜 떠올리면 30여 년이 지난 지금 우리들의 교육 담론은 너무 협소해진 것 아닌지 아쉬운 마음입니다. 당시 교육 관련 출판물도 엄청 쏟아졌지요. 더 누적되고 성숙되어 다음 단계로 넘어갔어야 하는데 어찌 보면 너무 지체된 느낌이기도 하고, 어쩌면 많은 부분에서 입을 다물고 또는 여기저기 뿔뿔이 흩어진 느낌이기도 합니다.

1987년 무렵은 ― 제가 군 생활을 마치고 대학에 복학하던 때입니다 ― 경기 파주여종고, 동두천여상, 서울 시내의 정화여상, 양정고, 인천 명신고 등의 고등학생들이 대학 캠퍼스를 많이 드나들었어요. 사학 민주화 투쟁도 하고, 고등학생들도 입시 교육의 질곡에서 벗어나려는 몸부림을 하면서 변화의 열기를 쫓아 움직이던 시기였지요. 저는 복학하고서 뭘 할 것인지 고민했는데, 그때 고등학생들을 만난 것이 저의 실천 운동의 선택지가 되었습니다. 곳곳의 학교에서 벌어지는 싸움들을 제가 나서서 특별히 도운 것은 없습니다. 단지 그 학생들이 쓴 유인물을 대학생들에게 전해 주고, 학내에 붙이면서 알리는 정도였지요. 어쩌다 한 번 모금함을 돌려서 전달했던 것 같기도 하고요.

그 시기 학생들의 투쟁, 그리고 그 과정에서 학생들의 변화가 많이 기억이 나요. 평범한 학생들의 몸부림이었지요. 예를 들어 정화여상에서는 교사들이 먼저 사학 비리 척결과 학교 민주화를 외치며 농성을 시작했는데, 이러한 교사들을 지지하면서 학생들의 농성이 시작됩니다. 그런데 막상 학생들의 농성이 커지니까 두려움과 책임 때문에 교사들 사이에 논쟁이 벌어지고 결국 교사들은 싸움을 접게 됩니다. 그런데 학생들은 싸움을 그만두지 못해요. 교사들이 제기한 내용들은 곧 학생들의 일상의, 삶의 문제였거든요. 그것을 학생들은 너무 잘 알기 때문에, 아무것도 변한 것도 없고 얻은 것도 없는 싸움을 끝낼 수가 없었던 거예요. 그렇게 싸움이 200여 일 가깝게 이어집니다. 학생들은 투쟁을 하면서 서로 다투고 울기도 하고, 논쟁도 하고, 자기 자신의 문제에 부딪히면서 시대를 바라보는 시선도 깊어졌습니다. 자기 문제가 아니었다면 그런 고민이 시작될 리 없었겠지요. 내 삶의 자리, 학교라는 공간에서 학교교육이 바뀌고 사학의 비리가 없어지길 고민하는 마음에서부터 세상의 변화를 바라보는 시선도 크게 열렸던 거죠. 2012년 대통령 후보로 출마했던 기륭전자 노조위원장 김소연 씨는 당시의 정화여상 투쟁을 통해 성장한 대표적인 고운(고등학생운동) 활동가입니다.

저는 당시 중·고등학생운동(중·고등학생이 삶의 모순을 스스로 깨닫고 스스로 해결을 모색하며 실천하는 집단적 노력)의 구체적 광경을 목격하였던 것이며, 새로운 운동의 가능성과 그것의 의미에 대해 온 신경을 곤두세우고 있었습니다. 오늘 우리가 나눌 이야기도 바로 이런 중·고등학생운동 체험에 근거하여 학생 자치, 학교 민주주의, 시민교육 등과의 관련성을 살피고 교사의 교육 실천의 논리로서 검토, 상상해 보았으면 하는 것입니다. 1989년에 전교조 결성 때 많은 학생들이 행동에 나섰어요. 서울뿐만 아니라 광주에서도 수만 명의 학생들이 나왔어요. 광주에서는 교사들이 128명 해직되었는데, 참교육운동 과정에서 퇴학이나 무기정학을 당하고, 감옥에 구속된 학생들도 있었습니다. 광고협(광주지역고등학생협의회)의 집회에는 수만 명의 학생들이 참여하기도 하였지요. 30만여 명이 참여한 1925년의 어린이날 집회를 상상하기 어렵듯이 지금 교사들이 중·고등학생 1~2만 명이 모인 집회를 상상하기란 참 어려운 일입니다. 교직 첫해 6개월 만에 학교에서 해고되었지만 그때 직접 교실에 들어가지도 않았던 살레시오고 2학년들과의 관계가 지금까지 계속 이어집니다. 그 학생들에게 저는 그런 고백을 합니다. "당신들은 근대 교육 백 년 역사에 한 번 있을까 말까 한, 지각의 변화를 직접 체험한 학생들이다."

밤늦게까지 보충, 자율 학습을 하는 요즘의 보통 고등학생들이 고3 들어갈 때쯤 상담하고 싶다며 다가와서 하는 말이 "왜 사는지 모르겠어요"입니다. 말은 짧지만 바늘로 찌르면 어느 곳이나 눈물이 튀어나올 것 같은 표정입니다. 논리적인 고민이 아니라 몸으로 누적된 진통을 터트리는 거죠. '사는 게 뭐야', '학교가 뭔데'라는 질문이 마음속에서 마구 치받고 있는 겁니다. 이런 고민은 어쩌면 모두의 고민이면서도 스스로는 굉장히 외롭게 진행됩니다.

하지만 당시 제가 만난 고등학생들은 '참교육이 뭐냐', '왜 교사들이 잘리는 거냐'를 고민했습니다. 그리고 '이 싸움은 선생님들을 위한 싸움이 아니라 우리를 위한 싸움이다'라고 단호히 규정하면서 교육 문제를 자신의 삶의 문제처럼 받아안고 함께 고민했습니다. 한참 공부했을 고3 시기에 참교육을 외치며 열렬히 싸우다가 늦게서야 대학을 가거나 인생이 전혀 달라진 친구들도 있습니다. 그래서 나중에 교사들이 복직하고 전교조가 합법화된 후에도 교육이 크게 달라지지 않은 것을 바라보며 많은 배신감을 토로하는 경우도 종종 접하였습니다.

1988년쯤 '서울지역 사범대학학생회협의회'가 막 생겼는데 저는 그 단체의 지원을 받아 중·고등학생 대상 계절학교를 했습니다. '청소년여름나눔터'라고, 약 400~500여 명 정도가 모였어요. 겨울에는 '중·고등학생 자주학교'를 했지요. 학생들은 이런 행사들을 통해 교양을 쌓을 뿐만 아니라 그들 또래 선후배들과 교류하고 결코 외롭지 않게, 학교에 대한 당당한 비판 의식들을 갖추어 나갈 수 있었습니다. 참여했던 학생들 중에 지금은 교사가 된 이들도 있습니다. 그 행사 때문에 저는 해직 후 다시 공안 경찰에 구속되는 어려움을 겪었습니다. '중·고등학생 자주학교'에서 만든 교재를 문제 삼았어요. 이적 표현물을 제작, 배포했다는 것이지요. 해직은 전교조 결성으로 인한 것이었으나 구속 사유는 〈국가보안법〉 위반이었습니다. 당시 학생들이 학교 밖으로 뛰쳐나와 투쟁한 것들을 두고 뭔가 불순한 음모가 개입돼 있음을 사회적으로 보여 주기 위해 당시 치안본부 대공팀이 터트린 기획 사건이었습니다.

구속 후 4개월여 만에 집행 유예로 나왔는데, 그 후에도 학생들을 대상으로 한 다양한 프로그램을 많이 했습니다. 해직 기간에도 그렇고, 복직되고 나서도 학생 사업에만 오로지 힘을 쏟았던 것 같아요. 저는 전교조 활동가들 중에서도 학생 사업에만 꾸준히 매달린 굉장히 희소한 경우죠.

그때 저는 '학교가 뒤집어졌으면 좋겠다'고 변화를 열망하며 실천했던 지역의 고등학생들을 만나게 되었습니다. 지금도 그 친구들을 만나고 있습니다. 아까 말씀드린 것처럼 근대 백 년의 공교육 역사에서 한 번 있을까 말까 한 세대입니다. 과거 1964년 6.3항쟁(한-일 협정 반대 시위), 1975~1976년의 광주일고 학생들의 반유신 투쟁 등 고등학생들이 사회 민주화에 대해 목소리를 내는 경우는 꾸준히 있었습니다. 하지만 1987~1991년 시기는 참교육과 학생의 권리, 학교의 민주주의를 고민했다는 점에서 그 전과는 다른 차원의 의식의 각성이 진행된 시기였다고 기억합니다.

당시 중·고등학생운동은 1995년경까지도 활동들을 이어 가고 있었습니다. 1987년까지는 전체 학생에게 투표권을 부여하는 직선제 학생회 쟁취 운동이 대세였어요. 1988년, 1989년 그 당시는 학교에, 공식적으로는 학생회 예산이 있었어요. 학생 수업료의 일부분이 공식 학생회 예산으로 책정되어 있고, 학생회 담당 교사가 학생회비를 집행하기 위해선 학생회장에게 결재 도장을 받아야 하는 시기였지요. 물론 그 예산이 잘못 전용되는 사례도 많았습니다. 하지만 지금은 그때보다도 더 퇴보했습니다. 교육부에서 학교 개혁 이야기를 하면서 학생회 예산을 배치, 운영하도록 하겠다 언급한 적이 있습니다. 사실 이미 가지고 있었던 것을 빼앗아 간 것인데 그걸 돌려주는 것을 개혁이라 말하는 것은 우습지요. 그때에 비해서 지금은 학생회 조직 자체가 많이 무너져 버렸죠. 겉으로는 선거도 하고 조직표도 그려지지만 실질적인 자치 활동은 거의 이루어지지 않고 객관적인 토양도 너무 안 좋습니다. 입시 문제 등 여러 요소들에 대한 해석과 검토가 필요하지만 중·고등학생의 자치 능력과 운동성을 기준으로 할 때 지금의 분위기는 너무도 열악합니다.

학생과의 만남의 끈을 놓지 않아야 한다

교사들도 마찬가지예요. 전교조 결성 초기에 전국 교사들과 네트워크를 꾸렸는데요, 학생 자치 연수에 참가한 교사들이 참 귀하고, 소중했습니다. 흔히 '참교육'이라고 하지만 그 범주가 엄청 넓잖아요. 각각의 교과 교육에서부터 사회적으로 주목받는 환경, 성평등, 통일과 다양한 문예 영역에 이르기까지 전교조 조합원들의 관심은 다양하게 펼쳐집니다. 그런데 그 가운데서 학생 자치, 학생회, 학생 동아리 활동 등에 관심을 갖고 오는 분들이란 정말 귀하지 않을 수 없습니다.

한번 상상해 보세요. 예를 들어 학교 현장에서 통일교육을 하겠다면 온/오프가 가능해요. 제도화된 수업 속에서 통일교육 실천을 상상할 때가 많으니까요. 그런데 학생 자치, 그러니까 학생회 활동이나 동아리 활동을 지원하고 그것을 통해 학생들과 친분을 맺으려는 교사들에게는 외로운 판단과 외로운 실천이 기다리고 있습니다. 활동의 대부분은 교사들과 어울리는 게 아니라 학생들과 일상에서 만나는 것이지요. 근무 시간 또는 그 이후의 방과 후 시간을 학생들에게 내놓는 거예요.

처음 교직에 들어설 때 저는 '일주일에 한 번은 교사들과 모임을 갖겠다'고 생각했답니다. 얼마간 세월이 지난 후 '나는 왜 학생들과 일상에서 만날 시간에 대해서는 예정하고 비워 두지 않은 걸까?' 하는 의문이 들더군요. 교사를 꿈꾸고, 교육자를 꿈꾼다면 자기의 라이프 스타일 자체가 학생 친화적이어야겠죠. 학생들과 감성적으로 호흡하고 학생의 내면세계가 늘 자신의 삶의 자취에 닿아 있어야 하는 것 아닌가요? 그런데 통상 우리가 생각하는 교사는 수업을 잘하는 교사이지, 학생들과 잘 만나는 교사는 아닙니다. 수업 시간에는 학생들을 쥐었다 폈다 하며 기가 막히게 만나는데, 수업이 끝나고 복도에서 만나는 학생들과는 1분을 눈 맞추는 것도 힘들어합니다. 이야기 나누는 것을 감당하지 못하니 피하게 되고요. 교사는 그걸 안 해도 괜찮은 사람으로 면제되는 거예요. 교사는 학생보다 높은 사람이거나 학생과는 다른 세계의 사람이거나 또는 학생은 그저 교사의 직무 대상에 불과하니까요. 수업을 할 뿐 학생과 관계를 맺지 않습니다.

이렇듯 교단에서 경험하는 교사의 삶은 학생들과의 관계 자체가 편리하게 제도화되어 있어요. 쉼 없는 일상의 관계라기보다는 편하게 온/오프가 가능한 삶인 거죠. 그런데 그게 정말 교사의 삶일까요? 그게 교육을 삶으로 숨쉬는, 삶으로 실천하는 사람의 모습일까요? 교사들과는 일주일에 한 번 만나는 게 꼭 필요하다고 생각한다면 학생들과의 만남을 위해서도 그 정도의 시간을 비워 두는 각오를 하는 것이 타당할 것입니다. 교육운동으로서 교사운동의 삶을 설계한다면 말입니다. 거기서부터 교육, 교직자, 교육자라는 것에 대한 고민의 단초가 시작되는 것 같아요. 나는 교육자이고 싶은가? 교직에서 교육을 체험하고 고민하면서, 교육에 대해서 지역 사회에 표현하고 이야기할 수 있는 중계자가 될 수 있는가? 이걸 꿈꾸는 것은, 학교 교사로서 성실하게 좋은 교사가 되는 것과는 다른 차원일 수 있을 것 같아요. 어떻게 생각하면 학교, 교사라는 자리는 내가 교육자로 성장할 수 있게 하는 유리한 진지예요. 교사만 교육자는 아니잖아요.

저는 2000년 즈음에 '학생생활연구회'라는 조직을 통해 참교육운동을 활발히 하고 있었습니다. 당시 '교육 기행'이라는 프로그램을 진행했어요. 꼭 학교를 찾아가는 것만이 아니라, 환경운동이든 농촌운동이든 우리 시대의 인간과 인간의 관계 맺음과 성장에 대해서 고민하는 분들을 만났습니다. 전남 강진 남녘교회의 임의진 목사, 영광 여성의전화 이태옥 선생, 생명농법의 길을 여신 승주의 한원식 선생 등을 만나 인간에 대한 고민들을 나누었습니다. 교육에 대한 생각, 교육 사상, 교육 얼은 학교 안에만 있는 것은 아니지요. 우리 시대 인간 문제에 대해 나름 해법을 찾으신 분들, 많은 사람들이 모범으로 삼고 공감하는 것들을 학교가 끌어안을 수 있으면 좋겠습니다. 참된 교육은 교사와 학생의 관계 맺음으로만 앵글이 좁혀지기보다는 학생들이 시대의 스승들과 호흡할 수 있도록 교사의 삶과 사상의 지향이 그 교량 역할을 하는 것입니다. 뒤집어 교사는 다시 학생의 삶과 성장, 그 내면의 역동성을 주목하고 기다리는 자이니까요.

처음에 말씀드린 것처럼 학교라는 공간에서 교사들은 비정규전, 게릴라전을 하고 있는데, 이 게릴라전의 핵심은 교사가 학생과의 만남의 고리를 놓지 않는 거죠. 요즘 제가 학생들과 그렇게 지내고 있지 못해서 한편으로 자기 검열도 되지만, 그게 부끄럽지 않은 꿈이라고 생각해요.

교사가 교사와의 만남을 당연시하면서 학생과의 만남을 일상으로 끌어안지 않는 것은 교육이 삶으로부터 일탈하는 위험을 초래합니다. 모든 문제가 관련되어 있습니다. 이를테면 열심히 노력하는 교사들에게도 흔히 발견되는 병리인데요, 교육을 삶으로 바라보고 삶에서 출발하는 교육이 아닌 교실 속 교육으로 한정하여 생각하는 버릇이지요. 가령 성평등교육운동을 한다고 하면서 성평등의 삶을 궁리하고 함께 나누기보다는 성평등 수업만을 고민하는 버릇입니다. 학생은 교사의 가르침을 어떻게 삶으로 옮길 수 있을까 고민하고 있는데, 정작 교사는 수업에서 입증할 수 있는 합리성과 철학만을 책임지려 한다면 학생은 공감하기 어려울 것입니다. 학생이 바라보는 교사의 정체성은 교사의 삶입니다. 성평등교육 이전에 성평등한 삶을 살면 학생은 비로소 삶을 고민합니다. 성평등운동의 삶을 살면 성평등교육은 앞서거니

뒤서거니 일상에서 빛을 발합니다.

우리 공교육은 교사-학생의 관계 맺음을 너무 간편하게 해소하고 있는 것 아닌지 생각합니다. 정확히 표현하자면, 교육과정을 실현하는 교사공동체를 뒷받침하기 위해 학교 행정, 교육 행정이 작동해야 하는 것이지요. 그 점에서 교사운동, 전교조운동도 우리에게 적절한 방향 제시를 하고 있는지 의문입니다. 참교육운동이 교육운동에서 출발하기보다는 수업을 잘하는 교사의 직무적 탁월함에 대한 고민에 뿌리가 있기 때문에 교육자로서 교사의 삶을 그려 내는 데 소극적이거나 실패하고 있는 것 아닌가 생각해 봅니다.

불온한 교사를 꿈꾸는 자리이기에 좀 더 편안히 말씀드리는데요, 불온한 교사의 정체성을 학생들의 성장을 주목하고 학생들의 정치력이 커 나가도록 뒷받침하는 교육자의 삶에서 찾을 수 있었으면 합니다. 그래서 우리는 여전히 게릴라일 것입니다.

공교육은 시민을 기르는 교육

공교육을 시민 양성 교육이라고 하는데, 시민교육이라는 표현에는 다양한 결이 있어요. 워낙 여러 의미로 쓰이거든요. 이것에 대한 구분도 못 해 내요. 자기가 아는 이야기를 기준으로 각자의 프레임에 갇혀서 처음에는 같은 의미라 생각하며 '시민교육'을 사용합니다만 조금 시간이 지나면 상대에게는 '시민교육'이 다른 의미로 사용되고 있음을 알게 되지요. 그래서 제가 시민교육이 사용되는 다양한 결을 분류해 보았습니다. 먼저 '민주시민교육'이라는 표현이 있죠. 우리가 쓰기도 했고, 정부 쪽에서 쓰기도 했어요. 1980년대 중후반 한국정신문화연구원이라는 연구소 쪽에서 대형 프로젝트로 진행하면서 확산되었지요. 민주시민교육 프로젝트를 오래 지속하고 있는 곳은 중앙선거관리위원회입니다. 선관위에서 민주시민교육 연수를 하죠. 여기에서 말하는 민주시민교육은 헌법을 이해하고 지켜 낼 수 있는 공공적 시민이 아니라 민주주의라는 정치 체제를 잘 활용할 줄 아는 국민을 길러내는 교육이죠. 민주시민교육이라는 표현 자체는 민주주의라는 정치체제+시민이죠. 그러면 민주시민교육이 아닌 '시민교육'은 어떤 차이가 있는 걸까요? 양성평등교육과 성평등교육/페미니즘교육의 차이를 생각하면 이해하실 듯합니다. 하나는 뭔가 순치된 표현이고 다른 하나는 일정 정도 야생野生이지요.

프랑스혁명은 공교육의 역사에서 아주 중요한 사건이죠. 절대주의 국가를 벗어나면서 근대 산업혁명과 맞물리고, 자본주의가 자리를 잡아 갈 때 시민혁명이 터지고, 그러면서 공교육이 출발합니다. 프랑스혁명기에 루소나 볼테르, 디드로 같은 계몽주의 사상가들에게 일반화된 유행은 학교, 공교육에 대한 상상력이었어요. 이들이 생각하는 공교육은, 산업혁명기 야만적인 도시의 부랑 청소년 문제를 해결하고자 하는 목적 또는 노동운동의 성장에 따라 공교육이 부상한 영국의 상상력과는 전혀 다른 차원이었습니다. 프랑스혁명기 혁명가들이 생각했던 공교육은 그야말로 혁명의 성패를 건 것이었어요. 프랑스에서 공교육의 역할은 혁명을 무너뜨리고 다시 구체제로 복귀하지 않게끔 하는 혁명의 지속성의 핵심적 진지였습니다. 부모의 신분과 상관없이 모든 사람에게 동등하게 자기 성장의 기회를 주는 기회 균등의 논리, 그것이 바로 혁명기의 공교육 사상이었죠. 부모의 신분, 부모의 재산과 상관없이 기회를 균등하게 제공하는 것이 어떻게 가능할까요? 그것은 매우 절실한 문제이지만 그것을 어떻게 현실화시킬 수 있을 것인가는 혁명기의 지롱드당이나 자코뱅당에게는 매우 중요한 고민이었습니다. 이를테면, 11세까지 프랑스의 모든 아이들은 똑같은 의복과 식사, 교육으로 평등한 대우를 받는 국가의 국민학사에서 국가의 책임으로 양육하자는 것이 자코뱅당의 르페르티에 공교육 법안입니다.* 그 속에서 시민으로서 공동의 양육을 받는 거죠. 프랑스 국민을 양성하는 교육권은 사적 권한이 아니라 국가의 공적 권리라고 주장합니다.

프랑스혁명의 지도자 당통은 '나 역시 아버지이지만 아이는 나에게 속해 있지 않고 공화국에 속해 있다. 모든 것이 가정교육 아래에서는 편협해지지만 공교육 아래서는 발전한다'고 이야기하면서 혁명의 성공을 위해서 공교육의 역할을 절대시합니다. 당시 입법의회나 국민공회의 의사록에는 혁명기 공교육을 어떻게 현실화할 것인지, 제도 및 재정에 대한 엄청난 양의 토론 기록들이 담겨 있습니다. 이후 부침을 거듭하지만 100여 년의 과정을 통해서, 프랑스혁명기의 공교육 사상이 프랑스라는 국가 체제를 구성하는 핵심 틀로 자리 잡습니다.

국가가 주도하는 공교육 체제로는 앞서 있던 독일조차도 국가주의

---

* 우메네 사토루, 김정환·심성보 옮김(1990), 《세계교육사》, 풀빛, 379~380쪽.

라는 봉건 체제의 구태의연함을 벗어나기 위하여 프랑스의 공교육 사상을 적극 받아들이게 됩니다. 혁명을 위해서든 혁명을 예방하기 위해서든 이후 근대 국가의 역할로서 공교육은 중요시됩니다. 공교육은 국가 제도가 국민에게 내리는 혜택이 아닙니다. 근대 국가가 국가 체계의 기본이 되는 자유·평등 이념을 책임지기 위해 불가피하게 요청되는 시스템으로서 공교육이 필요했던 것입니다. 이런 맥락에서 공교육은 무상 교육 이전에 의무 교육입니다.

공교육과 관련한 근대의 입법 체계의 계보가 있는데, 독일 교육법이 일본에 영향을 미치고 또 일본의 것은 대한민국의 교육법 제정 과정에 영향을 미칩니다. 즉 우리의 교육법은 독일과 일본의 교육법 체계의 영향을 받은 것인데요, 그래서 우리 〈교육기본법〉 2조는 대한민국의 공교육 이념을 언급하면서 홍익인간의 가치 아래 "인격 도야, 자주적 삶의 능력, 민주 시민 양성"을 목적으로 제시합니다.

〈교육기본법〉

제2조(교육이념)

교육은 홍익인간弘益人間의 이념 아래 모든 국민으로 하여금 인격을 도야陶冶하고 자주적 생활 능력과 민주 시민으로서 필요한 자질을 갖추게 함으로써 인간다운 삶을 영위하게 하고 민주 국가의 발전과 인류공영人類共榮의 이상을 실현하는 데에 이바지하게 함을 목적으로 한다.

문장 구성으로는 세 가지의 목적과 세 가지의 기대 효과를 서술한 것입니다만 프랑스-독일-일본으로 이어지는 대륙법 체계의 흐름으로 볼 때 저는 〈교육기본법〉 제2조의 핵심을 '시민의 양성'에 있다고 판단합니다. 그렇다면 여기서 언급하는 '시민'은 과연 무엇을 말하는 것인지 궁금해집니다. 그게 뭐라고 프랑스혁명이나 이후 공교육의 사상가들은 시민을 그토록 애지중지한 것일까요? 프랑스혁명의 지도자 탈레랑의 의회 연설 한 대목을 소개해 보겠습니다.

　　국왕의 권력을 제한했던 신헌법은 모든 민중을 정치가로 만들었습니다. 만약 적절한 교육의 힘에 의해서 헌법이 국민의 피 속으로 흘러들어와 활용되지 못한다면 그것은 불임의 헌법으로 사문화되어 버릴 것입니다. 여러분은 국왕에게 집행권만을 남겨 두고 입법권을 갖게 되었습니다. 이렇게 해서 국민의 수중에 되돌아온 일반의지는 올바른 의지로 되지 않으면 안 됩니다. 그것이 올바른 의지가 되기 위해서는 계몽되고 교육된 의지여야만 합니다.

　　여러분은 민중에게 권력을 부여했습니다. 따라서 오늘 여러분은 민중을 교육하여 현명하게 만들 의무가 있습니다. 짐승처럼 몽매한 힘을 그대로 해방하여 자유롭게 해 도대체 어떻게 하자는 것입니까? 교육은 자유의 평형추입니다. 그러기에 법률은 금일 이후 민중에 의해 만들어지지만 그것은 결코 우매한 군중의 왁자지껄한 소란에 맡겨 버려서는 안 됩니다.*

---

* 우메네 사토루(1990), 앞의 책, 376쪽.

프랑스 공교육 역사의 한 페이지인데요, 그야말로 계몽적인 느낌이 강하게 묻어나오죠. 이 당시 공교육 사상가들에게 우리가 공통으로 발견하는 것은 이성에 대한 광범위하고 보편적인 신뢰입니다. 모든 사람들에게, 노예의 자식이라도 자기의 이성을 계발할 기회를 주면 공공의 가치를 깨닫고 협력하며 그 가치를 지켜 내는 사람이 될 수 있다는, 인간의 이성에 대한 적극적이고 낭만적인 신뢰가 느껴집니다. 그래서 공교육은 당연히 시민을 양성하는 교육이었습니다. 어떤 이들은 학교가 인성 교육을 책임져야 한다고 말합니다. 학교가 인성을 책임질 수 있는 건가요? 인성의 범위도 애매하지만, 한국 교육이 입시 교육에 주도되다 보니까 사람들은 입시 교육의 폐단과 거리가 있는 것을 죄다 인성 교육이라고 말하곤 합니다. 시민교육도 인성 교육에 포함되는 것처럼 말하고요. 하지만 지금 우리는 인성 교육에 대해 비판적으로 거리 두기를 하고 있습니다. 그것은 인성 교육이 교육이 지향하는 가치를 언급할 뿐 공교육의 총체적 목표와 작동 시스템을 언급하는 것에 한참 미달하다고 보기 때문입니다. 더구나 인성 교육은 종종 봉건적이고 파시즘적인 교육 방법을 동원해서라도 학생을 훈육해야 한다고 말하지요. 엄격한 상하 관계로서 교사의 훈계나 체벌을 상정할 때에 인성 교육의 정체성은 입시 경쟁 교육의 폐단을 치우고 감추는 역할에 멈출 것입니다. 개혁의 미래는 없고 결국에는 입시 경쟁 교육을 유지하는 수단으로 기능하겠지요.

공교육이 책임져야 하는 것은 인성이 아니고 시민입니다. 특권층의 횡포에 맞서 공공의 가치를 가꾸고 이를 책임 있게 방어하기 위해 협력하는 시민을 양성하는 것이 공교육의 존재 이유이고 목표입니다. 국가가 국민의 세금으로 지불하고 책임져야 하는, 국가다운 국가 그 자체를 만드는 작업입니다. 우리 헌법이나 〈교육기본법〉 역시 공교육의 이념과 목적을 분명히 명시하고 있습니다. 그런데 역시나 우리는 아직 법치 국가가 아닌 걸까요? 현실이 법보다 훨씬 뒤처져 있는 경우가 많습니다. 성평등에 대한 법 규정은 제헌 헌법 때부터 있었는데 현실은 아니잖아요. 경찰이 법을 집행하는 사람으로 있는 게 아니라 관습을 지키는 사람으로서 있죠. 예를 들어 가정 폭력을 당해서 신고한 여성에게 "부부 간의 싸움을 가지고 왜 여기 와서 그래" 하면서 돌려보내잖아요. 법 중에 허울 좋은 법들이 많고, 그 실효성을 발하는 현실이 아닐 때에 입법가들은 값싼 인심을 발휘하는 것 아닌가 의구심이 듭니다. 어차피 있어 봐야 현실화되지 않을 것을 알면서 별 부담을 갖지 않고서 그냥 전시적 법 문구로 남용하는 것 아닌가 말입니다.

학생회 예산도 비슷한 경우입니다. 학생회가 활발하게 작동하지 않은 것을 악용해서 교육부 장관이나 교육감들이 "학생회 예산을 주겠다"고 그냥 쉽게 말뿐인 호의를 베풀고 있는 것 아닌가요? 학교 현장에서 실제로 학생회가 강력한 정치력을 가지고 학생들의 단결의 구심으로 작동하면 그런 정책들을 쉽게 언급할 수 있을는지 저는 괜스레 의심합니다. 공교육의 목적에 대한 법 규정도 마찬가지입니다. 이미 법으로는 시민교육을 공교육의 목적으로 규정하고 있는데 사문화된 법처럼 현실은 그냥 입시 교육이지요. 공교육의 현실에서 어떤 교사가 자신이 시민 양성을 위해 교사로 부름을 받았다고 생각할까요? 초등 교사들은 초등 교사 양성 과정에서 배운 대로 가르치고, 중등 교사들은 자기 교과만 잘 가르치면 된다고 생각하며 우리의 학교 현실에서 교사들은 헌법과 나를 고용한 법적 근거에 대해서 매우 자유롭습니다. 행정가도 마찬가지고요. 사실은 교육운동가도 마찬가지예요. 시민교육이 법에 담겨 있으면 그 법을 지키라고 요구하는 것이 적절한 사회적 운동이라고 생각합니다. 예를 들면, 서울시교육청의 2018년도 업무 세부 계획을 가지고 시민 양성 교육을 요구할 수 있어야 하는 거죠. 그런데 우리 교육에서 시민교육은 그저 슬로건으로 존재할 뿐입니다. 광주시교육청의 경우도 '더불어 살아가는 정의로운 민주 시민 육성'을 교육 지표라고 크게 제시하지만 혁신학교에서는 '질문하는 교실'이 지상 목표이고 이게 시민과 어떤 관계가 있는지 잘 헤아리지 못합니다. 정작 '민주'가 행정부서 명칭인 교육청의 민주시민교육과를 가 보면 가장 중요한 업무가 학교 폭력 예방입니다. 시민운동 진영은 5.18교육이나 환경교육을 해 달라고 애원하는 듯 보입니다. 즉 법에 근거해서 권리를 가지고 요구하는 것이 아니라, 진보 교육감이 들어왔으니 이것도 좀 신경 써야 하는 것 아니냐고 청원하고 있는 거죠. 학부모운동이나 교사운동도 이미 갖추고 있는 법적 근거를 배경으로 자신 있게 교육부나 교육청을 추궁할 수 있었으면 합니다. 전교조도 2000년대 후반에 교육 공공성이라는 표현을 많이 사용했습니다. 그것도 제가 보기에는 너무 우회적인 저자세입니다. 이미 법에는 시민 양성을 규정하고 있는데, 정작 공교육의 교사 노조는 교육 공공성 수준의 이야기를 합니다. 당시 의료나 철도 공공성을 부각하는 사회운동의 테마가 있었는데 아마도 그에 맞추어 교육에도 공공성을 끼워 넣은 듯합니다. 각 시·도의 광역의원들은 교육 자치 관련해서 "우리는 행정·재정·예산 감시는 하겠는데 교육과정은 잘 모르겠다"고 말합니다. 학부모운동 주체들도 마찬가지고요. 결국 한국의 교육운동 주체 스스로가 시민 양성 공교육을 구체화, 현실화하는 것에 대해 전략이 부재하고 지극히 미숙하며 함께 공유하는 바가 너무도 협소하다는 생각입니다. 왜 이렇게 되었을까요? 공교육의 존재 이유와 그 목적으로서 '시민교육'은 의외로 현실 운동에서 사각지대에 있습니다. 그 어떤 시민교육운동도 공교육의 역사와 목적에 대한 투철한 이해에 바탕을 두지 않는다면 날지 못하는 독수리와 똑같을 것입니다.

이야기가 길었습니다. 시민 양성 공교육은 결국 교육과정의 문제가 됩니다. 그런데 이와 관련하여 교과 수업의 목표와 적용 방도를 중심으로 시민교육을 헤아리는 흐름들이 있으며, 또한 학교 생태계 자체가 인권적이고 참여적이며 정치적인 시민 사회의 체험 공간이어야 한다는 점에서 잠재적 교육과정을 중심으로 헤아리는 흐름이 있습니다. 두 가지 모두 놓칠 수 없는 시민교육의 색깔이라 하겠는데 특히 학교 생태계 자체가 시민 사회적 체험 공간이어야 한다는 것은 시민교육의 소프트웨어가 아닌 하드웨어로서 차별성을 가진다는 점에서 매우 중요하고 또 그만큼 소홀히 놓치고 있는 점입니다. 2018년의 학교는 1990년대 6차 교육과정 때의 학급 회의나 동아리 활동과 비교하여 훨씬 열악하다는 지적이 많습니다. 명칭은 '창체(창의적 체험 활동)'라고 하여 현란하지만 학교 현실은 전국의 17개 시·도 공히 숱한 주제

테마 교육으로 뒤범벅되어 있고 고교까지 공교육에서 학급 회의를 제대로 경험하는 것 자체가 매우 어려워진 현실입니다. 교육 정책의 문제도 크지만 여기에는 학교 운영의 시스템이나 교사들의 교육력 자체가 학생 자치 활동을 이해하지도 못하고 감당도 못 하는 절대적 한계 밖의 상황에 내밀려 있다고 보는 것이 올바른 진단일 것입니다. 학교 생태계는 교육 내용의 문제가 아니라 교육 방법의 문제이며, 교사-교사, 교사-학생의 만남의 성격의 기초를 바로잡는 일입니다. 이는 교사 한 개인의 노력보다 학교 전체의 공감과 실천을 통해 축적해 갈 전통의 문제이기도 합니다. 인권·참여·정치적 체험 공간으로서 시민교육은 시민교육 이념을 현실화하는 기본 하드웨어이지만 현실은 이미 '25시'라고 할 만큼 처절하고 암울합니다. 전국의 진보 교육감들의 시민교육에 대한 현실 인식이 지금 어느 지점에 있을지 궁금하기만 합니다. 학교 혁신과 혁신학교 슬로건이 휘날리지만, 학교를 혁신하는 근본 토대로서의 학교 생태계의 시민교육화는 근본 전략이어야 합니다.

학생 사회를 상상하라

오늘 주제가 '학생 사회'잖아요. 그런데 단적으로 말씀드리면, 학교가 사회인 적은 없었습니다. 교무실이 사회인가요? 학교는 사회가 아니라 관료 조직으로 있었을 뿐입니다. 학교 사회가 먼저 있고, 이걸 뒷받침하고 지원하기 위해 행정의 내용이 풍부해진 게 아니라 행정의 필요에 의해서 학교가 만들어지고 관리되는 거죠. 이 차이가 뭘까요.

우리 어린 시절을 생각해 봅시다. "학교에서 내가 배운 것은 교사나 교과서가 아니라 친구를 통해서였다"라고 이야기하잖아요. 학생 사회로서는 굉장히 낮은 수준이라고 말하겠습니다만 그나마 실질적인 배움은 학생과 학생의 만남과 관계의 체험이었다고 말해지는 것을 우리는 주목해야 합니다.

우리가 말하는 시민교육이라는 것도 결국 그런 게 아닐까요. 다양한 학생들이 각자의 자발성을 고양하며 학교라는 공간에서의 만남, 주체적인 관계 맺기를 확장함으로부터 이루어지는 새로운 배움의 가능성 말입니다. 그동안 전교조의 참교육 실천 운동에서는 학급운영 운동이 있습니다. 저는 학생자치운동을 하다가 학급운영운동을 새롭게 제안하며 뛰어들었습니다. 앞에서 잠깐 언급했는데요. 학생 자치를 고민하는 선생님들과 2박 3일 학생 자치 연수를 하면 엄청 뜨겁습니다. 왜냐하면 학교에서 너무 외로웠던 거지요. 학생들과 함께 생활하는 삶의 자리에 같이하는 교사들도 없고 뭔지 모르게 외로움을 운명처럼 받아들이며 실천의 자리를 지켰습니다. 그러다가 같은 실천을 하는 교사들을 만나니 얼마나 반갑겠어요. 지금까지 여러 연수를 진행해 봤는데, 학급 운영, 학생 자치 등의 연수가 가장 뜨거웠어요. 외로운 이들끼리 만나 위로하는 자리……. 영국에는 외로움을 담당하는 장관이 새로 생겼다고 하더군요. (웃음)

교사의 학생 자치 지원에서 가장 난관은 교사들이 학생들을 바라보는 시선입니다. 학생을 통제의 대상으로, 길들임의 대상으로 바라보는 것이죠. 학생이 스스로 성장한다는 개념을 전혀 이해하지 못한 채

학생은 결국 만들어지는 존재라고 생각해요. 교사들이 관념적으로는 통제 중심의 학생관에 대해 거부감을 표시하기도 하지만, 학교의 노동 과정이 그렇게 설계돼 있기 때문에 학생은 통제 대상이어야 하는 것이 현실적이라고 생각하는 것이죠. 또한 학생을 지극히 개인적 존재로 바라보지요. 집단적 어울림 속에서 자신과 갈등하고 집단 속에서 새롭게 형성하는 존재로 학생을 바라보는 것에 익숙하지 않고요, 학생이 집단화되면서 얻는 성장 체험과 학생의 정치성에 대한 상상력 자체를 가지고 있지 않습니다.

결국 학급운영운동에 도전했던 가장 큰 이유는 교사들의 보수적인 학생관에 맞서야 한다고 생각했기 때문입니다. 학생자치운동을 했을 때 교사의 학생관이 본질적으로 문제이고 이걸 넘지 않으면 안 되겠다 생각했는데, 어떻게 대중적으로 접근할 수 있을까 고민할 때 학급 운영이라는 실천 영역이 눈에 띄었습니다. 학생 자치는 아주 극소수의 교사가 관여하지만, 학급 운영은 그래도 대부분의 교사가 하잖아요. 학급 운영 연수를 통해서 교사-학생 관계 설정, 교사가 학생을 바라보는 관점의 변화를 제공하자는 것이 당시 학급운영운동을 제안하는 저의 문제의식이었지요. 이런 문제의식은 1993년 8월 전교조 학급 운영 연수에서 〈현 단계 학급 운영의 과제와 교사운동의 실천 방향〉이라는 제목으로 정리 발표한 바 있습니다. 1988년에서 1993년 시기까지 전교협에서 전교조 결성기 전후의 교사운동이 내놓은 다양한 학급 운영 출판물이나 회보들을 분석하면서 정리한 글이었습니다. 당시의 학급 운영 실천 사례는 아름답지만 한편으론 결정적 문제점을 가지고 있었는데, 학급 운영 사례가 주로 프로그램 소개로 그치고 있다는 점이었습니다. '어떤 프로그램을 하니까 정말 좋았다'는 식이지요. 예를 들어 비빔밥 잔치를 했다거나 모둠 활동을 하거나 모둠 일기를 썼다거나 하는, 그때까지 주로 억압적인 학급 관리 수준과는 다른 다양한 학급 체험을 소개하는 식이죠. 그런데 어느 순간 곤혹스러워진 것은, 초등학교 6학년과 중학교 2학년과 고등학교 1학년 사례 발표가 구분이 안 가는 거예요. 교사가 각각의 발달 단계에 맞는 학생들의 고민과 만나야 하고 프로그램은 교사-학생, 학생-학생의 관계를 좁히는 계기일 텐데, 정작 발표된 사례들은 프로그램만 소개하고 있을 뿐 학생들이 어떻게 성장하고 있는지, 교사는 또 어떻게 발전했는지 등에 대한 이야기가 없는 거예요. 그것은 당시 통용했던 자료 제작 방식의 문제처럼 보일지 모르나 사실은 당시 교사들의 학급 운영에 대한 문제의식의 한계였다고 생각합니다. 참교육 실천에서 학급운영운동은 결국 관리자로서 역할에 치우친 교사의 존재 방식에서 교실의 만남과 학생의 집단성에 대한 성찰을 통해 교육자로서 교사의 존재 방식을 성취하기 위하여 교사들이 집단적으로 도전하는 것입니다. 이것이 제가 학급 운영 연수를 운영했던 고민의 중심이었습니다.

교사로서 우리의 위기는 학생들에 대한 관리자로서 역할에 치우치다 보니 학생들의 삶을 보고하고 해석, 비평하는 교육 담론의 발화 주체로서 역할을 상실하고 있다는 것입니다. 아침 방송 시간 교육 관련 프로그램을 보노라면 교사는 현장의 상황을 확인해 주는 증언자로 나올 뿐 대학 교수나 상담 전문가가 해석하고 진단을 내립니다. 상담 전문가니 대학 교수니 하는 사람들이 어떻게 현장을 알겠어요. 그런데 사회적으로 교사는 학생들의 사건에 대한 최초 보고자일 뿐, 학생의 상황에 대한 교육적 고민을 가지고 설명하는 사람, 진단하는 사람은 교사가 아닌 다른 전문가들인 것이죠. 그것이 우리 사회가 교사를 소모시키는 방식이에요. 한국 사회는 교육이 있어서 학교가 있는 것이 아니라, 학교라는 허우대를 지탱하고 관리하기 위해서 교사라는 사람을 고용하는 것처럼 느껴집니다. 그래서 교사들은 내가 교육하는 사람인가, 보육하는 사람인가 헷갈리죠. 교육 활동의 내용이 중요한 게 아니라 하교할 때까지 아무 사고 없이 있다 가도록 하는 것이 교사의 제일 책무처럼만 느껴지는 것입니다.

자치에 대한 문제로 돌아와 보면 고등학교는 입시 때문에 자치가 어렵다고 말합니다. 중학교 교사는 아이들이 어려서 자치는 고등학교 때나 가능하다고 말하고요. 초등학교에서는 자치 활동이 '학급 회의'와 같은 특정 프로그램으로 각인되어 있어요. 교사들이 자치를 교육 활동의 총체적 흐름으로 바라보기보다는 특정 프로그램으로 이해하는 거예요. 제가 언급하는 자치는 그 어떤 교육 프로그램이거나 실천 영역이기에 앞서 먼저 교육의 원리이자 철학입니다. 한 인간이 자기를 성장시키는 과정에서 자치란 자기 내면의 주체성, 현실의 관계로부터 빚어지는 집단성, 사회적 관계를 가꾸어 가는 정치성 등을 주목합니다. 인간의 성장 과정에서는 유치원 단계에서도 그 발달 단계에 맞는 집단성과 정치성이 있을 것입니다. 필연적으로요. 즉 자치교육은 특정한 정치 활동을 감당할 수 있는 나이에 적용하는 그 어떤 기능 신장 프로그램이 아니고, 아주 어린 나이부터 인간의 사회적 본성에 조응하고 그것을 발전시키는 교육 활동의 원리로 받아들여져야 합니다.

자치교육의 이해, 자치교육의 상상력, 자치교육의 구체적 실천까지 일련의 교육 활동을 현실화하기 어려운 것은 그 무엇보다 우리 사회의 반민주적 현실 때문이죠. 관료적인 조직 체계는 학생 집단을 성장의 능동적 동력으로 인정하기보다는 행정 집행을 위한 수단적 형식이거나 개인주의적 경쟁 논리를 고도화하는 장치 정도로 간주하는 것이죠. 그런데 학교가 은근히 빈 구석이 많습니다. 체계적인 정치 활동, 자치 활동의 게릴라적 영역도 가능하지만, 그렇지 않다 하더라도 학급 단위부터도 가능합니다. 현실의 교사에게 필요한 것은 자치교육에 대한 일관된 상상과 이해입니다. 그렇지 못하면 교사는 자치에 대한 자신의 원칙과 교육관을 자족적으로 해소할 가능성이 많습니다. 교육에서 상담이라는 것도 일정 부분 그렇다고 봅니다. 상담의 논리에서 인간의 자주성을 바탕으로 하는 자치의 삶을 이야기하지요. 하지만 학생들의 집단성을 적극 인정하는 것도 아니고, 학생의 정치성을 높이는 것에 대해 구체적 전망을 갖고 있지도 않습니다. 그러기에 상담도 어떤 면에선 고도의 경영 책략으로 작동합니다. 인간의 성장의 질곡을 개인적 병리로 해석하거나 개인주의적 탈출 기제를 해결의 방도로 상상하고 한정하지요. 자치도 총체적인 교육관의 프레임, 유아기부터 생애 전반에 걸친 일련의 교육 활동으로 이해하는 관점이 부재할 때에 얼마든지 파편화하고 왜곡될 가능성을 갖습니다. 자치교육을 실천하는 것도 중요하지만 적당히 자치의 빛깔을 입히면서 변질되고 왜곡

되는 파편적인 자치교육을 경계하고 진정한 자치교육과 구분해서 바라보는 것은 매우 중요하다고 생각합니다.

학생들은, 학교라는 제도 틀 안에서, 자기들끼리의 하위문화를 가지고 자기들끼리의 사회를 만들어요. 그 사회가 뭐냐면, 하나는 끼리끼리 사회고요, 또 하나는 이해관계를 위해 다른 그룹과 경합하는 관계를 맺는 것이지요. 우리가 학교 민주주의를 강조하면서, '자치 활동'을 언급할 때 그 의미는 자치교육의 원리·사상에 기반하여 이해되기보다는 학급 회의나 학생 대의원 회의 정도의 프로그램으로 이해하고 거기에 학생을 끼워 맞추는 식입니다. 그것도 학생 대중이 아닌 학생회 간부들만의 자치 활동이거나, 아니면 학급 회의 시간만을 위한 자치 활동입니다. 물론 개별 교사나 학교가 자치교육의 큰 흐름을 설계하고 적용한다고 해서 학생 대중이 바로 움직이는 일은 없을 것입니다. 하지만 교사와 학교는 3월부터 시작해서 학급 대중이 어떻게 자치성을 높이고, 정치적 본성을 회복할 것인가에 대해 궁리하고 상상하며 구체적으로 그 과정을 설계해야 할 것입니다.

제가 '학생 사회'라고 표현한 것은 자치 활동을 프로그램으로 보지 말고, 학생들이 서로 하나의 사회로서 작동하는 자생성, 집단성, 그 속의 정치적 질서를 좀 더 중요하게 놓고 보자는 제안입니다. 학생들의 삶의 생태계 자체를 능동적인 시스템으로 보자는 제안에서 학생 사회라는 용어를 선택한 거죠. 어떻게 보면 굉장히 기초적이고 초보적인 표현이에요.

처음에 강의를 시작할 때 '교무실이 사회인가요' 하고 물었는데요.

사회가 아니죠. 교장·교감 같은 관리자 밑에 기능적으로 위치해 있죠. 학교 안에서 교사들의 정치적 권리가 회복되고, 학교의 민주주의가 서야 교사들의 사회가 작동할 수 있는 것이죠. 그런데 지금 교사들은 학교 안에서 작업 공정의 하나를 맡고 있는 개별 노동자에 불과해요. 밖에서는 주름 잡는 산악 전문가이거나 또는 다양한 영역의 전문가로 인정받는 교사들도 많은데, 학교 안에서 교사가 교사를 바라보는 설정은 아주 값싸요. 그 사람이 인간으로서 갖는 전문성과 고유성에 대해 관심이 없거든요. 능동적으로 서로를 바라보고 상대할 대상으로서 의미나 가치가 없는 것이죠.

학생 사회 역시 학생이 정치적 주도권을 가질 수 있다고 하면, 그리고 그것이 학생 집단의 역학에 의해 움직여진다고 하면 그 집단의 구성원들이 어떤 모습으로든 훨씬 다양한 형식의 관계 방식을 만들어 갈 것입니다. 다음의 표를 봐 주세요. 학생 사회와 관련해서 학생 사회와 학교 혁신이 어떻게 만나는가 표현해 보았습니다.

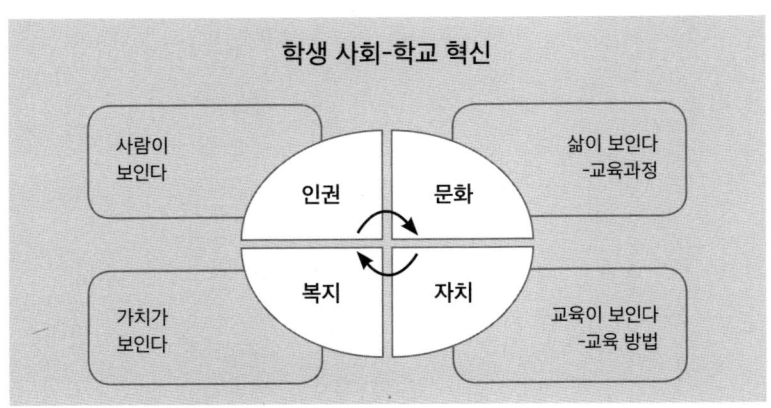

학교 안에서 어떤 게 가장 먼저 개념화되었을까요? 2003년부터 시작된 교육 복지 사업이 있죠. 그 전까지만 해도 교육 복지라는 개념을 굉장히 낯설어했어요. 이제는 학교 안에 교육 복지사도 생겼죠. 지금도 정착됐다고 보기는 어렵지만, '학교가 왜 이런 걸 하지?'라는 시선은 이제 없지요. 학교의 존재 가치가 보편적 복지의 가치 추구에 근거함을 제기한 것이지요.

2000년대 후반에 인권 문제가 나오죠. 그런데 학생인권조례가 진보 교육감 1기 때 서울, 경기, 광주, 전북 네 지역에서 통과된 것을 제외하면, 지금도 여전히 표류하고 있습니다. 역설적으로 이 네 지역의 인권조례가 잘 기능하지 않아서일 수도 있습니다. 제대로 작동하고, 그것의 교육적 성취가 드러났다면 나머지 13개 시·도의 인권조례를 촉진시켰을 것이라고 생각합니다. 네 지역의 인권조례의 유효성이나 필요성이 여전히 공감을 얻지 못하고 있는 것은 아닌지 반성적 성찰이 필요한 때가 된 것 같습니다. 인권의 당위적 가치에 공감할지언정 여전히 문제되는 것은 학교가 인권적인 생태계로 변화할 수 있느냐하는 점이겠지요. 그런데도 학교 현실의 문제는 충분히 성찰되지 못한 채 인권의 당위성에 대한 수용 여부가 담론 세계의 쟁점으로 머물러있는 것이 안타까운 현실입니다.

다음 세 번째는 문화와 자치인데요. 언제쯤이나 교육계 담론의 대세가 될지 모르겠습니다. 자치는 여전히 현실이 좋아오지 못하기 때문에, 빛 좋은 개살구, 입바른 담론으로만 쓰이죠. 그리고 문화인데요, 청소년 문화, 즉 청소년의 삶이 교육과정으로 이해되고 청소년이 자신의 삶을 잘 살아가는 것을 교육과정의 목표로 구상하는 것을 의미합니다. 예전에 '산교육'이라는 표현도 썼는데요, 실제의 삶 속에서 자기 삶을 가꾸고 변화시키는 개념이었어요. 요즘 프로젝트 수업, 융합 교육과정이라는 이야기를 많이 하는데, 융합을 위해 하는 게 아니라 학생/청소년이 자신의 삶의 문제를 교육과정의 중심 텍스트로 끄집어 올릴 때 교과 융합이 될 수밖에 없어요. 교사는 교육과정을 어떻게 기획하는가? 교육과정의 진보적 원리를 적용하는 체험을 위해 학생의 삶을 끌어들이는 게 아니라 학생의 삶에 대한 관심 자체가 교육과정을 만드는 동력이자 배경이 되는 것이죠. 교사가 학생의 성장의 각각의 단계에 대한 구체적인 관심, 학생들의 집단성, 그 문화에 대한 관심을 교육과정으로, 학습의 텍스트로 접근시킬 수 있을 때 비로소 '문화'가 교육과 만나는 것이며, 학교 내에서 학생 사회가 작동하는 적극적 배경이 될 수 있을 것이라 생각합니다.

학생 사회가 촉진되려면 수업 시간 밖에서만 학생 사회가 작동하는 게 아니라 수업의 과정에서도 학생 사회가 작동해야 해요. 그러려면 문화가 교육과정의 중심에 들어와야 하죠. 학생회만이 아니라 교과 수업 속에서도 마찬가지로 자치와 문화가 적극적으로 작동할 수 있어야 합니다. 학부모 대상 학교 교육과정 설명회를 하는 것처럼 마찬가지로 학생들에게도 올해 교육과정을 설명하고 학습을 능동적으로 구상하고 설계하며 역할을 맡는 집단성을 자극시키는 것입니다. 물론 모든 학생들이 교육과정에 대해 관심을 보이지는 않겠죠. 하지만 일부는 그것에 관심을 가지고 움직이는 자치 활동이 가능할 것입니다. 학생회에서 학습부가 하는 일이 뭐냐고 물어보면 교사들이 잘 몰라요. 학생 자치가 워낙 유명무실하다 보니까 학생회 각 부서가 어떻게 작동하는지에 대한 상상력이 전혀 없습니다. 교사들의 학급 운영의 필요에 따라 기능적으로 써먹고 있을 뿐이죠. 학습부라면 각 교과 수업에서 자기 반의 친구들이 어떤 어려움을 갖는지, 학습에 대해 무엇을 필요로 하는지 끊임없이 모니터링하고 교사들은 또 어떤 어려움이 있는지 알아보는 활동을 하는 부서이죠.

복지, 인권, 자치, 문화 이 네 요소가 학교라는 곳에 어떻게 가교를 놓고, 어떻게 학교에 상륙하는지가 학교 혁신의 본질적 요소라고 생각합니다. 인권조례 제정 때 체벌이나 두발 단속 등 몇 가지 네거티브한 요소만 부각이 됐어요. 그런데 실제 인권조례를 살펴보면 굉장히 많은 내용을 가지고 있습니다. 아동권리협약에 있는 내용이 다 포함돼 있고요. 그런데 교육청도 별로 관심이 없어요. 그러다 보니까 지역에서는 주로 두발 단속 같은 문제만 쟁점화되고 있을 뿐이죠. 인권조례에는 참여를 중심으로 한 다양한 내용이 있습니다. 학교 운영 시스템 전체를 학생 참여라는 일관된 원칙을 가지고 다양하게 세팅할 수 없을까요? 오히려 교육부가 앞장서서 하는 활동도 많습니다. 예를 들어 교복심의위원회, 학생생활규정개정위원회에 학생이 꼭 참여하게끔 하는 식으로요. 물론 전시 행정적 협의는 항상 있지요. 어떻든 교육부의 그런 지침이 내려오면 교사들은 그것을 학생 참여의 일반적 원리에 비추어 이해하는 게 아니라 행정적 간섭, 마지못해 지켜야 할 수칙 정도로 이해하죠. 학교 혁신을 이야기할 때 학생 언론의 필요성과 중요성에 대해서도 너무 관심 밖인 듯합니다. 학교 홈페이지를 학생들이 직접 관리하고, 그 안의 다양한 게시판을 학생들이 직접 운영하는 것이 가능할 것입니다. 지금은 학생들이 학교 홈페이지에 거의 안 가지요. 학생들끼리 카페나 밴드를 따로 만들어 운영합니다. 하지만 카페나 밴드는 한 기수만 쓰고 소멸해 버리는 단점이 있는데, 학교 홈페이지에 학생들이 자유롭게 의사를 개진할 수 있는 게시판이 존재하고 꾸준히 자료가 쌓인다면 큰 의미가 있을 것 같아요.

학생 사회가 성장한다면 교사 사회도 성장할 수 있을 것입니다. 물론 교직 사회의 민주적 시스템이나 교권의 일반적 장치가 작동해야겠지요. 흔히 교사들은 학생들 앞에서 교사들의 갈등을 내비치는 것에 대해 매우 부적절하다고 생각하고 굉장히 불안해합니다. 하지만 이는 결코 민주주의와 부합하지 않습니다. 교사도 똑같이 학교 사회의 구성원으로서 갈등하는 주체이지 천편일률적이고 획일적인 전달 로봇은 아닌 거죠.

저는 학생들이 저항하는 것을 배워야 한다고 생각해요. 저항을 배우지 못하면 필연적으로 반항을 배웁니다. 제가 임의로 구분하자면 저항은 현실의 문제를 해결하려고 하는 행동 양식이고, 반항은 자기 마음속의 불만이나 스트레스를 해소하는 것을 목적으로 하는 일련의 행동입니다. 우리는 보통 학교가 자주성을 가르쳐야 한다고 쉽게 말하지만 자주성을 어떻게 키우겠다는 이야기가 부재합니다. 가끔 훈화로 자주성을 강조한다 해서 자주성이 생기는 것은 아니잖아요. 저는 '저항'을 가르치는 것이 자주성을 키우는 일이라고 단호히 말씀드립니다. 자주를 가르친다면서 '저항'이라고 하면 반감이 드실 겁니다. '그런 불순한 이야기가 어디 있느냐'라고. 우리 자신을 생각해 봅시다. 아무리 옳은 말이라도 무조건 따르라면 싫지요. 괜스레 화도 내고 거부도 하면서 자신의 시간을 갖고 싶어 하지요. 반항을 하고 있지만 사실은 저항을 하고 싶었던 것이 본심일 것입니다. 실제 부딪쳐 보고 깨지기도 하면서 그 과정에서 자신의 탑을 쌓고 싶었던 것이죠. 교육이라는 것은 하나의 행동이 주체적으로 작동하기 위해 인간의 내면의 생명 질서가 기본적인 것부터 차근차근 정립되고 안정적이며 온전할 때 시도되는 것이죠. 그런 질서를 무시하고 교사가 필요하다고 생각하는 가치를 내려 먹이면서 왜 그것을 따르지 않느냐 말하고, 자주적으로 실천하지 않는다 말하는 것은 가르치기만 할 뿐 배움과 성숙, 성장의 원리를 이해하지 못하는 교사의 한계를 드러내는 것입니다. 그러한 가르침은 생명 현상으로 이어지지 않습니다. 생명 현상을 돕지 못하는 것이죠. 관념으로는 학생에게 다가갈지 몰라도요.

학생들의 언론을 허용하지 못하는 가장 중요한 이유는 학생들의 저항의 과정을 불필요하게 생각하고 불순하게 이해하는 교사의 반생명적, 반교육적 사고방식 때문일 것입니다. 교사가 답을 정해 주면 바로 즉시 따라 주기를 원하는 것으로 학생들 스스로가 서로 토론하고 검증하며 혹은 반론하는 과정들이 교육적으로 얼마나 귀한 의미를 갖는지 상상하지 못하는 것이죠. 저항은 학생이 직접 머리로, 언어로, 손발로 해 보는 것이며, 그리고 그들의 관계 속에서 다시 검증하고 부딪혀 보는 과정입니다. 그러면서 저항에 교육적 의미가 생깁니다. 교육 활동 속에서 저항의 과정이 갖는 교육적 가치를 소중히 평가할 수 있어야 하는데 그것 자체를 인정하지 않거나 구체적으로 헤아리지 못할 때 저항은 반항으로 왜곡 이해되고, 그러한 교사들을 자주 접하면서 저항의 싹은 성장하지 못하고 거세되면서 반항의 악습관으로 귀착됩니다. 학생의 성장을 돕는 교사의 역할은 학생들이 온전히 저항의 체험을 열매 맺을 수 있도록 돕는 것입니다. 우리에게 저항에 대한 오해가 극복될 때에 학생 언론에 대한 상상력도 온전히 회복될 수 있을 거예요. 학생들의 다양한 의견이 갑론을박하고, 교사와 학생이 대립하는 게 아니라 학생들끼리 대립하고 정치적으로 갈등해야 하는 거죠. 그리고 그런 정치적 갈등을 교사는 넉넉한 신뢰로 감싸면서 일정 정도는 심판 역할을 감당하는 것이죠. 그런데 교사가 심판자가 아니라 선수로 뛰려고 하면 그 게임이 얼마나 재미없겠어요. 언론은 자치교육, 학생의 자치 활동에서 굉장히 중요한 요소라고 생각합니다.

학생 사회에 대한 이야기는, 자치 활동에 대한 다양한 실천들을 고민하고, 자치 활동을 중심으로 학교 혁신을 이끌고 있는 사례가 좀 더 넓게 공유되면서 풍부해질 수 있을 것 같습니다. 자치 활동이 종종 전시적으로, 마치 초등학교 학예회처럼 소개되면서 교육의 성취를 입증하는 것으로 왜곡 해석하는 것은 조심해야 할 부분입니다. 자치 활동을 자치교육, 자치공동체교육 사상에 근거하여 교육 담론의 지류가 아니라 본류로 발전시켜 갔으면 합니다. 오늘 이야기는 여기에서 마치겠습니다.

참가자 오늘 하신 이야기들이 많이 공감이 됩니다. 학생들 안에서 자발적으로 집단과 사회를 형성한다고 했을 때, 학생들의 묘한 힘의 논리로 만들어지는 관계나 집단에 대한 걱정이 들어요. 어떻게 하면 우리가 생각하는 바람직한 자치 활동이나 학생 사회가 가능할까요?

배이상헌 충분히 생각해 볼 수 있는 문제의식인데요, 실제로 그런 우려가 현실로 드러났을 때 생겨나는 문제는 이루 말할 수 없죠. 그렇기 때문에 교사들이 좌절하고 포기할 가능성도 있습니다. 때로는 공부 잘하고 말 잘 듣는 학생인 줄 알았는데 자유로운 분위기 속에서 전혀 다른 모습을 보이는 경우도 있습니다. 그럴 때 교사들이 충격을 받기도 하고요. 예를 들어, 반장 하나를 뽑는 데도 조마조마해하고, 혹시 교사가 원하는 학생이 반장이 안 되면 올해 망쳤다고 절망하기도 합니다. 학생 자치나 학생 사회를 바라보는 교육적 신뢰가 너무 낮아서, 학생 자치를 할 때 나올 수 있는 다양한 색깔을 교사 개개인에게만 맡겨 놓기에는 가당치 않다고 생각해요. 질문하신 것처럼 많은 부작용이 있을 수도 있겠지만 이런 것들에 대한 구체적이고 다양한 담론이 소개되고 소통되는 게 필요할 것 같아요. 제가 오늘 말씀드린 게 터무니없는 이상이나 낙관이라고 보지는 않아요.

〈클래스〉라는 프랑스 영화를 보면, 학생들의 교사들에 대한 건방짐, 무례함 같은 게 리얼하게 담겨 있어요. 그런데 영화에서 교사들이 교육적으로 고민하고 소통하고 진단하는 방식을 보면서 많이 놀랐어요. 이렇게 하면 학교가 바뀐다는 걸 보여 주는 게 영화의 취지가 아니에요. 프랑스의 학교는 앞으로도 계속 그럴 것 같고, 영화는 그저 이런 무질서함과 막막한 현실을 그대로 보여 주고 있는 거예요. 그 속에서 교사들의 끊임없는 교육적 고민과 소통하고 진단하는 모습도 함께요. 우리와의 차이는 그것 같아요. 우리는 학생들을 프로크루스테스의 침대 위에 올려 두고 억압하면서 교육적 고민과 소통의 과정 없이 깔끔하게 정리해 버리죠. 학교는 그렇게 억압적 공간으로 남아 있지요. 그런 면에서 새로운 교육에 대한 대담한 상상력을 가져야 하지 않나 생각해요. 물론 한국 사회의 문화적 문제가 있긴 하죠. 그래서 긴 여정일 수밖에 없죠.

참가자 학생 자치를 학교 현장에서 실현하기 위해서 구체적으로 어떤 실천을 하셨는지 궁금해요.

배이상헌 자치는 자세나 관점으로서 불가피하게 작동합니다. 교사가 필요할 때만 활용되는 것이 아닙니다. 예를 들어 학급에서 소풍을 간다고 할 때, 자치 지향적 교사가 담임일 때 그 학급은 다른 반과는 다른 경험을 하죠. 반 신문을 만들거나 학급 내 다양한 사안에 대해서 공론화하는 자리를 만들기도 하고요. 그 과정에서 학생들이 때로는 즐거움, 때로는 혼란을 경험하죠. 자치는 하나의 철학이니까 특정한 프로그램으로 설명하기는 어렵긴 해요.

학생회 간부 수련회를 갈 때도 준비해야 할 것들이 많이 있어요. 무조건 맡기는 게 능사는 아니지요. 때로는 학생들이 더 보수적이기도 하고요. 그 과정에서 교사가 학생들의 부족함이나 흐트러짐에 대해서도 열린 마음으로 이해하고 훈련시키는 과정을 꾸준히 상상하는 것이 필요할 것 같아요.

참가자 서울에서는 2017년부터 학생회 공약 사업 이행비라고 해서 100만 원이 책정돼서 지급되고 있어요. 제도적으로 그렇게라도 일정 부분 배려를 해 주면 움트려고 하는 학생회에서는 탄력을 받을 여지가 있는 것 같아요. 그런데 학생회가 자생적으로 활동해서 돌아가는 것과 제도적으로 뒷받침되어야 할 것들 사이에서 균형을 잡기가 좀 애매한 지점이 있더라고요. 학생 스스로 '이런 정도는 자치 구조 안에서 해결할 수 있다' 하는 자신감의 회복이 필요한 것 같아요. 승리의 경험이라고 할까요. 이런 게 누적되지 않고 제도로 먼저 들어와 버리면 아무 기능도 못 하게 되더라고요.

우리 학교는 혁신학교인데 이제 교사와 상관없이 학생회가 굴러가는 구조가 되었어요. 물론 이렇게 되기까지 굉장히 오랜 시간이 걸렸지요. 모든 학교의 학생회가 이렇게 운영된다면 좋겠지만, 다른 학교에서 쉽게 일반화될 수 있는가 하는 우려가 있긴 해요.

배이상헌 몇 해 전 경기도 흥덕고등학교 학생회 사례를 들은 적이 있어요. 학생들의 이야기를 듣다 보면 학생들 눈높이에서 어떻게 그것이 내면의 성장과 만나고 있는지가 숨길 수 없이 느껴지잖아요. 광주에서 최근 학생회를 잘 운영한 사례로 산정중학교가 있는데, 자치 활동의 과정에서 학생들의 성취감이 굉장히 컸어요. 학생 자치는 학생이 새로운 삶의 방식을 접하는 것이지요. 그 속에서 상처를 겪고 패배하더라도 스스로가 얻는 성취감은 교사가 상상할 수 없을 정도로 커요. 아까 반항과 저항 이야기를 했는데, 공교육에서 교사들은 흔히 '어떠어떠한 학생이 예쁘다' 하는 식으로 자신이 생각하는 가치들을 쉽게 표현합니다. 학생들은 편견, 편애에 대한 거부감은 갖고 있는데, 편애 안 하는 교사는 구체적으로 어떤 모습인가에 대해서는 또 불명확해요. 학생들의 교육의 공공성에 대한 바람이나 요구는 본능적으로 있다고 봅니다. 다만 수혜자로서 있는 게 아니라 그 공공성을 자기 스스로 성취해 나가고 만들어 나가는 주체로서 자신들의 정치적 역할과 기회를 주면 그 소중함을 느끼고 처세가 아니라 철학으로 성취할 것입니다. 자치를 삶의 철학으로서, 보편적 원리로서 바라보게 되는 것, 그게 소중한 성취라고 생각해요.

3부

미래는 오는 게 아니라
만들어 가는 것이다

'교사 되기'를
다시 묻다

—• 교사, 위임 독재자에서 혁신적 경영인으로

—• 정용주

초등 교사,《오늘의 교육》편집위원 edcom234@gmail.com

〈불온한 교사 양성 과정〉에서 세 번째로 강의를 하게 되었는데요, 여전히 '불온한 게 무엇인가?' 고민입니다. 저 자신에게 그 질문을 던져 봐도 쉽게 답을 찾기가 어렵습니다. '나는 불온하게 살고 있는가?' 물으면 답하기가 곤란해요. 저는 제가 인정 욕구가 강하다고 생각합니다. 말로는 "주위의 시선 신경 안 써"라고 하면서도, 수업도 멋있게 만들려고 하고 자기 계발에도 민감한 것 같아요. 불온한 교사로 산다는 것은 주위의 어떤 것들보다 내가 만들어 낸 질문과 내가 원하는 방식을 가지고 교사 생활을 한다는 것일 텐데, 그렇게 하지 못하고 있다는 자기반성을 하면서 강의를 시작해 봅니다.

저는 우리가 나 아닌 어떤 타자도 완벽히 알 수가 없다는 것이 불온의 시작이라고 생각합니다. 서울시교육청에서 '토론이 있는 교직원 회의'라는 사업을 추진하고 있습니다. 이런 걸 추진한다는 건 토론이 없다는 거잖아요. 서로 이해할 수 없는 다른 의견들이 분출이 되어야 토론이 일어나는 건데, 대화와 토론이 없다는 건 모든 사람이 자의이건 타의이건 똑같은 생각을 하게 된다는 거예요. 그래서 지시와 전달만 있게 됩니다. 가라타니 고진은 서로 다른 규칙을 가지고 있기 때문에 의사소통이 불가능해지고, 이로 인해 역설적으로 대화가 일어난다고 말합니다. 저는 서로가 서로에 대해서 완벽히 이해할 수 없다는 것이 불온의 전제라고 생각합니다. 그리고 서로 알 수 없는 부분에 대해 열려 있고 이해하려고 노력하는 것이 불온의 시작이고, 그러한 열림과 비판의 자세와 실천을 불온이라고 할 수 있을 것 같습니다.

근대화와 교육의 역사

제가 이야기할 주제는 '교사가 된다는 것은 무엇인가'입니다. 교사의 교육 활동에 사용되는 담론들을 재검토하면서 문제화해 보자는 것입니다. 교사가 정치·경제·사회적 구조 속에서 어떤 정체성을 부여받고 교사의 성장 체제가 어떻게 변화되어 왔는가가 제 연구 주제이기도 한데, 오늘은 이 주제로 '불온'에 대해 이야기해 보겠습니다.

우리나라의 정치 제도, 경제 제도 등을 이야기할 때 먼저 전제해야 할 것이 외삽성과 조숙성입니다. 최장집 교수의 분석인데요. 해방 이후 이승만 정권의 자발적 선택이 아니라, 냉전 체제에서 한국을 자유 민주주의의 진열장으로 만들려는 미국에 의해서 한국인들은 일거에 보통 평등 선거권을 선물로 받았고 노동3권을 부여받았습니다. 또한 미국은 보통 교육을 실시하고, 기본권 보장 장치, 정부 조직의 민주화와 사법부 독립의 제도적 기반도 마련해 주었습니다. 그래서 한국의 민주적 제도는, 내용과 본질은 사상된 채, 형식상 외삽성external imposition을 가지며, '조숙'하게 도입된 제도라는 특성을 갖습니다. 이러한 외삽성과 조숙성은 민주주의 제도가 깊게 착근하지 못하고 민주주의 문화가 국민들에게 내면화되지 못하는 기본적인 요인이 되었습니다.

교육과정 역시 외삽성과 조숙성이라는 특성으로부터 자유롭지 못했습니다. 이 시기 이미 지금 교육과정에서 논의되는 것처럼 교실 안의 교과를 중심으로 조직되었던 교육 내용을 아동의 경험 중심으로 재편하면서 자유 연구, 클럽 활동 및 자치 활동과 같은 과외 활동을 통하여 학습 활동의 범위를 넓히고, 자발적 연구와 활동을 장려함으로써 학생의 흥미와 요구에 응한 교육을 실시하려 했습니다.

특히 이승만 정권은 한국전쟁 이후 한국을 민주주의를 기반으로 한 국가로 발전시켜야 한다고 말하면서, 개인의 인격 개선을 존중하는 민주주의 교육을 강조했어요. 비록 전쟁 중이었기에 실행까지는 오랜 시간이 필요했지만요. 이러한 방향에서 구체적 목표를 상실한 교육이나 주입식 교육은 청산되어야 한다는 점을 분명히 했습니다. 또한 교육의 자주성(독립문교)이라는 방향을 분명히 하면서 교육 자치의 성과를 진전시키기 위해 만전을 기하려 했습니다.

그런데 1960년대 학교 현장은 어땠을까요? 문서 수준은 그렇게 높은데, 실제 현장에서는 학교 건물도 교사도 부족했습니다. 일제를 청산해야 한다는 과제가 있었지만, 실제로는 일제 강점기의 학교 시설이나 인력을 가져와서 썼습니다. 초등 교사 양성 기관인 교대가 고등학교 같다는 비판을 하곤 하잖아요. 교대의 전신인 사범학교가 중등학교 수준이었기 때문이에요. 초기 사범학교는 중학교 수준의 과정이었습니다. 그러다가 1949년부터 중학교 졸업자를 입학하게 해서 후기 중등 과정인 고등학교 과정으로 만들었고, 1961년도에 박정희가 교육대학교를 2년제 대학으로 승격시키면서 드디어 전문대학교 체제가 된 겁니다. 그 전까지는 사범학교에서 보통 중·고등학교에서 하듯이 애국조회도 하고 훈화 교육도 했습니다. 우리나라 교원 양성 과정에서 애국심, 충성심, 아이를 사랑하는 마음 등의 자질과 심성을 교육하는 데 치중하는 경향도 이런 역사에서 비롯된 것입니다.

'위임 독재'의 시대

교육을 통해 국가와 사회가 필요로 하는 국민을 길러 내는 것은 매우 장기적인 과정입니다. 이러한 국민 만들기의 전 과정을 국가가 관장하면서 지속성을 가져야 하지만, 교육 활동은 학교, 교실에서 분산되어 진행되고 최종적으로 교사를 통해 이루어집니다. 그러면서 학생 스스로가 자신의 존재와 자신이 포함된 국가의 의미를 자율적으로 획득해야 합니다. 그래서 국가는 교사에게 권한을 부여하고, 교육 활동이 학생들을 능동적 국민으로 만들면서 삶의 성공을 보장한다는 가치를 각인시켜야 합니다. 이것은 교사가, 국가가 공교육을 통해 사회를 통합하고 국민을 만들어 가는 데 핵심적인 장치라는 것을 의미합니다. 그런데 교사는 사회와 동떨어져 고정되고 완성된 정체성의 형태로 존재하는 것이 아니라 그 시대의 정치, 경제, 사회, 문화와 연결된 국가의 통치 전략에 영향을 받습니다. 그래서 우리는 특정한 시대가 교사에게 요구하는 것이 무엇인지에 대해 살펴야 합니다.

보통 우리나라 교육 체제를 이야기할 때 5.31 교육 개혁 이전과 이후로 구분합니다. 1995년 5월 31일에 발표를 했다고 해서 5.31 교육 개혁이라고 부르는데요. 김영삼 정부 시절 대통령 직속 교육개혁위원회에서 우리나라 교육의 청사진을 제시하는 보고서를 발표한 거죠. 1차가 초·중등교육, 2차가 대학교육에 관한 거였습니다. 한국 교육을 5.31 교육 개혁 이전과 이후로 나누는 것은 지금의 교육 관련 제도나 체계 대부분이 5.31 때 만들어진 것이기 때문입니다. 법으로 따지면 그 이전에는 하나의 법에 초·중·고등교육이 다 규정되어 있었는데, 5.31 이후에 〈교육기본법〉과 〈초·중등교육법〉, 〈고등교육법〉 체제로 만듭니다. 그리고 학교에 학교운영위원회를 두는 제도 같은 것들이 전부 이때 도입된 것입니다. 특목고·자사고 문제, 교원평가 등도 이때 계획이 나오고 하나하나 실현되기 시작했습니다.

그럼 5.31 이후로 교사의 가르치는 양식과 태도가 어떻게 변화했을까요? 이 질문이 다소 거칠게 느껴지실지도 모르겠습니다. 어떤 사건을 계기로 전후가 바뀌는 것보다는 중장기적 관점에서 민주주의가 진전되고 그러한 흐름이 서서히 교사의 가르치는 양식과 태도에 영향을 미쳤다고 보는 것이 타당하겠죠. 여기서는 이러한 점을 감안하면서 이야기를 해 보겠습니다.

저는 해방 이후 5.31 이전까지 교사는 '위임 독재자'로서의 위상을 부여받았고, 5.31 이후에는 '혁신적인 경영인'으로서 위상을 부여받았다고 생각합니다. 5.31 이전의 위임 독재란, 학생에게 있는 각종 헌법적, 법률적 기본권과 권리를 학생의 성장 발달을 위해서라며 작동

중지시키는 권한을 교사에게 부여하는 것입니다. 한쪽에서는 민주 시민의 양성, 인간의 성장과 발달, 개성의 실현이 교육 활동의 최종적인 목적이 되어 민주주의를 강조하지만, 다른 한쪽에서는 민주주의의 남용으로 인한 사회의 분열, 국가에 충성하는 국민의 양성, 개성의 무분별한 추구로 인한 공동체의 파괴를 우려합니다. 그래서 이를 통제하기 위해 '유신'과 '민주주의'가 함께 거론되듯이, 독재와 민주주의가 하나의 담론 안에 머물 수 있게 되는 것도 이러한 위임 독재가 만들어 내는 효과입니다.

'위임 독재'라는 말은 본래 정치학자 칼 슈미트가 쓴 개념입니다. 예를 들어 나치 독일의 시스템에 동조했던 많은 사람들이 "나는 시키는 대로 내 일만 했다"고 하면서 히틀러 한 명만 나빴다고 말합니다. 그런데 사실 그들은 그 시스템의 일부로 위임을 받은 독재자로서 자기가 가진 권한을 끊임없이 행사했습니다. 교사도 마찬가지입니다. 과거에 요구되었던 교사상은 국가에 충성하고, 국가의 이념이 학생에게 스며들도록 하는 존재였지만, 한편으로는 국가가 교사에게 전권을 위임하여서 독재적인 권한을 가졌던 것입니다. 교사는 주어진 교육과정 속에서 평가와 연계하여 반공 교육을 '주체적으로' 진행했습니다. 이승만 정부 시기 반공 웅변대회나 박정희 정부 시기 국민교육헌장 낭독과 암송은 교육 활동과 주요 의례에서 빠질 수 없는 부분이 되었고, 교사는 그 규율화 과정의 핵심 장치였습니다.

그러니까 교사가 자의적으로 할 수 있는 일도 많았습니다. 단적으로, 학생에 대한 구타가 굉장히 심했습니다. 국민교육헌장 못 외우면

때려도 되는 겁니다. 그런 걸 법적으로 '특수권력관계'라고 하죠. 학교 안의 학생과 교사 간의 관계는 초법적 관계라는 거고, 인권보다 교사의 가르치는 행위가 먼저라는 겁니다. 교사가 그런 권한을 행사하는 목표에는 '반공'과 '대학 진학'이 자리했고요. 또, 독재자란 시스템의 외부에서 시스템을 정지시켜 버릴 수 있고 멋대로 예외를 지정할 수 있는 기능을 가진 존재인데, 지금도 학교 현장에서 이런 일이 일어나는 것을 볼 수 있습니다. 학교에서 교사가 학생들에게 "너희가 규율을 정해라" 하며 토론을 하라고 하면서도, 교사는 "잠깐 멈춰 봐" 하며 정지시키고 결정을 뒤집을 수도 있는 거예요. 교사의 교육 활동에서 예외 상태를 항구적으로 보장하는 이러한 모델이 정치권력의 예외 상태와 근본적으로 구별되는 점은, 체벌과 훈육이 미성년자인 학생들에 대한 바른 인도와 평가라는 교육 장치와 연결되면서, 비상사태를 결정하는 독재가 아니라, 비상사태를 차단하는 스승의 역할로 전환된다는 것입니다.

사회와 교육과정의 변화

교사의 초법적인 권한이 나름대로의 정당성을 확보할 수 있었던 것은, 그때에는 적당히 공부하면 대학을 가거나 정규직으로 취직할 수 있었기 때문이었습니다. 그런데 5.31 이후 시대적으로 우리 사회가 신자유주의로 변해 가죠. 1990년대가 되자마자 사회주의권이 붕괴되었고 자본주의가 영원하다는 인식이 확대되고 자본주의 내 무한 경쟁

체제가 열렸습니다. 교육에서 지위 경쟁은 사실 일제 강점기부터 계속된 것이지만, 특히 경쟁에서 살아남아야 한다는 논리가 강화됩니다.

그러면서 교사에게 요구하는 것도 달라졌습니다. 교사의 역할과 전문성에 가장 영향을 미치는 것은 무엇일까요? 무엇을 어떻게 가르치느냐 결정하는 것, 바로 국가 수준의 교육과정입니다. 이에 더해서 국가가 어떠한 철학과 원리에 따라서 교육과 교사의 모델을 만들고 운영하는가에 따라서 교사의 교육 방향도 달라집니다. 그리고 교사 양성 기관의 교육과정과 자격 체제, 기준도 달라집니다. 그런데 정부의 교육 개혁 담론 속에서 교사의 전문성 관련 논의를 살펴보면 한국 사회가 직면했던 사회 정치적 상황에 따라 교직을 통제하려는 경향이 강했다고 볼 수 있습니다.

국가의 교육과정을 살펴보면 특정한 시기에 특정한 개념이 집중적으로 부각되곤 합니다. 정치적·경제적·사회적으로 어떤 것을 요구하느냐에 따라 달라지죠. 예를 들면 김대중, 노무현 대통령 때 등장한 키워드가 '인적 자원'입니다. 교육부가 '교육인적자원부'가 되었던 게 이때입니다. 또, 5차 교육과정 즈음까지는 교수-학습이라는 단어가 거의 쓰이지 않았습니다. 학습 지도 요령이라고 썼지요. 교사가 가르친 대로 학생이 배운다는 것, 즉 교수와 학습은 같다는 것이 전제된 개념입니다. 학습자의 개별성이 고려되지 못한 개념이라고 볼 수 있습니다. 그런데 교수-학습이라고 하는 개념은, 잘 가르친다고 잘 배우는 건 아니란 걸 의미합니다. 교사들이 교수하는 행위와 학생들이 학습하는 행위가 잘 연결되어야 하지만 그게 같지는 않다는 생각을 바탕으로 등장하게 된 것입니다.

처음 등장했을 때는 교육과정 문서의 한구석만 조금 차지했는데 지금은 교육과정 전체를 지배하는 키워드가 된 단어도 있습니다. 바로 '진로'라는 단어입니다. 어떤 의미에서는 수능 점수에 따라 대학 가는 것이 아니라, 자신의 적성과 진로를 찾아 가는 과정이 강조되었다고 볼 수 있습니다. 또한 교육과정이 국민 공통 교육과정(초등~중3)과 선택 교육과정(고등학교 과정)으로 구분되면서 진로가 강조되었다고 볼 수 있습니다. 하지만 진로가 지나치게 강조되면서 시민교육을 완성해야 할 시기의 교육과정이 진로 중심으로 운영되고 개인이 선택하는 진로 이전에 사회적으로 마련되어야 할 진로 탐색의 조건이 무시되는 문제가 있습니다. "평온한 호수의 물고기는 꿈꾸지 않는다"라는 말이 있잖습니까. 진로를 강조하는 사회일수록 살기가 힘든 것입니다. 요즘 "창의적이 돼야 해", "융합적 사고를 해야 해", "혁신적이어야 해" 이런 이야기가 나오는 밑바닥에 깔려 있는 정서는 '똑같이 해서는 굶어 죽는다'는 불안인 것입니다.

교사의 가르치는 방향과 관련된 문서들로부터, 프로그램을 사용해서 빈도수가 높은 단어들을 추출해 보았습니다. 5.31 이전을 보면, 주로 윤리·도덕적 존재, 충성, 애국, 이타성, 공동체, 근면, 정신 개조, 안보, 희생, 지도력, 모험…… 이런 단어들이 높은 빈도수를 갖는 단어들입니다. 그리고 이들 단어들은 공동체, 국가로 연결됩니다. 이와는 대조적으로 5.31 이후에는 창의, 리더십, 전문가, 혁신가, 서비스, 파트너십, 학습공동체 등의 단어들이 높은 빈도수를 보입니다. 이들 단어들은 개인과 시장이라는 단어와 연결됩니다.

5.31 이전에는 공익(국익) 가치가 우선되었습니다. 자연스레 개인의 성취는 국가 발전을 위한 것으로 연결되어야 했습니다. 이러한 가치를 구현하기 위해 늘 헌신, 봉사, 공동체라는 어휘가 함께 등장했습니다. 그런데 5.31 이후 시장 가치가 중심이 됩니다. 물론 공동체도 같이 강조되었습니다. 특히 이 시기에 국가로부터 간섭의 배제와 자유를 주장하는 자유주의liberalism와 모든 것을 시장 논리로 전환하는 신자유주의neo-liberalism가 고용 없는 성장으로 대표되는 산업 구조의 고도화, 급속한 고령화, 여성 경제 활동의 확대 같은 복합적 요인들 때문에 재검토되면서, 공교육을 시장화 논리에 따라 재편하는 것과 시장적 요소를 공교육 운영에 도입하는 기법들을 활용하는 것이 혼재되어 나타납니다. 더군다나 시장의 효율성과 기업가적 혁신을 결합하여 공교육을 혁신하려는 경향이 강화되면서 교사는 창의적이어야 하고 혁신적인 리더가 되어야 한다는 사회적 요구가 강화됩니다. 기존의 방식을 고수하기보다 새로운 것을 먼저 시도하는 기업가 정신을 내면화해야 하고, 교육과정을 실행하기보다 재구성하는 주체가 되어야 하며, 한 교과를 잘 가르치는 것보다 여러 교과를 융합하는 존재가 되어야 한다는 것입니다.

변화의 양면성

이 밖에도 5.31 이후 공교육에 많은 변화들이 있었습니다. 우선 기존의 학교 조직이 명령과 통제에 맞게 위계적이며 집단적인 문화를 형성해 자율적이며 반성적인 의사 결정의 성장을 가로막는 역할을 해 왔다면, 5.31 이후 학교 조직은 거버넌스, 파트너십, 컨설팅이란 어휘의 빈도수가 높게 나타는 것을 통해 알 수 있듯이 자율과 책무에 중심을 두고 서로가 협력하여 의사 결정을 하는 파트너링 사회partnering society를 지향합니다. 파트너링 사회에서는 단순히 교사를 의사 결정에 참여시키는 것이 아니라, 국가가 수행하던 다양한 역할과 책임을 파트너들인 교사들에게 이전합니다. 자율성이라는 이름으로 권한을 위임하고 그에 대한 책임까지 지게 함으로써 학교는 교육청의 일부가 아니라 교육청이 되고, 교사는 교장을 넘어 교육감이 됩니다. 이것은 한편으로는 통치 전략이 고도화되었다는 것을 의미하기도 합니다.

특히 젠더와 관련하여 중요한 변화가 있습니다. 5.31 이후 경향을 보면, 친절, 온화, 유연, 섬세, 따뜻, 지원 이런 단어들이 많이 등장합니다. 이전 시대의 의욕, 강인, 지도력, 결단력 같은 단어들과 대비됩니다. 우리 사회의 통념적인 성별에 대한 관념에 따르면, 이전 시대에는 주로 '남성적인' 교사상을 요구했다면 지금은 주로 '여성적인' 교사상을 요구한다고 할 수 있겠습니다.

여성의 수적 우세와 별도로, 교직도 '남성적인 것'의 우월성과 '여성적인 것'의 열등성이라는 젠더 위계에 따라 조직되어 있고, 이러한 젠더 위계는 학교 조직 자체가 여성 친화적이지 못하며 여교사의 전문성 신장에 장애가 된다는 것을 의미하였습니다. 그런데 앞에서 살펴보았듯이 5.31 이후 상대적으로 여성성 프레임이 강조되었습니다. 여성성 프레임은 위계적이고, 지배적이며 명령과 지침에 기반한 조직 구조가 대화와 토론, 경청에 기반한 조직 구조로 바뀌도록 하는 데 긍정적인 역할을 했습니다.

그러나 연대, 공감, 연민, 서로를 돌보는 감정을 형성하도록 하는 것, 즉 소위 여성성이 공동체적 관계를 표상하고 학교 내의 여러 가지 차별적 노동이나 제도적 불합리 등의 문제를 해결하고 있다고 볼 수는 없습니다. 오히려 젠더 프레임을 관료제에서 적극 활용하여 현장에서 국가나 교육청이 명령하고 지시하는 권력을 은폐하는 데 기여하기도 합니다. 예를 들면 교장과 교사가 서로 배려하는 문화 속에서 교육청과 교장이 하라고 하는 것을 꼼꼼하게 전부 다 하는 겁니다. '내가 안 하면 다른 교사나 교장 선생님이 곤란해지니까 더 열심히 해야지' 하면서. 수평적인 관계에서는 배려가 좋은 것이지만, 수직적인 관계, 지시하고 복종하는 관계에서 배려라는 것은 부드럽게 복종하게 만드는 문화일 수 있는 거지요.

교육과정을 봐도 그러한 변화가 전부 좋은 것이라고만은 할 수 없습니다. 가령 '과정 중심 평가'가 실제로 어떻게 나타나는지를 살펴보면 위험한 면이 있습니다. 본래 의미로는 수업이 평가가 되고 평가가 수업이 되는 게 바람직한 거잖아요. 그런데 자칫하면 수업의 과정 전체가 평가에 포획당하고 맙니다. 수업 매 차시가 평가가 되고 체크 리스트 대상이 되는 거예요. 그러면 학생들에게는 더 스트레스를 줄 수도 있습니다. 태도나 감정 등을 평가하는 게 과연 가능한가 하는 논란도 일어나고 있고요.

또 다른 예로, '장학'이라는 것도 수평적이지 않고 부정적인 이미지라고 해서 '컨설팅', '컨설팅 장학'이라는 개념으로 바뀌었습니다. 그런데 이제는 컨설팅 장학이 학교를 짓누르는 다른 요소가 됐습니다. 교육청은 "학교에서 무슨 사업을 할 때는 컨설팅을 반드시 2회 이상 하세요" 하고 주문합니다. 컨설팅 자체가 의무가 되어 버린 거예요.

교사들에게 교육과정을 재구성하는 권한을 줬다고 하지만, 따지고 보면 이 '교육과정 재구성'이라는 말은 우리나라에서만 쓰는 말이에요. 우리나라는 이미 짜여 있는 교육과정 안에서 교사들에게 자율성을 준다는 뜻으로 재구성이라는 개념을 쓰지요. 하지만 선진국들의 경우에는 교육과정의 디자인 자체가 교사의 권한입니다. 물론, 국가 수준에서 교육과정에 대한 총론, 가이드라인은 있습니다. 만약 교사가 각자 알아서 가르친다면, 교사의 수준 차이가 교육 활동에 그대로 반영될 것 아니에요? 따라서 교육의 내용과 질을 담보하기 위한 가이드라인은 필요합니다. 다만 우리나라는 그게 너무 세세하고 강해서 문제인 거죠. 선진국에서는 국가 수준의 총론과 가이드라인을 레퍼런스로 삼아서 교사들이 학교에서 만들어서 운영하는 게 곧 교육과정이죠. 선진국에서는 교수-학습 방법을 공부한다는 것은 교육과정을 공부한다는 것과 같은 의미입니다. 뉴질랜드 같은 경우에는 교과 편성 및 시수도 학교별로 정하게 되어 있습니다. 그런데 우리나라에서 그랬다가는 다 입시 위주 과목만 할까 봐 걱정스럽겠죠? 교육과정이 아무리 잘 짜여 있어도, 모든 것을 입시 경쟁으로 만드는 시스템에서는 교육과정도 그렇게 갈 수밖에 없는 겁니다.

사실 우리나라에서 대부분의 교사들이 하는 것은 교육과정을 재구성하는 게 아니라 교과서를 재구성하는 거예요. 우리나라의 교사 양성 과정을 보면, 교사가 되어 가르칠 것을 미리 해 보는 방식입니다. 교과서 내용들을 한 번씩 다 해 보는, 반복적 수행 방식이에요. 반면 덴마크를 보면 교육과정의 설계와 디자인, 반성적 성찰이 중심입니다. 어떠한 성취 수준을 개발하고 어떻게 단원을 구성해서 어떻게 가르칠 것인가 그런 것들을 배우는 거죠. 그러면 교육과정, 수업, 평가 세 가지가 자연스레 연결되죠. 그것이 곧 요즘 교육계에서 많이 이야기되는 '교육과정-수업-평가 일체화'입니다.

'일체화'는 원래 '얼라이먼트alignment'의 번역어입니다. 자동차에서는 바퀴의 각도를 조절해서 균형을 맞출 때 쓰는 말이죠. 하나로 합치는 게 아니라 정렬시킨다, 제휴한다, 균형을 맞춘다는 것입니다. 교육과정-평가-수업을 일체화시킨다는 것은 짜인 교육과정대로 수업하고 평가하라는 말이 아니라, 교육과정과 수업과 평가가 관련성을 가지고 균형이 맞아야 한다는 의미인 거죠. 교육과정과 수업과 평가의 포함 관계를 원으로 그려서 표현해 보면, 사실 수업이 가장 큰 원입니다. 늘 교사는 교육과정보다 더 많은 것을 가르칩니다. 그렇기 때문에 '교육과정-수업-평가 일체화'도 수업에서 교육과정과 너무 관련성이 없는 것을 가르치지 않고, 일관성을 높이자는 개념으로 제기된 것입니다. 그런데 처음부터 교육과정 자체를 수업과 별개의 것으로 만들어서 교사가 주도성을 발휘하지 못하게 해 놓은 게 현실인 거죠. 그렇게 만들어 놓고 담론으로만 '교사가 교육과정을 재구성해라' 요구하고요.

우리나라처럼 국가가 교육과정을 다 만들어 두었기 때문에 교사가 교육과정 자체에 대한 고민을 안 해도 되는 여건에서 교사에게 요구하는 전문성을 '수도관 전문성'이라고 합니다. 교육과정에 수도관을 연결해 놓고 학생들한테 전달한다는 거죠. 그러니까 교수-학습 방법만 발달하게 됩니다. 수업을 볼 때도 주로 어떤 교수법을 썼느냐, 어떤 멋진 매체를 사용했느냐 하는 걸 보게 되고요. 이런 방식은 교사의 성장을 가로막습니다. '무엇을 가르칠까'와 '어떻게 가르칠까'가 하나로 연결된 교사 양성 과정으로 바뀌어야 합니다. 이런 식으로 교육과정이나 교사 전문성 문서에서 개념이 바뀌었어도 학교 현실에서는 제대로 작동하지 않는 것들도 많습니다.

교사가 '자기 계발의 주체'가 된다는 것

이제 교사들한테 "왜 교육과정 재구성 안 하냐"며 재촉하고, 융합적이고 창의적으로 가르치라고, 교과를 넘어 연계하는 전문가가 되라고 이야기하잖아요. 그런데 이는 한편으로 옛날과 달리 무결정적이고 무중심적인 상황이 된 거예요. 예전에는 시간이 지나면 어느 정도 경력도 쌓이면서 지식과 경험이 축적됐다면, 지금은 오래 해도 경력만큼 전문성이 쌓인다고 느낄 수가 없는 겁니다. 이게 교사들에게는 굉장한 불안을 야기해요. 또, 교사들도 다른 교사의 연륜으로부터 배우려 하지 않게 되죠. 초등을 예로 들면, 이제는 옆에 있는 다른 교사에게 물어보기보다는 인터넷에서 자료를 내려받아서 쓰는 게 더 수업을 잘할 수 있게 해 준다고 생각하게 되는 겁니다.

철학자 지그문트 바우만은 《액체 근대》라는 책에서 근대는 액체와 같다고 말합니다. 점점 유동적이 되고 경계가 사라지고 서로 넘나드는 것이 좋은 것 같지만 다른 한편에선 불안한 겁니다. 앞으로 몇십 년 안에 직업의 몇 %가 사라지고 살아남기 위해 창의적인 인재가 되어야 한다고 떠들지만, 살아남기 위해 창의적으로 되라고 말할수록 창의적이 될 수가 없습니다. 오히려 "쓰러져도 돼", "하다가 실패하면 공동체/국가가 받쳐 줄 거야"라고 말하는 사회에서 사람들은 모험하고 실험할 수 있습니다. 불안하게 만들고 실패하면 안 된다고 하면 사람들은 도전하려고 하지 않습니다. 교사의 경우도 마찬가지입니다. 교사에 대해서 자꾸 평가하고 선별하는 모델만 발달시키면 교사의 전문성은 신장되지 않고, 평가만 발달합니다.

이러한 점에서 불가능한 것을 자꾸 하려는 경향이 있는데요. 최근 교육청에서 면접을 강화해서 우리가 원하는 역량 있는 교사를 뽑겠다고 거창한 계획을 세우는 경우가 있습니다. 아니, 4년 동안 대학에서 공부하면서 못 키운 것을, 임용 시험 치르고 면접을 보는 며칠 동안 어떻게 키우겠습니까? 그럴 거면 차라리 임용 시험을 없애고 양성 기관을 강화시키는 게 낫죠. 저는 양성 기관 교육과정, 임용 시험, 연수 체제를 각각 강화하는 모델은 어느 것 하나도 제대로 성공시킬 수 없다고 봅니다. 역대 정부가 실패한 전략이기도 하고요. 교사가 우수한 교사로 평생에 걸쳐 성장해 가는 생애사적 모델을 설정하고, 양성 과정, 임용, 현직 교원 연수 과정을 종합적으로 고려하는 덴마크의 교원 양성 모델이 하나의 시사점을 줄 수 있다고 생각합니다.

한국 교육에서 신-자유주의가 전개되는 양상을 보면, '비동시적인 것의 동시성'이라는 특징을 보여 줍니다. 다시 말해 세 가지 다른 시간대의 자유주의가 중층적이며 복합적인 형태로 나타납니다. 5.31 이전, 길게는 87년 체제 이전에, 자유주의는 교사의 교육 활동에 대한 국가의 과도한 개입에 대해 저항하는 저항적 흐름이었습니다. 이때는 교육과정 구성이나 평가를 비롯해 보다 폭넓은 권한이 교사에게 주어지길 요구했습니다. 그 다음 시대의 신자유주의는 《거대한 전환》의 저자 폴라니가 말했던 것처럼, 시장의 원리로 전환할 수 없는 모든 것을 시장의 원리로 재구성하려는 흐름으로, 이 시기에는 이에 저항하는 쪽에서는 교육의 공공성을 강화하려는 흐름이 형성됩니다.

마지막으로 신자유주의가 글로벌 금융 위기 등을 겪으며 한계에 부딪히게 되면서 나타난 후기 자유주의가 있습니다. 후기 자유주의는 모든 것을 시장화하는 전략을 역전시켜 효율성, 경영 노하우, 기업가 정신의 아이디어를 사회적인 영역에 새겨 넣는 전략입니다. 혁신을 내세우면서 이 안에서 공동체를 강조하고, 모두에게 기업가적 혁신과 헌신을 요구하는 흐름인데, 효율성과 시장의 모델을 공교육 안에서 구현하는 것을 의미합니다. 이러한 후기 자유주의에서는 시장의 효율성과 기업가 정신을 사회적이라는 공익적 활동으로 전환하면서, 모두가 혁신 경영인이 되도록 요구받으며, 스스로 그러한 주체가 되어야 합니다.

예를 들어 요즘 협동조합이나 사회적 기업 이야기를 많이 하죠. 사회적 문제를 다루는 게 기업의 새로운 영토이고 수익을 창출할 수 있는 블루 오션이라고 하는 겁니다. 그런데 그것을 왜 사회적 기업이 할까요? 국가가, 공동체가 해결해야 할 일인데 말이죠. 장애인 복지 사업이나 독거 노인 돌봄 서비스 등 사회적으로 필요한 일을 일종의 수익을 얻는 창업 아이템으로 활용하게 만드는 것이 될 수가 있거든요. 이런 현상을 가리켜 공동체와 사회가 시장에 포획되었다고 합니다. 이명박 정부에서 쓴 '녹색 성장'이라는 개념이 성장에 제동을 거는 게 아니라 성장의 수단으로 '녹색'을 활용했던 것과 마찬가지입니다. 학교에서도 학교를 시장에서 경쟁하는 기업의 모델로 상정하고 어떻게 잘 혁신하고 경영할지 이야기하는 거예요. 그러다 보니 형식으로는 사회적인 것이 늘어나지만 사회성은 더 약화되는 방향으로 가고 있습니다.

'슈퍼맨'적 주체, 성과주의자를 극복하기

결국 교사의 전문성에 대한 한국 사회의 큰 흐름을 돌아보면, '정해진 대로 가르치기만 하고, 권한이 있으니까 인권을 지키는 범위를 넘어서도 돼, 마음대로 해' 하던 것에서 '네가 뭘 할 수 있는지 보여 줘야 해, 네가 아이들을 어떻게 변화시키는지 증명해 봐'라고 말하는 경향으로 가고 있다는 이야기입니다. 우리나라 교육과정 속의 교사에 대한 담론이, 위임 독재 시대에 비해 민주적으로 변화한 것 같지만, 실은 교사를 자기 계발의 주체로 만들면서 훨씬 더 개별화되고 공공성을 상실하게 된 측면이 있는 겁니다.

우리나라에서 교사가 자기 계발의 주체가 되면서 슈드 비 콤플렉스_{should be complex}에 시달리게 됐습니다. 모두 성과주의자가 되는 거예요. 가시적인 결과물을 내놓지 않으면 안 된다고 생각하게 되고, 교육을 할 때도 어떤 성취 수준을 달성했는지 보여 줘야 하는 거죠. 학교 안에서 교사들은 늘 "할 수 있다"라는 언어로 진술해야 합니다. '이 아이가 이걸 할 수 있어, 없어? 이걸 할 수 있게 되면 다음엔 뭐를 할 수 있게 되어야 해?' 이런 언어로 이야기하게 됩니다. 할 수 없다는 것은 공부를 안 한 것, 교육을 못한 것이 됩니다.

한 가지 익숙한 사례를 예로 들어 보겠습니다. 어떤 학생이 피아노 연주를 잘하면 우리는 이렇게 말합니다. "너는 피아니스트가 되겠구나." 또 달리기를 잘하는 학생한테 "너는 육상 선수가 되겠구나"라고 말합니다. 우리는 '뭐가 된다', '뭐가 될 수 있다' 하는 식으로 동기 유발을 하거나 피드백을 하는 경우가 많습니다. 그래서인지 남들이 하는 것을 다 하려고 하는데, 일찍 시작하는 만큼 포기하는 속도도 빠릅니다. 피아노 치는 것을 즐거워하도록, 달리는 것을 즐거워하도록 하는 교육, 좋아하면서 지속하는 교육을 하지 못합니다. 그러니 피아니스트 될 것도 아닌데 피아노를 계속 칠 이유가 없고, 달리기 선수가 될 것도 아닌데 달리기를 계속할 이유가 없습니다. 이렇게 결과와 성취에 집착하는 문화가 좀 더 유연해져야 한다고 생각합니다.

이야기가 두서없었습니다. 제가 지금까지 말한 내용을 정리하자면, 놀이터에 안전을 위해 설치한 폐타이어가 타이어의 기원에 의해 있는 게 아니듯이, 교사들의 가르치는 행위는 교육과정뿐만 아니라 현재의 정치·사회·경제적 질서가 만들어 내는 효과의 영향을 받는다는 것입니다. 그래서 가르치는 행위를 분석하기 위해서는 가르치는 행위에 동원된 이질적인 요소들을 분석해야 합니다.

이러한 맥락에서 볼 때, 교사가 위임 독재자의 역할에서 혁신적 경영인으로 역할이 변화되었다는 것은 무슨 의미일까요. 한편으로는 국가 수준 교육과정을 잘 이행하면서도 적극적으로 교육과정을 재구성해야 하고, 혁신적이고 전문적 경영인으로서 역할을 가지고 학교 운영에도 참여하면서, 학부모와의 문제도 합리적으로 해결하며 헌신하는 '슈퍼맨적 주체'가 되어야 한다는 것을 의미합니다. 하지만 그러다 보면 필연적으로 피로와 소진의 문제가 생깁니다. 학교교육의 여러 문제는 교사가 더 전문적이 되고 교수-학습이 발달한다고 해서 극복되는 것이 아닙니다. 그런 점에서 교사에 대한 철학, 교사의 성장 철학에 대해서도 다른 고민이 반영되어야 한다고 생각합니다.

참가자 오늘 이야기를 들으면서 저도 자기 계발적 사고방식에 빠져 있는 게 아닌가 싶은 생각이 들었어요. 학교에서도 다른 교사들에게 더 열심히 다르게 하자고 강요하는 게 아닌가 고민이 들어요. 그런데 또 아까 교사들이 다 똑같이 생각해서 토론도 질문도 없는 회의가 된다고 말씀하셨는데, 그럼 교사들이 자기만의 다른 사유를 하려면 공부하고 노력해야 하는 것 아닌가요? 그 균형점을 찾는 게 어려운 것 같아요.

정용주 네 그렇죠. 사실 모든 교사들이 교육과정을 스스로 만들고 싶어 하는 그런 세상은 없어요. 많은 교사들은 그냥 교과서대로 가르치는 게 좋다고 생각하고, 그걸 비난할 수도 없지요. 국가에서 교육과정을 우리나라에서 난다 긴다 하는 교사들을 뽑아서 공들여 만들잖아요. 그렇게 만들고서 교사들에게 각자 재구성하라고 하는 건 말도 안 되고, 힘들 수밖에 없는 거죠. 제가 이야기하는 방법은 '좋은 행정을 하려고 하지 말고 행정을 최소화시키는 역할을 해야 한다'는 거예요. 길이 막히는 것을 극복하기 위해 자꾸 도로와 주차장을 만들면 자동차는 더 많아져요. 교통 통제에 성공한 대부분의 나라들은 시내 통행 속도를 제한하고 도로를 줄이고 대중교통을 확대하는 정책을 했습니다. 애초에 불편하게 만들어야 합니다. 무엇을 가르칠지 정해져 있지 않을 때, 처음에는 두려워도 점점 자신이 교육과정을 짜면서 가르칠 수 있다고 생각하게 됩니다. 그러면서 교사들끼리 서로의 이야기와 경험을 공유하고 간섭하고 확대시켜 주는 역할을 해야 동료성도 구축되거든요. 그런데 교과서가 너무 잘되어 있으면 교과서대로 가르치면 되기 때문에 그렇게 되지 않습니다. 국가 수준 교육과정이나 교과서나 너무 친절하게 다 만들어 놓으면 교사가 스스로 할 수 없는 거죠.

참가자 선생님이 말씀하신 대로, 교사는 법령에 따라 학생을 교육한다고 되어 있는데, 법령에서는 교육과정에 그 내용을 위임하고 있는 거라고 이해하면 되겠죠? 교사가 가르쳐야 하는 것은 교과서가 아니라 교육과정인 거죠? 교육과정에는 어느 시간에 무슨 내용을 가르치라는 이런 세세한 규정은 없는 것이고요. 그러면 교사는 교과서를 가지고 수업한다는 인식을 근본적으로 재고해 봐야겠네요. 교과서는 국가가 교사가 좀 더 편하게 가르칠 수 있게 해 주는 서비스 같은 것 아닐까 하는 생각이 드네요.

정용주 예, 말씀하신 게 거의 다 맞아요. 사실 하나의 교과라는 것은 그 자체가 일종의 프로젝트입니다. 현재의 교육과정에서도 교과서의 내용이 아니라, 성취 수준을 중심으로 초점을 옮겨서 보면 굉장히 많은 가능성이 있습니다. 예를 들어 역경을 이겨 내고 꿈을 이룬 인물의 이야기를 통해서 자존감을 알아보자고 하면서 김연아 선수를 소개한 교과서가 있어요. 그런데 여기서 목표는 역경을 이겨 내는 스토리가 아니라, 자존감을 가르치는 거죠. 저는 그래서 이걸 어떤 수업으로 이루었냐면, 일본군 '위안부' 피해 할머니의 활동을 소개하는 수업을 했습니다. 자신이 이런 폭력을 당했다고 당당하게 밝히면서 공론화시키고 국가에 사과와 배상을 요구하여 결국 이루어 내는 것, 자존감 있는 인물이거든요.

그럼에도 불구하고 몇몇 의지 있는 교사들만이 아니라 더 많은 교사들이 그런 시도를 하게 하려면 교육과정이나 교과서가 변해야겠죠. 되도록 교과서는 없어지거나 다양화되어야 할 테고요. 뉴질랜드 같은 곳은 국가 수준에서 정한 교육과정이 A4지 2~3장 정도밖에 안 돼요. 교육과정을 그렇게 최소화한다는 것은 교사의 전문성을 신뢰한다는 것이지요. 그러면 자연스럽게 뒤따라야 할 게 있어요. 교사 평가의 변화입니다. 지금처럼 등급을 매기는 게 아니라 교사가 성장하도록 교사를 돕는 평가 제도와 그에 걸맞은 지원이 있어야죠.

참가자 저는 1995년 10월, 5.31 교육 개혁 직후에 교사가 됐습니다. 제가 학생으로서 겪은 학교교육은 5.31 이전의 것이었고 교사로서의 삶은 5.31 이후의 것으로 나뉘는 거죠. 그래서 정말 시대가 많이 바뀌었다는 걸 느낍니다. 요즘에 학교에서 보면 교사들, 특히 여교사들이 섬세하고 따뜻하게 학생들을 대하세요. 강의에서 이야기하신 대로 젠더 프레임에서 친절하고 온화한 그런 교사의 모습을 요구하는 것 같은데, 저는 그런 시대적 변화에 잘 적응하지 못하는 것 같더라고요. 그래서 제가 어떻게 해야 하나 고민이에요.

정용주 일단 제가 강의에서 말씀드린 건 특정 성별이 원래 그렇다 이런 이야기는 아니고, 사회적으로 이른바 '남성성', '여성성'이라고 통념상 생각되는 개념과 특징들을 분류한 겁니다. 제가 초점을 맞췄던 것은 그런 젠더 프레임을 왜곡시켜서 권위주의나 명령을 부드럽게 수용하도록 요구하는 문제가 있다는 거였지요. 이걸 실제의 성별과 직결시켜서 생각하다 보면 한국에서 초등학교 교사가 여성이 너무 많으니 남성성을 가르치기 위해 남성 교사 수를 늘려야 한다는 식의 엉뚱한 주장이 나오죠. 의욕, 지도력, 결단력, 강인함 등과 친절함, 온화함, 섬세함 등 사이에 어느 쪽이 더 나은 게 아니라 다 존중받고 길러져야 하는 특징이라고 생각합니다.

참가자 2015 교육과정부터는 '진로'라는 개념이 많이 등장하잖아요. 그런데 진로교육도 그렇고 삶에 대한 교육이라는 면에서 본다면 과연 교사들이 능숙하게 가르칠 능력이 되는지 의심스러워요. 그러기엔 교사의 성장 과정 자체가 구조적 결함을 갖고 있는 것 같거든요. 학교, 학교, 학교, 또 학교 안에서만 생활하잖아요. 또 한국에서 교사는 정치적으로 특수한 존재라서 교사로 발령받는 동시에 정치적 기본권을 박탈당하죠. 그래서 교사는 본인의 삶 속에서 시민으로서 정치적·사회적 권리를 행사하며 살아 본 경우가 드문 좀 기형적인 사회적 존재라는 생각이 들어요. 이런 교사가 진로교육을 하거나 삶의 문제를 가르친다는 게 가능한 일일까요?

정용주 역설적으로 말해서, 민주적이지 않은 나라일수록 '민주주의'라는 말을 많이 하죠. 교육과정에서 역량이 강조되고 있다는 건, 우리가 교과별로 쪼개서 가르쳐 왔다는 이야기고요. 교육과정에서 강조하는 것은 우리가 가고자 하는 방향을 표현하는 것이면서 동시에 우리가 없는 부분을 드러내고 있는 겁니다. 진로교육이 강조되고 있는 것도, 지금 우리나라에서 진로교육이 안 되고 있다는 거예요. 그 전에는 '대학만 가면 돼' 하고 가르쳤던 거죠.

다양한 소질을 찾고 소질에 맞는 길을 찾게 해 준다는 건 좋은 일입니다. 그런데 문제는 이 진로를 자꾸 프로그램으로 만들고, 어렸을 때부터 창업하라고 하고, 빨리 자기 길을 정하라고 재촉하는 겁니다. 사실 중등교육은 진로보다도 시민교육이 먼저여야 하는데요. 또, 진로교육이 제대로 되게 하려면 사회에서 진로가 다양화되는 것이 중요해요. 어느 쪽으로 가건 사회에서 차별받지 않는다는 조건이 갖춰져야 하는데, 그런 사회의 변화 없이 학교에서 진로를 찾으라고 하면 또 다른 입시 교육과 마찬가지지요. 대부분의 학생들이 자기 꿈을 이야기할 때 노동자라고 하는 경우는 거의 없습니다. 우리나라는 노동 혐오를 가르치는 교육이기 때문이죠. 사회적으로 변해야 하는데 학교에서 진로교육을 한다고 되는 건 아닌 것 같습니다. 저는 진로교육을 위해서는 교육과정에서 '진로' 과목이 없어져야 한다고 이야기한 적이 있습니다. 그런 교과목이 있으면 그 시간에만 진로교육을 하게 되거든요. 모든 시간에 시민으로서 살아가는 방법, 다양한 직업에 대한 존중을 배워야, 나중에 자신의 진로도 찾을 수 있겠죠. 일종의 시민교육으로서 진로교육이 중요하다고 생각해요.

또 하나는 질문하신 대로 우리 교사들이 진로교육을 할 수 있느냐 하는 점이 문제죠. 대부분의 교사들은 말 잘 듣고 열심히 공부해서 교대·사대 가고 교사가 됐잖아요. 교사들이 그래서 지식은 잘 알아요. 하지만 자신이 어떤 권리를 침해당할 때 분노할 줄은 모릅니다. 예를 들면 학교에서 교장이 "선생님, 왜 그런 옷을 입으세요?" 하고 나무라면 모멸감을 느껴야 하거든요. 하지만 대부분 그러지 못하죠. 교대에서도 교수들이 초등학교 교사가 될 사람들을 마치 초등학생처럼 대하고 있습니다. 교사들은 공부를 잘해서 점수를 존중받은 경험이 제일 많죠. 학부모들이 교사 평가를 함부로 했다, 10점이 아니라 4점을 줬다 그런 것에 모멸감을 느낍니다. 인권이 무시당하는 것에 대해서는 감수성이 떨어지고요. 교사들도 감수성을 기르기 위해서 노력해야 진로교육도 가능할 겁니다. 노동 인권을 침해당하는 것에 대해 민감하게 반응하고, 스스로 시민으로서 살 때 타인을 존중할 수 있겠지요.

참가자 교사의 자기 계발 등을 신자유주의적이라고 보고 그다지 긍정적으로 인식하고 있지 않으신 것 같아요. 그렇다면 생각하시는 교사상은 어떤 것인지 궁금합니다.

정용주 교사상까지 갖고 있지는 않고요. 《자유의 의지, 자기 계발의 의지》라는 책을 쓴 서동진도, 나중에 자신이 잘못 썼다고 이야기를 했어요. 자유 의지를 가진 주체와 자기 계발의 주체가 따로 있는 게 아니라는 겁니다. 자유 의지는 좋은 거고 자기 계발은 나쁜 거라고 분리해서 접근하면 안 된다는 거죠. 자유 의지를 갖는 게 어떤 면에서는 자기 계발이 될 수도 있고 또 신자유주의적인 담론과 체제에 포섭되는 것일 수도 있다는 것을 이해하는 게 중요한 의미를 갖는다는 것까지만 제가 말씀드릴 수 있을 것 같습니다.

예를 들면 학교 현장에서 교사들이 이런 말씀을 많이 하시죠. "현장에 모든 답이 있다. 간섭 좀 하지 마라." 위에서부터 자꾸 현장을 무시하고 일방적으로 뭘 하라고 하니까 그런 이야기를 하는 맥락은 이해 가지만, 한편으로는 좀 걱정이 되기도 해요. 현장이라고 해서 절대적일 수는 없잖아요. 말하자면, 내가 낳고 기른 자식이라 해도 내가 내 자식에 대해 모르는 사람일 수도 있다는 반성과 성찰에서부터 출발해야 합니다. 그래서 학교 현장이나 교사의 자율성을 절대화하는 것도 문제라고 생각합니다.

옛날에는 "너는 전문가고 스승이야, 다 할 수 있어" 하면서 교사를 흘러넘치는 주체로 만들었죠. 5.31 이후에는 교사를 자꾸 부끄러운 주체, 부족한 주체로 만들어요. "너 부족해, 이거 더 해야 해" 하고. 그리고 옛날에는 "시키는 대로 해" 하면서 조용한 주체로 만들었는데, 이제는 "말해, 너는 뭐가 다르지?" 하면서 시끄러운 주체로 만듭니다. 이러한 변화가 좋은 것만은 아니라는 겁니다. 어떤 담론이 절대적으로 옳은 게 아니라, 성찰해야 하는 거죠.

역량 이야기를 할 때 우리나라에는 잘 소개가 안 되는 점이 한 가지 있습니다. 의사소통 역량이니 뭐니 하면서 역량을 6개, 7개 막 늘어놓잖아요. 그런데 국제적으로 가장 중요하게 이야기하는 건, 역량은 학습자 개인 안에서 통합되는 것이고 통합의 핵심 키워드는 성찰성이라는 겁니다. 역량을 학생에게 주입식 교육으로 가르치는 게 아니라 학습자가 통합하고 성찰하는 게 중요하다는 거예요. 교사도 마찬가지가 아닐까 합니다.

교사,
정치하라!

—• 선거 제도와 교사의 정치적 자유

—• 하승수

비례민주주의연대 공동 대표 haha9601@naver.com

안녕하세요? 제 소개가 비례민주주의연대 공동 대표라고 되어 있을 텐데요. 저는 선거 제도를 바꾸는 일을 주로 하고 있습니다. 오늘 이야기할 내용은 '교사가 어떻게 정치를 바라보고 참여할 수 있을까?'에 대한 건데요, 복잡하지 않습니다. 선거 제도를 중심으로 우리나라 정치 제도에 어떤 문제가 있는지 알아볼 거예요. 제 옆지기도 교사인데, 저에게 "당신은 맨날 정치를 바꾼다고 쏘다니는데 왜 내 정치적 권리 하나 보장 못 하느냐?"고 이야기해요. 잘 아시겠지만, 우리나라 교사들은 정치와 멀리 떨어져 지내야 하는 직업이잖아요. 정치에 관심도 갖지 말고, 정치에 관한 이야기도 하면 안 되잖아요. 정당 가입은 당연히 안 되고요. 선거와 관련된 글을 자기 SNS에 올려도 고발당하고 처벌받는 게 교사잖아요.

저는 교사와 학생이야말로 정치적이어야 한다고 생각해요. 왜냐하면 학교를 흔히 민주 시민을 양성하는 곳이라고 말하는데 민주 시민은 스스로 정치를 해 봐야 될 수 있어요. 정치를 구경만 해서 어떻게 민주 시민이 될 수 있겠어요. 그래서 교사와 학생 모두 정치를 할 수 있어야 해요.

저는 원래 정치를 공부하거나 정치에 관심이 있었던 사람이 아니었어요. 제 주된 관심사는 '어떤 삶이 좋은 삶인가?', '어떤 사회가 좋은 사회인가?', '나는 어떻게 살 것인가?'였어요. 한국 사회에서 살다 보니, 저를 포함해서 사람들이 살아가는 모습을 보면 뭔가 문제가 많아요. 그래서 처음에는 '어떤 삶이 좋은 삶이냐?'를 고민하기 시작했어요. 그 계기는 바로 대학에서 학생들을 만난 거였어요.

1998년에 변호사 자격증을 따고 7년 정도 변호사 생활을 하다가 제주대학교에서 교수 생활을 했어요. 2006년부터 2009년까지 일하고 그만뒀는데, 그때 '좋은 삶'에 대해 본격적으로 고민하기 시작했어요. 로스쿨을 만들 때 설립 요건에 변호사 자격증이 있는 사람이 교수진의 20%가 되어야 한다는 내용이 있어서 학사 학위밖에 없는 저도 대학 교수가 될 수 있었어요. 그렇게 졸업한 지 20여 년 만에 다시 대학에 갔는데 정말 깜짝 놀랐어요. 대학생들의 삶이 제 대학 시절과 너무 다른 거예요. 더 나쁜 쪽으로 말이죠.

당시 법학과 3학년 수업을 했는데 5% 정도의 학생만 제 수업에서 배운 내용을 써먹겠구나 싶었거든요. 대부분의 학생들에게는 전공 과목이라는 게 무의미해 보였어요. 학생들의 희망은 공무원 시험에 합격하는 거였어요. 지금도 마찬가지지만 안정적이고 괜찮은 직업이 공무원이기 때문이에요. 공부를 아주 잘하는 친구들은 대기업이나 공기업을 생각했는데, 대부분은 공무원 시험에 합격하는 게 최고의 목표였어요. 남학생들의 경우는 1학년이나 2학년을 마치고 입대한 후에 복학하지 않고 바로 노량진에서 공무원 시험 준비를 했어요. 그렇게 해서 졸업 전에 공무원 시험에 합격하면 그 친구가 동기들 중에서 제일

잘된 거였고요. 당시 인문 계열 학생들은 거의 그랬어요.

그러니 '어떤 삶이 좋은 삶이냐?' 하는 고민이 자연스럽게 이어졌어요. 저는 대학 교수라는 안정된 직장을 구했는데, 제가 가르치는 학생들은 행복해 보이지 않았기 때문이에요. 학생들의 삶이 좋지 않으면 교수들의 삶도 결코 좋을 수 없어요. 대학에서 학생들을 가르치면서 서로 호흡하고 연구하며 보람을 느끼는 교수는 제가 보기엔 채 10%도 안 되는 것 같았어요. 많은 교수들은 그저 좋은 직업으로서 교수 생활을 누리고 있는 것 같았어요. 그러다 우리 삶에 문제가 너무 많은데 해결할 수 없는 답답함 때문에 4년 만에 교수직을 그만두었어요. 법정 스님 같은 분들의 글도 읽어 보면서 나름 좋은 삶에 대한 생각을 많이 한 후 내린 결정이었어요.

법정 스님은 행복의 비결에 대해 이렇게 이야기하시더라고요. '다른 사람과 자신을 비교하지 않을 것', '자신이 좋아하는 일을 할 것', '채소를 키우고 흙을 가까이 하면서 살 것', '다른 사람에게 쓸모 있는 존재가 되고 다른 사람의 행복에도 관심을 가질 것'. 이런 삶이 가능한 사람도 있을 거예요. 그런데 현실적으로 그렇게 살 수 있는 사람이 얼마나 되겠어요. 이 사회에서 남과 비교하거나 비교당하지 않고 사는 사람이 얼마나 될까요? 물론 다 좋은 말씀이에요. 법정 스님 말고도 많은 철학자들의 잠언들을 봐도 알 수 있어요. 막상 그렇게 살 수 없는 게 문제인 거죠. 이 대한민국이라는 사회에서는 말이죠. 그러다 보니 자연스럽게 어떤 사회가 좋은 사회인가로 고민이 확장된 거예요. 나는 어떻게 살 것인가를 생각하게 됐고요.

우리 사회가, 사회 구성원들이 행복과는 거리가 먼 삶을 살게 된 근본적인 원인이 무엇일까요?

제가 생각하기에는 경제 성장을 사회의 목표로 삼고 달려왔기 때문인 것 같아요. 한국의 정치인들 중에 경제 성장을 이야기하지 않는 사람이 있나요? 제가 지역에서 의료생활협동조합 활동을 하다가 정치인이 된 사람을 한 명 알고 있어요. 그분이 SNS에 출마 선언을 올렸는데 '좋은 성장'을 이야기하더라고요. 요즘 양심적인 정치인들은 '좋은 성장', '소득 주도 성장' 이런 이야기들을 많이 하잖아요. 학업과 입시, 취업난까지 무한 경쟁의 삶은 경제 성장만을 추구해 온 사회가 낳은 문제예요. 제가 읽었던 책에 이런 말이 나오더라고요. "경제 정책의 장기적 목표를 성장이 아니라 '좋은 삶'에 기여하는 방향으로 우리의 집단적 존재를 구축하는 데 두어야 한다."* 저는 이 말이 바로 한국과 복지국가인 유럽의 여러 나라들이 구분되는 선이라고 생각해요.

경제 성장은 국내총생산(GDP)이 증가하는 걸 이야기해요. 물론 거기에는 모순이 존재해요. 환경 오염이 발생해 제거하는 일, 핵발전소를 짓는 일, 교도소를 더 짓고 운영하는 일, 전쟁 무기를 만드는 일, 아파서 치료받은 사람들이 늘어나는 일까지 모두 GDP로 잡히잖아요. 정치나 국가의 목표가 경제 성장이 되면 그 사회는 정상적으로 굴러가기 어렵다는 게 제 생각이에요. 우리나라는 연말이 되면 올해와 내

---

* 로버트 스키델스키·에드워드 스키델스키, 김병화 옮김(2013), 《얼마나 있어야 충분한가》, 부키, 292쪽.

년 경제 성장 목표가 몇 %라고 떠들어 대잖아요. 경제 성장률이 떨어지거나 낮게 예상되면 언론에서는 난리를 피우며 큰일이라도 날 것처럼 호들갑을 떨곤 해요. 이런 게 정상적인 건 아닌데도 말이죠. 부동산 경기가 안 좋아 집값이 떨어지고 아파트 분양이 안 되면 경제 성장이 안 된다고 난리가 나요. 실제로 부동산이 과열되고 집값이 치솟으면 대다수 국민들의 삶에는 나쁜 영향을 미치는데도 말이죠. 이런 식으로 경제 성장만을 추구하면 우리 사회는 지속 가능하지 않습니다.

올 초에 강추위 때문에 난리였잖아요. 그런데 그 원인이 밝혀졌어요. 지구 온난화 때문이라고요. 최근에는 지구 온난화라는 용어보다 기후 변화라는 용어를 사용하고 있어요. 과거에 비해 여름에는 더 더워지고 겨울에는 더 추워지는 등 이상 기후가 발생하고 있기 때문이에요. 온난화라고 하면 사람들이 무작정 더워지는 걸로 착각할 수 있거든요. 실제로 아침에 일어나서 문을 열고 나오면 찬 공기의 느낌이 옛날과는 많이 달랐어요. 진짜 북극 공기가 내려온 것 같았어요. 기후 변화는 정말 심각한 문제예요. 지금 우리가 겪고 있는 강추위나 폭염은 시작일 뿐입니다. 앞으로 더 심각해질 거예요. 지구의 이산화탄소 농도가 점점 올라가고 있거든. 매년 약 2~3ppm씩 올라가고 있어요. 2016년에는 407.70ppm이었고 2017년에는 409.65ppm으로 측정됐어요. UN에서 과학자들에게 연구 의뢰를 해서 예측한 바에 따르면 지구의 이산화탄소 농도 마지노선은 450ppm으로 보고 있습니다. 일부 낙관적인 과학자들은 470~480ppm까지도 괜찮다고 보고 있지만, 비관적인 과학자들은 350ppm으로 낮춰야 한다고 주장하고 있어요. 현재 상태가 지속된다면 최소 기준으로 볼 때 약 20~30년 후면 마지노선에 도달하게 되는 거예요. 지구의 이산화탄소 농도가 350ppm을 넘어선 게 1950년대예요. 지난 반세기 동안 60ppm이 오른 거예요. 삶의 질과 행복 지수가 지속적으로 하락하고 있는 상황인데 이대로 가다가는 지속 불가능한 사회가 되고 마는 겁니다.

핵발전소도 마찬가지인데요. 저는 핵발전소도 심각하지만 기후 변화는 정말 심각한 문제라고 생각해요. 핵발전소는 줄여 나가고 핵폐기물도 잘 보관하면 방사능 위험을 어느 정도는 줄일 수 있어요. 그런데 기후 변화는 한 나라에서 핵발전소를 안 짓거나 가동을 중단하는 그런 문제가 아니에요. 전 지구적으로 이산화탄소를 줄이는 노력을 해야 하고, 한번 나온 온실 가스는 다시 집어넣을 수 없기 때문에 장기적으로 해결해야 할 문제예요. 그 해결책은 경제가 아닌 정치로 풀어야만 가능하고요.

그래서 유럽에서는 기후 변화 관련 시위를 할 때 "Change the politics not the climate"라고 쓴 피켓을 듭니다. '바뀌어야 할 것은 기후가 아니라 정치'라고 말이죠. 기후 변화 문제를 해결하려면 전 세계 국가들이 힘을 모아서 노력해야 해요. 정치가 문제를 해결하는 역할을 해야 하는데 잘 못하고 있어요. 우리나라 정치권도 마찬가지예요. 여전히 경제 성장을 이야기하고 있어요. 경제 성장을 외치면 어떻게 되겠어요. 온실 가스가 더 많이 나오게 됩니다. 우리 사회는 지금도 문제가 많지만 이대로 가면 정말 지속 가능하지 않다고 봐요. 이렇게 된 원인은 바로 정치의 문제라고 생각해요.

이제 정치는 경제 성장이 아니라 국민들의 삶의 문제를 해결하는 데 주력해야 해요. 환경, 주거, 교육, 복지 이런 걸 해결하는 게 지금 정치의 역할이라고 생각해요. 공동체의 문제를 해결하는 게 정치의 역할인데 우리나라는 더 악화되고 있는 것 같아요.

미국도 마찬가지예요. 기후 변화 문제를 해결하려는 의지가 없어요. 도널드 트럼프 대통령은 심지어 기후 변화는 지어낸 이야기, 조작된 이야기라고 말하고 있습니다. 미국은 온실 가스를 세계에서 두 번째로 많이 배출하는 나라예요. 그런데 대통령이 나서서 기후 변화는 조작된 거라고 이야기하고 있어요. 그래서 저는 트럼프 대통령이 탄핵되었으면 좋겠어요. 촛불 시위를 수출해서라도 탄핵시키고 싶어요. 트럼프 대통령 재임 기간 동안 기후 변화에 부정적인 영향을 미칠 게 분명하니까요.

이게 제가 정치에 관심을 가지게 된 이유예요. 저와 제 주변 사람들의 삶이 그다지 행복하지 못한데 이건 개인의 문제가 아니라 사회의 문제라는 걸 알게 됐기 때문이에요. 무한 경쟁과 날로 심해지는 불평등 때문에 우리 삶은 점점 더 팍팍해지는데 정치가 제대로 이뤄지지 않고 있기 때문이에요. 기후 변화를 해결하기 위한 정책과 노력이 미비한 것도 마찬가지예요. 그래서 저는 녹색당을 창당하는 데 참여했고 지금은 정치와 선거 제도를 바꾸려고 노력하고 있어요.

촛불 이후 정치를 어떻게 바꿔야 하나

사람을 바꾸면 정치가 바뀔 거라는 생각도 해 봤어요. 2002년 대선 당시에 노무현 후보와 정몽준 후보가 손을 잡고 노무현 후보로 단일화를 하기로 했어요. 그래서 많은 사람들이 노무현 후보가 대통령이 될 거란 희망을 가졌지요. 그런데 선거 전날 정몽준 후보가 단일화 파기 선언을 해서 난리가 났어요. 노무현 후보를 지지하는 사람들은 지인들에게 전화와 문자로 노무현 후보를 찍어야 한다고 연락하느라 바빴어요. 저도 지인들에게 노무현 후보에게 투표하자고 문자를 보냈어요. 당시 저는 민주노동당 당원이었어요. 민주노동당에서도 권영길이란 훌륭한 분을 후보로 내세웠는데도 말이죠. 그래서 한동안 당원들에게 욕을 많이 먹었어요. 하지만 저는 노무현 후보를 통해 정치가 바뀔 거라는 기대가 있었어요. 결과는 아시다시피 노무현 후보는 대통령에 당선되었지만 제 바람은 이루어지지 않았어요. 경제 성장을 우선으로 추구하는 흐름은 노무현 대통령 때도 못 바꾸었고 이후에는 뭐 말할 것도 없습니다. 불평등도 완화되지 않았고 집값도 많이 올랐어요. 그래서 저는 사람을 바꾸는 걸로는 정치가 바뀌지 않는구나 하고 생각했어요.

그 다음부터 저는 정치를 근본적으로 바꿀 수 있는 핵심이 뭘까 고민했어요. 최근 제가 찾은 답은 정치를 바꾸기 위해서는 결국 시스템을 바꿔야 한다는 거였어요. 우리나라 같은 경우는 시스템이 굉장히 잘못되어 있어요. 민주주의를 할 수 있는 시스템이 아니에요.

제대로 된 민주주의 사회가 되려면 '(민주주의가 반영되는) 선거 제도 + (보완 장치인) 직접 민주주의 + 지방 분권과 주민 자치'가 필요한데 대한민국에는 이 셋 다 없어요. 왜곡시켜 흉내만 내고 있는 수준이에요.

민주주의는 집을 설계하고 짓는 것과 같아요. 기초와 기둥과 지붕이 가장 중요해요. 한창 개헌 이야기를 했었잖아요. 문재인 대통령도 개헌을 한다고 이야기했고요. 그런데 아름다운 헌법이 꼭 아름다운 사회를 만드는 건 아니에요. 전 세계에서 헌법을 가장 잘 만들어 놓은 나라가 있어요. 바로 인도예요. 인도 헌법은 그 내용도 좋을 뿐만 아니라 구체적으로 만들어졌어요. 헌법 조문만 400개가 넘어요. 우리나라 헌법은 조문과 부칙을 포함해 136개로 이루어져 있어요. 하지만 인도가 우리나라에 비해 삶의 질이 더 좋다고 말할 수 없어요. 오히려 신분과 계급 등으로 인해 평등하지 않은 사회에 가까워요.

민주주의를 실현하려면 기초가 되는 선거 제도가 제대로 자리를 잡아야 해요. 그래야만 그 토대 위에 직접 민주주의와 지방 분권이라는 기둥을 세우고, 정부 형태인 지붕을 얹을 수 있어요. 지금까지 우리의 시선은 온통 지붕에 쏠려 있었어요. 대통령제와 의원내각제 같은 정부 형태에 현혹되어 정작 기초를 등한시한 거예요. 민주 시민이라면 정치인들을 어떻게 뽑을지를 더 중요하게 생각해야 해요. 뽑고 나서도 잘못을 했을 때 어떻게 시민들이 직접 참여해서 바로잡을 수 있느냐를 고민해야 하고요.

우리나라는 민주주의라는 집의 기초인 선거 제도가 가장 잘못되어 있어요. 선거 제도에서 관건은 한 사람 한 사람의 표가 얼마나 공정하게 계산이 되느냐이고요.

민심 왜곡과 특권화 그리고 방탄 국회

우리나라의 선거 제도의 가장 큰 문제점은 유권자들이 표를 던지면 그게 공정하게 계산되지 않는다는 거예요. 그게 가장 기본적인 문제인데 시민들이 잘 못 느끼고 있을 뿐이에요. 투표를 하면 누가 당선되는지 개표 결과에만 관심이 집중되잖아요. 다른 선거 제도를 경험해 보지 못했기 때문이에요. 전 세계에는 100가지 이상의 선거 제도가 있는데 크게 보면 두 가지로 압축할 수 있어요. 우리가 하고 있는 소선거구제와 연동형 비례대표제예요.

의회 선거 제도의 양대 축

소선거구제(다수대표제)	연동형 비례대표제
- 지역구로 나눈 선거에서 1등을 해야 당선되는 선거 제도. - 1등이 아닌 후보를 찍으면 사표. 미국, 영국, 캐나다 등.	- 전체 의석수를 정당별 득표율에 비례하게 의석을 배분. - 사표 방지. 1900년 벨기에서 시작. 유럽 대륙으로 확산, 복지 국가들이 많이 채택하고 있음.

소선거구제는 후보자들 중에 득표를 가장 많이 한 후보가 승리하는 방식이에요. 1등이 모든 권력을 독점하기 때문에 승자독식의 선거 제도예요. 2, 3, 4등은 전혀 의미가 없고 이들을 찍은 표는 모두 다 사

표가 되어 버려요. 우리나라는 초·중·고와 대학교 학생회 선거는 물론이고 시·도지사와 국회의원, 대통령까지 이런 승자독식의 선거 제도를 채택하고 있어요. 영국, 미국, 캐나다를 중심으로 하는 소선거구제는 민주주의에 적합하지 않은 선거 제도라는 인식이 확산되면서 점점 줄어들고 있어요.

다수결이 곧 민주주의는 아니에요. 다수의 의사가 반영되는 것도 중요하지만 소수의 의견을 보장하는 것도 그만큼 중요하거든요. 그런데 소선거구제는 다수결의 원칙도 지켜지지 않아요. 30%만 득표해도 후보자들 중 1등만 하면 당선되기 때문이에요. 그러면 과반수를 훌쩍 넘는 70%의 의견은 다 무시되는 거죠. 이건 민주주의가 아니에요. 그래서 비례대표제라는 선거 제도가 만들어졌어요.

유럽의 지식인들이 150년 전에 이 제도를 발명했어요. 소선거구제의 문제점을 간파하고 만들어 낸 발명품이에요. 정당이 받은 표에 비례해서 국회와 지방 의회의 의석을 나누어 주는 거예요. 이렇게 해서 승자독식의 문제점이 사라지게 됐어요. 우리나라도 국회의원과 지방 의회 의원들 중에 비례대표가 있지만 그건 흉내만 낸 것이에요. 지역구에서 1등을 한 후보자들로 대부분의 의석을 채우고 나머지 의석에 구색 맞추기식으로 비례대표 국회의원을 배정하고 있어요. 제대로 된 비례대표제는 전체 의석수를 모두 정당 득표율에 따라 나누어야 해요.

좋은 사회와 행복한 삶, 기후 변화를 해결하기 위해서는 정치가 바뀌어야 해요. 이런 사회 문제를 정치적으로 잘 해결하고 있는 나라들은 대부분 비례대표제를 선거 제도로 채택하고 있어요. 이 사실을 알고 나니까 제가 해 왔던 시민운동이 왜 안 되는지를 알게 되었어요. 시민 사회가 아무리 좋은 주장을 하고 뜻을 모아 서명운동을 해도 결국에는 국회에서 법으로 만들어야 해요. 그래야 효력을 발휘하고 사회를 변화시킬 수 있는데 그게 안 되었던 거예요. 정말 중요한 일일수록 법안으로 만들어지지도 않고, 힘들게 만들어도 국회에서 통과가 안 되는 거예요. 그 법안의 통과를 가로막은 국회의원들이 재선에 성공하고 다시 가로막아요. 의정 활동을 엉터리로 해도 선거 때 지역구에서 1등을 하면 다시 국회의원이 될 수 있으니까 그러는 거예요. 제가 아는 국회의원들 중에 나쁜 사람들도 열심히 지역구의 행사에 찾아다니며 시민들과 인사하고 악수하고 다닙니다. 국민에게 필요하고 시급한 교육, 환경, 복지와 관련된 법안을 발의하고 통과시키는 것보다 그들에게는 그게 더 중요한 일이에요. 그러고 다니면 지역구에서 열심히 일한다는 평가를 받고 재선에 도움이 되니까요.

앞에서 우리나라 선거 제도의 문제점이 유권자들이 던진 표가 공정하게 계산되지 않는 거라고 했는데요. 승자독식의 소선거구제를 하다 보니 정당이 받은 표보다 의석을 많이 가져가는 정당이 생겨요.

20대 총선 결과 정당 득표율과 의석 불일치

정당	정당 득표율	의석수	의석 비율
새누리당	33.5%	122(지역구 105+비례대표 17)	41.0%
더불어민주당	25.5%	123(지역구 110+비례대표 13)	40.7%

국민의당	26.7%	38(지역구 25+비례대표 13)	12.7%
정의당	7.2%	6(지역구 2+비례대표 4)	2.0%
녹색당	0.7%	-	-
무소속	-	11	3.6%

2016년 20대 총선 결과예요. 정당 투표에서 33.5% 받은 새누리당이 122석을 가져갔어요. 국회의원 정원이 300명이니까, 비례대표제였다면 33.5%에 해당하는 100명 정도의 의석을 가져가는 게 맞아요. 더불어민주당은 25.54%니까 76석을 가져가야 하고요. 반면, 국민의당은 26.7%에 해당하는 80석을 가져가야 하지만 38석에 그쳤어요. 정의당도 7% 정당 득표율에 따라 21석을 가져가야 하지만 6석에 그쳤고요.

지방선거에서는 더 심각한 현상이 벌어져요. 아래 표는 2014년 지방선거 경남도의회 선거 결과예요.

2014년 지방선거 경남도의회 정당 득표율과 의석 불일치

정당	정당 득표율	의석수	의석 비율
새누리당	59.1%	50(지역구 46+비례대표 4)	90.9%
새정치민주연합	28.8%	2(비례대표 2)	3.6%
통합진보당	5.3%	-	-
정의당	2.5%	-	-
노동당	1.8%	1(지역구 1)	1.8%

녹색당	1.2%	-	-
무소속	-	2	3.6%

정당 투표에서 59.19% 얻은 새누리당이 전체 의석 55석 중 50석을 차지합니다. 더불어민주당은 28.87%를 얻었지만 실제 의석은 2석에 불과해요. 새누리당이 경남도의회의 90% 이상을 차지하고 있어요. 이건 의회라고 부를 수가 없습니다. 민주주의라고 부를 수가 없어요. 의회 안에 한 정당이 90% 이상을 차지하면 정상적인 토론이 이뤄질 수 있겠어요? 10%도 안 되는 다른 정당 의원들이 반대 의견을 내 봐야 다 무시당합니다.

실제로 이런 문제가 교육에도 악영향을 미친 일이 벌어졌어요. 모두 잘 알고 계시는 경상남도의 무상 급식 중단 사태예요. 2014년 말에 홍준표 경남도시사가 무상 급식 지원을 중단하겠다고 선언했어요. 학부모들의 극심한 반대도 있었고 지역 주민들의 여론도 좋지 않았는데도 강행했어요. 이런 현안은 도의회의 동의가 필요해요. 위 표에서 확인한 것처럼 당시 경남도의회 의원의 90% 이상이 홍준표 도지사와 같은 새누리당이었어요. 결과는 불 보듯 뻔하죠. 2015년부터 무상 급식이 전면 중단됐습니다.

2014년 지방선거에서 경상남도 유권자들의 40% 이상은 홍준표 도지사를 찍지 않았어요. 하지만 경남도의회에 그들을 대표할 의원의 수가 10%도 안 될 만큼 턱없이 부족했어요. 선거 제도와 정치가 우리 삶에 직접적인 영향을 미친 사례예요.

현재와 같은 소선거구제가 계속된다면 한국의 정치와 우리의 삶은 바뀌지 않습니다. 승자독식의 선거 제도는 유권자의 표심을 제대로 반영하지 못하는 '민심 왜곡' 현상이 발생해요. 그러면 국회가 이상하게 구성됩니다. 국회의원이 국민들의 대변자가 아닌 특권 계급이 됩니다. 국회의원의 과거 이력을 보면 교사 출신 국회의원은 몇 명 안 됩니다. 우리나라에 유치원을 포함해 초·중·고 교원은 50만 명에 달해요. 그런데 국회에 가 보면 교사 출신은 극소수예요. 반면 교수는 정말 많아요. 우리나라 전체 대학에 정규직 교수라는 직함을 가진 사람이 얼마나 되겠어요. 그런데 국회에 가면 교수는 수두룩해요. 변호사, 검사, 판사 출신도 엄청 많아요. 고위 공무원 출신과 기업가들도 정말 많아요. 우리나라 전체 인구와 직업 중에 이들이 차지하는 비율이 얼마나 되겠어요. 정말 극소수예요. 그런데 교수, 변호사, 판·검사, 고위 공무원, 기업가 들이 국회의원의 다수를 이루고 있어요.

여러분, 비정규직 노동자 출신 국회의원을 보셨나요? 전체 노동자의 50%가 넘는 900만 명이 비정규직 노동자인데 이들을 대표하는 국회의원이 없어요. 장애인 국회의원은 들어 보셨나요? 전체 인구의 5%인 장애인들을 대표하는 국회의원이 누구인지 아시나요? 장애인 국회의원은 있었지만 장애인을 대표해서 국회의원이 된 사람은 없습니다. 그럼 농민을 대표하는 국회의원은 보셨나요? 전체 인구의 4.7%인 240만 명이 농민인데 국회의원 300명 중 딱 1명 있습니다.

국회 구성이 왜 이렇게 되었을까요? 지역구에서 1등을 해야만 국회의원이 될 수 있는 승자독식 선거 제도 때문입니다. 지역구에서 1등을 하려면 일단 큰 정당에 들어가야 해요. 큰 정당에서 공천을 받으면 1등을 할 확률이 높아져요. 그런데 비정규직 노동자가 큰 정당의 공천을 받을 수 있겠어요? 못 받습니다. 큰 정당 입장에서도 당선 가능성이 높고 당비도 많이 낼 수 있는 후보자를 세우고 싶어하니까요. 그런 사람들이 누구일까요? 사회적으로 성공했다고 인정받을 만한 직업을 가진 사람들이나 돈이 많은 사람들이에요. 그래서 장애인과 농민, 여성, 청년들은 정치를 통해 사회를 바꾸고 싶어도 큰 정당의 공천을 받을 수 없어요. 이처럼 거대 정당을 중심으로 정치 구조가 형성되면 국회의 대표성이 파괴되고 국회의원의 특권 계급화가 이루어지는 거예요. 그들이 과연 다양한 직업을 가진 시민들과 사회적 약자, 소수자들을 대변할 수 있을까요?

국회에 다양한 직업군을 가진 국회의원이 없는 것처럼 여성과 청년도 없어요. 20대 국회의 여성 의원 비율은 17%예요. 광역 의회는 14%, 기초 의회는 25%가 여성 의원이에요. 옛날보다 높아졌다고 하는데 아직도 말이 안 되는 거예요. 세상의 절반이 여성이잖아요. 스웨덴은 여성 의원이 45%로 50%에 근접해 가고 있어요. 핀란드는 42.5%, 노르웨이 39.6%, 덴마크 39.1%, 네덜란드 38.7%, 벨기에 38%, 독일 36.5%, 스페인 36.0%, 오스트리아 33.3%, 뉴질랜드 32.2%가 여성 국회의원이에요.

청년도 없어요. 2016년 20대 총선 결과 20~30대 국회의원은 총 3명이었는데 2명으로 줄었어요. 39세였던 사람이 40대가 됐거든요. 국민의 30%가 20~30대 청년인데 국회의원은 1%도 안 되는 거예요.

국회만 그런 게 아니에요. 지방 의회도 마찬가지로 청년 정치인들이 없어요. 세계 평균을 보면 20~30대 국회의원의 비율이 13.52%인데 유독 우리나라만 청년 국회의원이 없는 거예요.

교수는 많은데 교사는 없고, 판사·검사·변호사 출신은 많은데 비정규직은 없고 이게 현실 국회의 모습이에요. 이유는 간단해요. 선거 제도 때문이에요. 큰 정당에 가서 공천을 받아야 하는데 청년과 여성, 장애인, 비정규직 같은 사회적 약자와 소수자, 가난한 사람들은 정당에서 공천을 받질 못하니까 국회의원이 될 수 없어요. 진보적인 정당에서는 이들에게 공천을 주는데 문제는 지역구에서 1등을 못 해요. 이게 대한민국 현실 정치의 모습입니다.

그러면 정당 공천을 받은 똑똑하고 능력 있는 사람들만 모인 것 같은 대한민국의 국회의원들의 업무 능력은 어떨까요? 실상을 보면 우리 국회의 문제 해결 능력은 몹시 저조합니다. 민생 현안에 별 관심이 없어요. 2015년 1월에 국회에 서민주거복지특별위원회가 만들어졌습니다. 집값과 전셋값이 폭등해 '전세 난민', '미친 전세'라는 신조어가 생길 만큼 사회 문제가 되어 국회에서 대책을 마련하고 문제를 해결하기 위해 만든 거였어요. 그런데 아무런 성과 없이 끝났어요. 위원회에 참여한 국회의원들의 무성의한 태도에 경제정의실천시민연합은 "차라리 해산하라"는 성명을 내기까지 했어요. 오죽했으면 그랬을까 싶어서 찾아봤더니, 한번은 전체 18명 위원 중 6명만 출석한 가운데 회의가 진행됐어요. 당시 여당이었던 새누리당 의원은 1명뿐이었는데 그마저도 여당 간사였어요. 집권 여당으로서 민생 현안을 해결할 책임이 있는데도 서민 주거 안정에 대한 의지가 전혀 없었던 거예요. 야당도 마찬가지였어요. 회의를 마칠 때 2명의 국회의원만 자리를 지켰는데 위원장과 야당 간사였어요. 당시 상황에 대해 야당 간사였던 의원이 쓴 글을 봤는데 본인도 국회의원이지만 너무 부끄럽고 참담하다고 썼더라고요. 국민들이 전·월세가 폭등해서 고통받고 있는데, 이를 해결해야 할 국회의원들은 관심이 없어요. 이게 우리 국회의 현실입니다. 소선거구제에서 국회의원들의 관심사는 본인의 지역구에 한정되어 있기 때문이에요. 좋은 사회와 국민들을 더 행복하게 만들기 위한 정책은 뒷전입니다. 그래서 우리나라 사람들의 삶의 질이 떨어지는 거예요.

그래서 저는 교사들이 우리나라 선거 제도의 문제점에 대해서 알고 이야기하는 게 굉장히 중요하다고 생각해요. 교사들은 정치에 대해서 직접적인 참여나 발언을 못 하게 되어 있지만 선거 제도에 관해서는 얼마든지 발언할 수 있어요.

국회 문턱에 걸린 비례대표제

'비례'라는 말이 좀 어렵죠? 그런데 정치가 사회 문제를 해결하고 있는 나라들을 보면 대부분 비례대표제를 하고 있습니다.

한국 사람들이 스웨덴의 복지를 배우러 갑니다. 덴마크의 교육도 마찬가지고요. 그런데 정작 스웨덴과 덴마크가 어떻게 복지 국가가 됐고 교육 선진국이 될 수 있었는지는 언급하지 않아요. 100년 전 스웨덴은 먹고살기가 힘들어서 다른 나라로 이민을 떠나던 나라였어요.

무려 인구의 1/4 이상이 이민을 갔습니다. 그런데 지금은 세계적인 복지 국가가 되었어요. 그 비결이 뭐냐? 100년 전에 선거 제도를 비례대표제로 바꾼 거예요. 그랬더니 노동자나 서민들을 대표하는 정당이 유력한 정당이 되고 제1당이 되어 사회를 바꾸기 시작했어요. 다른 정당들도 노동자를 위한 정책, 서민들을 위한 복지 정책을 내놓습니다. 유권자들의 표를 받기 위해 각 정당들은 사회 문제를 해결하기 위한 정책 개발에 온 힘을 쏟을 수밖에 없기 때문이에요.

우리가 알고 있는 삶의 질이 높고 민주주의가 잘되고 있는 나라들은 비례대표제로 선거 제도를 바꾼 나라들이에요. 2017년 국가별 민주주의 지수Democracy Index* 상위 10개국을 보면 분명하게 드러나요.

민주주의 지수 상위 10개 국가들의 정치 시스템과 선거 제도

순위	국가	정치 시스템	선거 제도
1	노르웨이	다당제	연동형 비례대표제
2	아이슬란드	다당제	연동형 비례대표제
3	스웨덴	다당제	연동형 비례대표제
4	뉴질랜드	다당제	연동형 비례대표제
5	덴마크	다당제	연동형 비례대표제
6	스위스	다당제	연동형 비례대표제

* 영국의 시사경제주간지 《이코노미스트》 계열 경제 분석 기관인 EIU(Economist Intelligence Unit)에서 세계 167개국의 민주주의 상태를 조사하여 작성한 지수. 선거 절차 및 다원주의, 시민의 권리, 정부의 기능, 정치 참여, 정치 문화 이 다섯 가지 범주를 평가해 지수화한다.

7	캐나다	분류하기 애매함	상대다수 소선거구제
8	핀란드	다당제	연동형 비례대표제
9	호주	양당제	소선거구 선호투표제
10	네덜란드	다당제	연동형 비례대표제

앞의 표를 보면 알 수 있듯이 10개 나라들 중 무려 8개국이 비례대표제를 하고 있어요. 캐나다와 호주가 예외인데 소선거구제 국가의 대표 격인 영국의 식민지였던 나라들이었어요. 현재 캐나다는 우리처럼 비례대표제로 선거 제도를 바꾸려고 노력하고 있어요. 선거 제도를 바꾸지 않으면 지금과 같은 삶의 질을 유지할 수 없을 거라는 위기감을 느끼고 있기 때문이에요.

반면 뉴질랜드는 영국의 식민지였지만, 비교적 최근인 1993년에 소선거구제에서 연동형 비례대표제로 선거 제도를 바꿨어요. 소선거구제를 했을 때는 우리처럼 노동당과 국민당이라는 큰 정당 두 개가 번갈아 가며 집권을 했어요. 그런데 1970~1980년대에 경제적 어려움에 처하게 되면서 인플레이션이 급등하고 실업 문제로 사회가 점점 더 안 좋아졌어요. 그래서 뉴질랜드의 의식 있는 정치인과 시민들이 비례대표제를 요구했어요. 선거 제도를 바꾸자 뉴질랜드 사회에 두드러진 변화가 생겼어요. 최저임금이 인상되고, 고소득층에 대한 증세가 이루어지고, 공공 주택 임대 사업이 개선되고, 민영화되었던 산재 보험을 국영화하고, 노조의 지위를 강화하고, 가족 수당 제도를 도입했어요. 이러한 정책들이 순차적으로 생긴 게 아니라 한꺼번에 도입됐고 계속 보완하고 발전시켜 나가고 있어요. 이 같은 뉴질랜드의 사례는 선거 제도가 정치와 사회 구조를 바꾸는 데 얼마나 중요한 역할을 하는지 분명하게 보여 줘요.

제 이야기가 너무 깔때기 같나요? 비례대표제가 모든 사회 문제를 해결할 수는 없지만 사회를 긍정적인 방향으로 변화시킨다는 점은 분명해요.

우리의 삶과 사회를 바꿀 수 있는 구체적인 방법은 이미 나와 있습니다. 누누이 이야기한 것처럼 비례대표제로 선거 제도를 바꾸는 겁니다. 다행히 중앙선거관리위원회에서도 2015년에 독일식에 가까운 연동형 비례대표제를 도입할 것을 권고했어요.

독일식 연동형 비례대표제는 지역구와 정당에 각각 투표를 하는 거예요. 지금 우리가 하고 있는 선거와 같아요. 다른 점은 전체 의석을 정당 득표율에 비례해 각 정당에 나누어 준다는 점이에요.

예를 들어, 과일나라의 전체 의석수는 300명이에요. 청포도당의 정당 득표율은 10%였고, 지역구 후보들 중 20명이 1등을 했어요. 그러면 청포도당에는 전체 의석의 10%에 해당하는 30석이 배정돼요. 이제 청포도당에서 이 30석을 배분해야 할 텐데요. 지역구에서 1등한 20명에게 우선권이 주어져서 그들은 모두 국회의원이 되는 거예요. 나머지 10명은 비례대표 중에서 뽑는 거고요. 만약 청포도당이 지역구에서 1등을 한 사람이 아무도 없다면 30석 전체를 비례대표로 채우게 돼요. 반대로 지역구에서 30명이 1등을 했다면 비례대표에서는 아무도 국회의원이 될 수 없고요. 그래서 독일 사람들은 지역구 후보자보다 정당과 지지하는 정당의 정책에 관심이 많습니다. 그러면 자연스럽게 정책 중심의 선거를 할 수 있게 돼요.

현재 비례대표제는 국회의 문턱에 걸려 있어요. 이번에 선거 제도가 바뀌게 되면 한국 정치 또한 혁명적으로 바뀌게 될 거예요. 우리나라도 뉴질랜드처럼 될 수 있어요. 지금까지는 지역구에서 1등만 하면 된다고 생각하는 국회의원들도 없어질 거예요. 50대 남성에 기득권층이 대부분인 국회의원들의 구성도 달라질 거예요. 각 정당들은 청년들의 표를 받기 위해 청년 정책을 내놓고 청년 후보를 공천하게 될 거고요. 소수 정당들도 국회에 입성할 수 있어서 비정규직과 장애인, 농민 등 사회적 약자를 대변하는 다양한 목소리들이 국회에서 울려 퍼지게 될 거예요. 그렇게 되면 교사와 청소년들의 정치적 권리도 쟁취할 수 있을 거예요.

학교는 정치판이 되어야 한다

교사의 정치적 권리를 보장하는 데 반대하는 건 논리적으로 말도 안 되는 거예요. 흔히, 교사가 정당 가입을 하거나 정치 활동을 하면 학교가 정치화될 거라고 우려하고 비판해요. 하지만 민주주의를 가르치고 배우기 위해서 학교는 우선 정치판이 되어야 해요. 민주주의는 책으로 배울 수 있는 게 아니거든요. 참여와 토론을 통해서 익히는 거예요. 그러려면 각자 자기만의 정치적 입장이 있어야 해요. 정치적 입장과 소신이 없는데 어떻게 참여와 토론을 할 수 있겠어요. 교사도 마찬가지예요.

그래야만 교사와 학생, 학생과 학생이 정치적 현안을 두고 논쟁과 토론을 벌이고 민주 시민의 자질을 키워 나갈 수 있어요. 그런데 학교 관리자와 보수 정치인들은 자꾸 학교를 정치화시킨다고 비판하기 바빠요.

우리와 다르게 유럽은 교사, 공무원, 청소년들의 정치적 권리가 모두 보장되어 있어요. 정당 가입도 할 수 있고 선거운동 등 정치 활동도 할 수 있어요.

국가별 공무원의 정치 활동 허용 여부와 범위

OECD 주요국 공무원 국가별 비교(2011년 기준)

국가명	허용 여부	허용되는 정치 활동
일본	국가공무원 - 불허 지방공무원 - 제한적 허용 교육공무원 - 불허	선거운동, 정치 자금 모금 및 기부, 서명운동
미국	연방공문원 - 허용(1993년) 주정부공무원 - 허용(1974년) 교육공무원 - 허용	정당 활동. 단, 정치 자금 모금 및 기부, 공직 후보 출마 및 선거운동은 제한적으로 허용(연방, 주별).
독일	일반공무원 - 제한적 허용 교육공무원 - 허용	정당 활동과 정치 자금 모금 및 기부 제한. 공직 후보 출마 허용.
영국	일반공무원 - 원칙적으로 허용, 단 직무의 성격과 권한 및 책임 정도에 따라 다름. 교육공무원 - 허용	일반공무원 기준으로 할 때 국회의원 후보 출마 이외 모든 정치 활동 허용.
캐나다	일반공무원과 교육공무원 - 원칙적으로 모든 정치 활동 허용	업무 수행에 지장을 주어서는 안 됨.
호주	일반공무원과 교육공무원 - 원칙적으로 모든 정치 활동 허용	출마 시 공직 사퇴, 선거운동 참여 시 상급자와 협의.
뉴질랜드	일반공무원과 교육공무원 - 원칙적으로 모든 정치 활동 허용	출마 의사 상급자에게 미리 통보.

프랑스	일반공무원 - 원칙적으로 허용	정당 활동, 정치 자금 기부, 공직 후
	교육공무원 - 허용	보 출마, 선거운동. 단, 정부 정책에
		대한 비판은 상당히 제한.

*일본은 판례를 통해 점차 허용의 범위를 넓히는 추세.

흔히 참정권이라고 하면은 선거권을 중심으로 이야기하는데 그것도 문제예요. 선거권만 중요한 게 아니에요. 투표는 아주 소극적인 권리 행사예요. 적극적으로 정치적 표현도 하고 정당 가입도 하고 선거운동도 할 수 있어야 해요. 교사도 할 수 있어야 하고 청소년도 공무원도 다 할 수 있어야 해요.

독일에서 인구가 많은 주 중에 하나인 바덴뷔텐베르크 주의 총리는 교사 출신인 빈프리트 크레치만이에요. 그런데 이 사람은 교사를 그만두고 정치를 한 게 아니라 교사를 하면서 정치도 같이 한 거예요. 교사이면서 정당에 가입해 정치 활동을 병행했어요. 유럽은 다 그렇게 합니다. 미국과 영국, 캐나다, 호주, 뉴질랜드도 다 교사의 정치 활동을 허용해요. 그런데 우리나라와 일본만 안 됩니다. 교사의 정치적 활동을 불허하고 있어요.

이런 걱정을 흔히들 하잖아요. 특정한 정당을 지지하는 내용을 교실에서 가르치면 어떻게 하느냐고요. 학생의 정치 활동을 보장하면 해결돼요. 학생이 A당에 가입되어 있는데 교사가 B당을 지지하는 발언을 하면 A당이나 C당을 지지하는 학생들이 반론을 펼 거 아니에요. "왜 편파적으로 이야기하세요?" 하고 말이죠. 이렇게 양쪽 다 허용해 주면 간단하게 풀리는 문제예요. 실제로 유럽에서는 그렇게 하고 있어요. 중·고등학생 정도만 돼도 교사가 한 정당에 대해 일방적으로 주장을 하면은 학생들이 가만히 있지 않아요. 정치는 굉장히 민감한 사안입니다. 정치는 부모 자식 간에도 가족 간에도 입장이 다르잖아요.

만 18세 선거권을 주장하니까 몇몇 국회의원들이 "교복 입은 학생이 투표를 하면 큰일 난다"라고 이야기했어요. 그때 한 학생이 제게 "투표일은 공휴일이라서 우리도 교복 안 입는데 왜 투표를 못 하게 하느냐"고 진지하게 물어보더라고요. (웃음) 전 세계에서 만 19세부터 선거권을 주는 나라 자체가 없습니다. 대한민국 빼고는요. 중앙선거관리위원회도 2016년 8월에 '선거권자 연령을 18세 이하로 낮춰라' 하고 개정 의견을 냈어요. 일본도 만 18세로 선거권을 낮췄어요. 심지어 선거 독려 포스터에 교복 입은 학생 모델을 등장시키기도 했어요. 그 포스터에는 "선거권 연령이 만 18세 이상이니까 교복 입은 학생도 투표하세요"라고 썼어요. 아동과 청소년의 권리 부분에서 먹고사는 수준에 비해 한국과 일본은 굉장히 보수적인 나라예요. 그런데 일본도 이렇게 바뀌었어요.

심지어 오스트리아는 2007년에 선거권을 만 16세로 낮췄는데도 아무런 문제가 없었어요. 당시 유럽에서도 만 16세 선거권은 파격적인 일이었습니다. 그런데 아무런 문제가 없자 다른 나라들도 만 16세 선거권을 도입하려고 하고 있어요.

유럽은 청소년들의 정당 가입도 다 보장하고 있어요. 만 12세인 경우도 있고 만 14세인 경우도 있는데, 정당별로 자유롭게 정하고 있어요. 우리나라는 선거권이 있어야 정당 가입이 가능합니다.

이렇게 어릴 때부터 정치 활동을 하기 때문에 유럽은 청년 장관이나 총리가 제법 있어요. 스웨덴 교육부 장관인 구스타프 프리돌린은 1983년생이에요. 2014년 만 31세에 교육부 장관이 된 거예요.

이런 사람이 정치를 하는 과정을 살펴보면 이렇습니다. 구스타프는 11세에 스웨덴 녹색당에 가입을 해요. 그리고 2002년 19세에 국회의원이 됩니다. 2011년에는 녹색당 공동 대표가 되고요. 그리고 2014년에 스웨덴 교육부 장관이 됩니다. 우리나라였다면 아마 저런 '애송이'가 무슨 교육부 장관이냐고 그럴 거예요. 그런데 구스타프는 11세에 정당에 가입을 해서 31세에 장관이 됐으니 정치 경력이 20년이에요. 유럽의 30대 총리, 장관들을 우습게 생각하면 안 돼요. 정치 경력을 보면 20년이 넘는 사람들이 많습니다. 어느 한 분야에서 20년을 하면 달인이 될 수 있어요. 선생님들도 20년 교사 생활을 하면 수업과 학생 지도의 전문가가 되시잖아요. 그런 사람들이 장관도 하고 총리도 하는 거예요. 우리나라 대통령 후보로 나온 사람들 정치 경력을 한번 봐 보세요. 그분들이 정당에 가입하고 정치를 시작한 경력이 20년이 되는지 보세요. 안 됩니다. 그런 분들이 대부분이에요. 나이가 중요한 게 아니에요. 정치 활동을 통해 경험을 쌓은 게 중요해요. 우리나 유럽의 30대 총리·장관을 보면서 신기해하지 그 나라에서는 자연스러운 거예요.

자신의 정치적 권리를 찾는 활동은 교사들도 얼마든지 할 수 있어요. 교사들과 청소년들에게 정치적 권리를 달라고 요구하는 것은 위법이 아니에요. 교사들이 정당의 당원은 될 수 없지만, 선거 제도와 참정권에 대한 문제의식을 말하고 퍼뜨리는 건 얼마든지 가능합니다. 이

건 제도에 관한 내용이기 때문이에요. 저는 한국의 교사들이 이 점을 분명히 알았으면 좋겠어요. 선거권이 주어졌다고 해서 주권이 주어진 건 아닙니다. 프랑스의 철학자 루소가 이런 말을 했어요. "4년에 한 번씩 투표하는 사람은 4년에 한 번만 주인이고 나머진 노예와 다를 바 없다." 선거가 그런 거예요. 내 정치적 의사를 표현하고 적극적으로 정치 활동에 참여해야 주권자이고 제대로 된 시민이라고 할 수 있어요. SNS에 정치와 관련된 글을 올렸다고 처벌하는 건 교사나 공무원을 노예로 보는 것과 다름없어요. 시민이라는 건 정치의 주체로서 참여할 수 있어야 합니다.

1987년 민주화 당시만 해도 교사들이 이런 정치적 권리를 찾기 위해 소송도 하고 노력을 많이 했어요. 그런데 점점 더 관심이 떨어지고 있는 것 같아요. 시스템에 익숙해진 거죠. 군사 정권 시절에는 엄혹해서 말도 못 꺼냈으니까 그렇게 살 수도 있었어요. 그런데 민주화 이후에도 정치에 무관심한 건 분명 문제가 있어요. '정당 가입도 못 하고 정치적 의사 표현을 하면 고발당하니까 아예 관심 끄고 살래.' 당장 먹고사는 데 큰 문제가 없으니까 편안할 수는 있어요. 하지만 그건 제대로 된 시민의 삶이 아니에요. 그러니 교사로서 민주 시민으로서 자신의 정치적 권리를 찾기 위한 노력을 결코 멈춰서는 안 됩니다.

오늘 제 이야기를 들으면서 공감이 좀 되셨다면 나를 대표할 만한 정당도 찾고 내 목소리가 정치에 반영될 수 있도록 정치에 더 많은 관심을 가지셨으면 좋겠습니다.

함께
이야기
나누기

참가자 연동형 비례대표제가 국회 문턱에 걸려 있다고 하셨는데 언제 통과가 될까요?

하승수 지금 국회에 법안은 다 올라가 있는데 논쟁을 벌이고 있는 중입니다. 근데 말이 좀 어렵지 않나요? 연동형 비례대표제. 그래서 시민들은 잘 모르고 있는데 국회에서는 아주 핫한 이슈예요. 이걸 하느냐 마느냐를 가지고 각 당들이 싸우고 있습니다. 현재는 자유한국당과 더불어민주당만 반대하고 있지만 예전보다는 공감대가 아주 넓어졌습니다. 더불어민주당은 찬성에서 반대로 선회한 거라서 개인적으로 비례대표제를 찬성하는 국회의원들도 다수 있다고 생각합니다.

만약 비례대표제가 통과되면 대한민국 정치가 혁명적으로 바뀌게 될 거예요. 정치를 바꾸고 사회 구조를 바꾸고 행복한 삶을 위해 반드시 비례대표제로 선거 제도를 바꿔야 합니다. 학계는 대부분 다 비례대표제를 지지하고 있습니다. 시민 사회도 다 비례대표제를 지지하고 있고요. 중앙선관위 같은 국가 기관도 마찬가지고요. 이제 국민적 공감대가 형성되어 국회를 압박해서 비례대표제로 나아갔으면 하는 바람입니다.

참가자 비례대표제를 하는 나라의 정당 정책이 합리적인 것들도 있겠지만 포퓰리즘적인 것도 있을 것 같습니다. 재원 마련 등 쉽지 않은 문제들을 동반할 텐데 어떻게 조율되는지요?

하승수 무상 교육과 복지 정책 등 국가 재정이 많이 투입되는 부분이 분명 있습니다. 하지만 비례대표제를 하게 되면 좌파, 우파, 중도파 등 다양한 정당들이 정책 대결을 펼치게 되기 때문에 허황된 공약을 내세우지 못합니다. 만약 좌파 정당에서 복지를 강화하는 공약을 내건다면, 우파 정당에서 재원 마련을 가지고 공격할 겁니다. "너희가 말하는 복지 정책을 하려면 돈이 많이 들 텐데, 세금을 더 걷을래?" 그러면 좌파는 합리적으로 세금을 더 걷는 방안을 내놓든지 남는 예산을 끌어다 쓸 건지 계획을 세우게 될 겁니다. 이번에는 좌파가 우파를 공격합니다. "우파 너네는 세금도 안 올리고 도대체 뭘 하겠다는 거야? 서민들의 삶이 지금 어떤 줄은 아니?" 하고 말이죠. 그러면 우파도 복지 정책을 내놓을 수밖에 없을 테고요.

결국 좌파든 우파든 국민들의 교육과 주거 등 다양한 현안을 해결하기 위해 연구할 수밖에 없어요. 먹고사는 문제에 대해서는 공공성을 위한 정책을 내놓을 수밖에 없고요. 그래서 비례대표제를 하면 자연스럽게 대부분의 정책이 중도로 수렴되는 현상이 벌어집니다. 극단적인 주장은 유권자들의 지지를 받을 수 없기 때문이에요.

물론 처음에는 포퓰리즘 같은 정책들이 나올 수도 있어요. 그런데 우리나라 유권자들은 그런 정당에 투표하진 않을 거예요. 그렇게 준비되지 않은 정당들은 도태되는 거예요. 반면, 국민들의 눈높이에서 신뢰가 가는 정책과 대안을 제시할 수 있는 정당들은 높은 지지율을 얻을 테고요.

참가자 선거 제도가 바뀌면 정치가 바뀔 거라고 하셨는데 저는 회의적이에요. 최저임금 인상만 보더라도 기업가를 옹호하는 여론이 형성되는데 이런 기득권층의 이데올로기를 내면화한 사람들이 정치적 입장을 가질 수 있을지 의문이에요.

하승수 최저임금과 관련된 논쟁은 어느 나라에나 다 있는 문제고 논쟁거리예요. 그런데 우리의 문제는 논쟁과 선거가 분리된다는 거예요. 최저임금을 올리자는 정당이 있고 올리지 말자는 정당이 있다면 이후에 국민들의 표심이 정당에 대한 투표와 지지율에 반영되어야 하는데 그렇지 않아요.

외국에서는 최저임금 논쟁을 하면 결국 빠르게 올리자는 쪽과 천천히 올리자는 쪽으로 나뉩니다. 올리지 말자는 정당은 없어요. 결국에는 속도의 문제로 좁혀지게 되어 있거든요. 이게 토론의 결과인 거죠.

유럽의 정당들은 서로 경쟁하기 때문에 발전하는 거예요. 그런데 우리는 이런 생활의 문제를 가지고 투표를 하지 않기 때문에 삶이 바뀌지 않아요. 우리 스스로가 삶의 문제와 정치의 문제를 연결시킬 수 있으면 그런 의문도 사라질 거예요.

이데올로기 문제도 마찬가지예요. 지난 50년 이상 특정 이데올로기에 사로잡혀 있던 사람들도 여러 정당들이 나오고 다양한 정책들이 나오면 기존 이데올로기가 다 깨지게 되어 있습니다. 네덜란드는 동물을 위한 정당이 만들어져 동물에 대한 사람들의 시선과 생각을 바꾸고 있습니다. 이게 정치고 선거거든요. 다양한 생각을 가진 사람들이 몰려오면 생각도 바뀌게 돼요. 우리나라는 그런 정치를 경험해 본 적이 없잖아요. 물론 약간은 경험해 봤어요. 기본소득이나 청년 배당 같은 경기도 성남시의 정책을 보면서 우리나라 사람들의 인식도 조금씩 깨지기 시작했다고 생각해요. 실제로 다른 정치인들에게도 영향을 주고 있어요. 저는 선거 제도가 바뀌면 그러한 인식의 변화가 많이 생길 거라고 생각합니다.

기술이 교육을 대체할 수 있을까

'미래 교육'의 환상과 실체

채효정

정치학자, 경희대 후마니타스칼리지 해고 강사,
《오늘의 교육》 편집위원 measophia@naver.com

반갑습니다. 저는 채효정이라고 합니다. 오늘 함께 나눌 이야기는, 요새 광풍처럼 몰아치는 '4차 산업혁명'론을 비롯하여 '교육 혁신', '미래 교육'이라는 이름으로 나오고 있는 여러 담론들이 어떻게 학교교육에 영향을 미치고 있는지에 대한 겁니다.

얼마 전에 하버드 대학에 갔다 왔다는 교수 한 사람을 만났어요. 그분이 하버드 대학은 4차 산업혁명을 어떻게 준비하고 있는지 궁금해서 가서 물어봤더니, 하버드 대학 사람이 그러더라는군요. "아무것도 안 하고 있는데, 뭔가를 해야 되는 건가요?" 그런데 한국의 학교들에서는 지금 4차 산업혁명을 대비한다고 하면서 변화가 정말 크게 일어나고 있거든요. 대학에서도 학제를 바꾸고 다전공제, 무학년제, 선택학기제 등으로 기존 틀을 허무는 대공사가 벌어지고 있어요. 그런데 정작 미국이란 나라에서는 아무것도 안 하고 있다는 거예요. 이상한 일이죠?

한국에서는 4차 산업혁명이 너무 많이 이야기되니까 이미 진부해졌습니다. 박근혜 정부 말기 때부터 붐이 일면서 대세가 돼 버렸고, 지금까지도 계속 담론이 만들어지고 있어요. 그런데 벌써 식상해졌다고 그냥 무시하기에는 찜찜합니다. 내가 알 수 없는 무언가 위험한 일들이 진행되고 있는 것 같잖아요? 이 4차 산업혁명론이나 혁신, 창조를 이야기하는 게 무엇을 목적으로 한 것인지 찬찬히 살펴보려고 합니다.

교육은 낡았으니 바꿔야 한다?

유튜브와 SNS에서 많은 인기를 끈 동영상이 있습니다. 〈근대 교육을 재판합니다〉라는 영상이에요. 원본은 프린스 이에이 Prince Ea라는 미국 작가가 만든 〈I JUST SUED THE SCHOOL SYSTEM!!!〉입니다. 같이 한번 볼까요? 법정에서 근대 학교교육을 고발하는 형식으로 학교교육을 비판하는 내용입니다. 벨의 전화기가 스마트폰이 되고 마차가 테슬라의 무인 자동차로 진화하는 동안 교실은 변함없이 그대로예요. 정말 충격적이죠? 옛날에 비해 사회는 이렇게 많이 바뀌었는데, 학교교육은 바뀌지 않았고 뒤떨어졌다고 합니다. 그리고 학생들 개개인을 존중하지 않고 개성을 죽이고 획일적으로 가르친다고 비판합니다. 제가 학부모단체에서 강의할 때 이 영상을 같이 봤는데, 영상이 끝나고 난 다음에 사람들이 박수를 치더라고요. 감명 깊게 보셨던 모양이에요. 여러분은 어떻게 보셨나요?

다양한 개성이 있는 사람들을 다 벽돌 틀에 찍어서 똑같은 모양으로 만들려고 하고, 거기 안 맞는 학생들을 주변화시키거나 추방하는 교육 제도에 대한 문제의식, 공감하시죠? 줄 세우기식 경쟁과 시험을 없애야 한다고 생각하고요. 저도 처음 이 동영상을 봤을 때 동의하고 공유도 했는데요, 100%가 아니라 80% 정도의 동의였어요. 다른 한편에는 20% 정도의 찜찜함이 있었는데 그게 뭘까 동영상을 다시 보며 곱씹어 보았어요. 그런데 다시 볼 때마다 점점 역전되어서 의구심이 더 커지는 거예요.

일단 오류가 있습니다. 전화기도 스마트폰으로 바뀌었고 세상이 다 바뀌었는데 학교만 안 바뀌었다고 말하는데, 과연 200년 전 학교와 지금의 학교가 똑같은가요? 네모난 교실에 책걸상을 놓고 앉아 있는 외형은 비슷할지 모르겠어요. 하지만 그 교실에서 가르치고 배우는 사람들의 생활 방식, 사고방식, 관계 맺는 방식도 모두 옛날과 다릅니다. 이미 학교에서 교사가 전체 학생들을 통제하고 학생들은 복종하는 질서는 많이 깨졌지요. 구체제의 권위와 복종의 질서가 와해되어 가는데, 새로운 관계를 만들어 내지 못하고 있는 게 오히려 지금의 문제라고도 할 수 있잖아요. 그런데도 이렇게 학교가 옛날과 하나도 바뀌지 않고 똑같다는 전제에서 출발해서 학교는 낡은 체제가 되었고 고쳐야 한다고 말해요. 학교가 과거를 배우는 곳이 아니라 미래를 준비하는 곳이어야 한다고 하면서요. 그러면서 강조하는 것이 '개인 맞춤형'입니다. '개인'을 제일 중요하게 여겨야 한다고 하죠. SNS 페이지도 개인 맞춤형이고, 의료 처방도 개인에게 맞추는데, 왜 학교는 개인에게 맞추지 않느냐는 거예요. 이것도 참 맞는 말 같죠? 그렇지만 저는 '개인 맞춤형 교육'이 과연 인간의 고유성과 존엄과 개성을 존중하는 교육과 동의어인지도 의문이 들었습니다. 변화하는 세상에 맞게 더 혁신적이고 창의적인 사람을 길러 내야 한다고 하는 부분도 걸렸고요.

이 동영상에서 학교를 바꾸기 위해 어떻게 해야 한다고 구체적으로 말하지는 않아요. 교사의 처우가 개선되어야 한다거나 경쟁이 아닌 협동을 가르쳐야 한다거나 하는, 듣기에 옳은 이야기도 많이 해요. 하지만 이렇게 세상이 다 바뀌었는데 학교교육은 바뀌지 않아서 낡았다고 하는 논리를 따라가면, 결국은 '미래'로 가는 수단은 바로 기술적 혁신이라는 이야기로 연결됩니다. 제가 이 동영상에 쉽게 동의되지 않고 찜찜하게 느껴졌던 이유는, 기술적 혁신을 통해 교육 문제를 해결할 수 있다는 숨은 메시지를 강하게 전달하는 게 느껴졌기 때문인 것 같아요. 새로운 교육의 관계를 만들자는 게 아니라 기술을 바꾸고 방식을 바꾸면 교육 문제를 해결할 수 있다는 것처럼 들리는 거죠. 예를 들면 다 같이 모여 앉아서 교사가 칠판에 써 가며 가르치는 건 200년 전에나 하던 방식이니까 교실도 없애고, 칠판도 없애고, 다 없애고 다 바꾸자고 하는 거예요. 개인 맞춤형 교육은 도대체 어떻게 할까요? 스마트폰에 어플리케이션 설치해서 각자에게 맞춘 교육 프로그램을 제공하면 되겠죠. 이런 동영상을 대체 누가 만들었을까요? 보면 볼수록 이 영상은 세트장에 배우에, 구성도 아주 선동적으로 호소력 있게 잘 만든 '작품'이에요. 개인이 만든 게 아니라는 말이죠.

'미래 학교'의 실패

2017년에 한국에 번역된 《세계 교육 개혁 – 민영화 우선인가 공적 투자 강화인가?》라는 책이 있습니다. 이 책에 따르면 낡은 교육을 개혁해야 한다고 주장하는 글로벌 엘리트들이 모인, 말하자면 '세계 교육 개혁 그룹'이라고 할 집단이 있다고 합니다. 이 책은 그런 사람들을 반대하는 입장에서 쓴 건데, 세계 교육 개혁 운동Global Education Reform Movement의 영어 단어 첫 글자만 따면 GERM, 즉 세균이란 뜻이라서, 그런 주장을 '세균'이라고 부르며 비판하고 있습니다.

이 책에서 비판하는 그 '세균'은 바로 '민영화를 통해 교육을 살릴 수 있다'는 주장이에요. 민영화는 교육 영역에 기업이 들어온다는 것이고, 요즘에는 기업이 교육에 들어와서 새로운 기술을 도입하고 혁신한다는 모델을 제시하곤 합니다. 미국 같은 경우에 공립 학교가 굉장히 열악한 상황이잖아요. 미국의 공립 학교는 사립 학교에 못 가는 학생들이 가는 곳이라는 인식까지 있죠. 그렇게 공교육 체제의 근간이 무너졌는데, 미국에서 교육 개혁을 주도하는 엘리트 그룹이 이런 상황을 해결할 길을 민영화, 기술 투자 등에서 찾고 있다는 겁니다.

그러면서 미래 학교의 모델로 제시하는 레퍼토리들이 알트 스쿨alt school, 미네르바 스쿨Minerva Schools, 피닉스 대학University of Phoenix, 스탠퍼드 디 스쿨d. school 등입니다. 이런 학교들은 최근에 EBS나 KBS 등 방송사에서도 여러 차례 소개됐습니다. 알트 스쿨은 실리콘 밸리의 부자들이 자기 자식을 보내는 학교라고 해서 유명해졌습니다. 방송을 보면 알트 스쿨은 정말 좋은 학교입니다. IT 기술을 활용해서 학생들이 각자 개인 맞춤형 커리큘럼을 만들어서 수업을 듣고, 교사가 한 명씩 코치해 줍니다. 그런데 뭐가 문제일까요? 이 방송 마지막에 이렇게 말합니다. "공교육이 할 수 없다면 스타트업이 하면 되지 않을까요?" 스타트업이면 기업이죠. 그렇습니다. 알트 스쿨은 영리 학교입니다. 사립 학교도 아니에요. 영리, 수익을 내는 것을 목적으로 운영되는 학교인 거죠. 2014년 3,300만 달러(약 390억 원)의 투자를 유치했고, 2015년에는 1억 달러(약 1,100억 원)의 투자금를 받았습니다. 페이스북의 창시자인 마크 저커버그도 투자를 했다고 합니다. 기부가 아니라 수익을 배당받기 위한 투자입니다. 교육으로 돈을 버는 모델을 만든 것이고 알트 스쿨의 정확한 메시지는 교육을 기업이 접수하겠다는 거예요.

알트 스쿨을 보면서 '학교 하나 만들어서 대체 얼마나 돈을 벌 수 있다고 투자할까?' 궁금했어요. 한 달 등록금이 350만 원 정도라고 하는데, 아무리 등록금이 비싸도 등록금 수입으로 투자금 회수하고 수익을 낼 수 있는 구조가 안 나오거든요. 그러다《자본의 새로운 선지자들》이라는 책을 보고 궁금증이 해소됐습니다. 알트 스쿨에서는 교육에 기술을 적용하는 게 중요하다고 강조합니다. 그런데 그 기술은 공짜인가요? 교육부든 학교든 소프트웨어를 쓰려면 돈을 내고 사야 하죠. 알트 스쿨의 설립자나 투자자들이 생각한 모델이 이런 겁니다. 실제로 알트 스쿨 설립자는 구글 출신의 엔지니어인 맥스 벤틸라예요. 알트 스쿨에서는 모든 학생들이 공부하는 데 노트북을 사용합니다. 그러려면 소프트웨어가 필요하겠죠? 알트 스쿨 설립자가 만든 것은 바로 그 스쿨 소프트웨어 프로그램이었던 겁니다. 미국 공교육에 이런 시스템을 이식해서 전체 학교를 바꾸려는 겁니다. 그러면 미국 전체의 학교에 소프트웨어를 납품하고 돈을 벌 수 있겠죠. 그리고 이런 개혁을 주장하는 사람들 중에 국제개발기구나 원조단체, 세계은행

등의 관계자들도 있거든요. 교육 원조라는 이름으로 교육 환경이 열악한 국가들에도 이런 시스템을 도입하게 만들 수 있는 거죠. 그러면 정말 막대한 시장이 열리는 거예요. 상상을 뛰어넘는 '빅 픽처'에 소름이 끼치더라고요.

다행히도 알트 스쿨은 문을 연 지 얼마 안 돼 실패했어요. 부자들이 불만을 토로하면서 자기 자식을 다 전학을 시켰거든요. 일단 기초 학력에서 뭔가 문제가 생기기 시작한 겁니다. 무학년제로 운영했는데, 발달 단계 등을 완전히 무시하고, 또 동료나 또래 집단도 없이 그냥 개인으로 교육을 하다 보니 기초적인 것을 습득 못 하는 경우가 있는 거예요. 예를 들어, 같은 나이의 다른 아이들은 다들 글자를 익히고 책을 읽을 수 있는데, 우리 아이는 아직 읽기도 제대로 못 하고 대신 오디오북으로 책 내용을 듣는 거죠. 그런데 학교에서는 개인이 다 다르니까 언어 능력이 좀 늦을 수도 있다고만 말합니다. 알트 스쿨에서 공부하면 '네 길을 가다 보면 네 앞에 아무도 없을 거다'라고 이야기했는데, 실제로는 더 뒤처져서 자꾸 다른 사람을 앞으로 보내게 되었던 거죠.

그 다음으로 생긴 문제는 뭐였을까요. 알트 스쿨이 창의적 인재를 기른다고 하잖아요. 그래서 스스로 창조하는 학습을 하라고, 교사들이 과제를 계속 던져 줍니다. 그러면 학생들이 문제 해결을 어떻게 할까요? 전부 구글링을 하고 있는 거예요. 직접 돌아다니면서 조사하는 과정 없이 노트북과 태블릿 PC로 인터넷 검색만 하는 거죠. 완전히 인터넷에 의존하는 존재가 된 겁니다. 실리콘 밸리에서 일하는 학부모들은 그래서는 엔지니어는 될 수 있어도 디자이너, 기획자는 될 수 없다는 것을 알고 있죠. 그래서 학부모들의 지지를 얻지 못하고 결국 알트 스쿨은 실패한 사례가 되었습니다. 그런데 나중에 맥스 벤틸라가 한 인터뷰를 보면 알트 스쿨과 같은 '실물 학교'를 굳이 만들 필요는 없었다고 스스로 평가해요. 상품 광고 차원에서 모델 하우스를 하나 만들었는데 그게 마케팅에 그다지 도움이 되지 않았다는 식이죠. 그러면서 앞으로는 프로그램 개발과 판매에만 주력할 거라고 말합니다.

강의실 없는 대학의 실체

알트 스쿨이 초·중등교육의 미래로 꼽혔다면, 미네르바 스쿨은 대학 교육의 미래로 꼽히는 곳입니다. 강의실 없는 대학의 대표적인 모델이에요. 미네르바 스쿨은 알트 스쿨과 달리 지금도 승승장구하고 있습니다. 입학을 희망하는 학생도 많고 주가도 올라가고 있어요.

미네르바 스쿨은 세계 7개 도시에 기숙사를 두고 운영된대요. 수업은 주 4일 온라인 화상 교육으로 진행하고요. 매주 금요일에는 기업·시민단체 등에서 실습을 합니다. 소개하는 영상을 보면 굉장히 좋아 보이죠. 하지만 알트 스쿨처럼 미네르바 스쿨도 영리 대학입니다. 그러니 당연히 학비가 비쌉니다. 그런데 하버드 대학 같은 미국의 사립 대학들보다는 등록금이 쌉니다. 당연히 쌀 수밖에 없죠. 캠퍼스가 없으니 강의실도 없고, 도서관도 없고, 교수 연구실도 없고, 직원도 없고, 휴게실도 없고, 구내 식당도 없고, 청소 노동자도 없습니다. 건물이 없으니 전기료가 나가나 수도료가 나가나, 시설 유지비도 안 나가잖아요. 그런데 학생들이 세계 곳곳의 도시에 있는 기숙사들을 돌아다니면서 지내야 하고, 그 기숙사비며 식비에 체류비는 다 개인이 부담해야 하죠. 학교로 봐서는 엄청나게 운영 경비를 절감하는 방식이고, 학생 입장에서는 도저히 학비가 싸다고 할 수는 없습니다. 그러니까 다닐 수 있는 사람들도 제한적이고요. 그런데 이런 대학이 미래 대학이라면서 한국 대학도 이렇게 가야 된다고 주장하는 사람이 많습니다.

미네르바 스쿨은 원래 스탠퍼드 대학의 미네르바 프로젝트에서 시작됐습니다. 스탠퍼드 대학은 교육 공학의 메카라고 할 수 있습니다. 기업과 대학이 결합해서 산업과 연구를 같이 하는 걸 '산·학·연 클러스터'라고 부릅니다. 그런데 클러스터라고 하면 이게 뭔지 감이 잘 안 오잖아요. 포도송이처럼 한 덩어리에 관련된 유사 분야가 붙어 있는 형식인데, 저는 그걸 학문과 연구가 자본에 완전히 붙었다고 '떡'이라고 번역합니다. (웃음) 미국에서 자본과 가장 '떡'이 된 대학이 스탠퍼드 대학이라고 보시면 돼요. 연구 프로젝트를 할 때 어떤 기술과 융합시켜서 상품화시킬 것이고, 투자자를 어떻게 모을 것인지 그 단계까지 내다보며 설계하는 게 스탠퍼드 방식이에요. 스탠퍼드 디 스쿨은 학자들과 업자들이 같이 상주하면서 그런 아이디어를 교환하고 창업도 하는 일종의 창업 스쿨이죠. 그 스탠퍼드 대학에서 미네르바 프로젝트라는 이름의 면대면 화상 교육 시스템을 개발하는 팀을 이끌었던 사람이 바로 미네르바 스쿨의 학장이 된 스티븐 코슬린입니다. 설립자인 벤 넬슨은 유명한 벤처 투자자고요. 연구자와 업자들이 뒤엉켜서 같이 상품을 개발하고 창업을 하는 스탠퍼드식 방식으로, 역시 연구 개발 과정에서 시장에 내놔도 승산이 있다고 생각해서 유명한 벤처 사업가이면서 투자의 귀재라고 알려진 벤 넬슨이 투자자를 모집해서 내놓은 게 미네르바 스쿨입니다. 미네르바 스쿨은 스타트업처럼 투자를 받아 개교했는데 설립 초기에는 벤치마크캐피털에서 2,500만 달러(약 290억 원)를 투자받았습니다. 벤치마크캐피털은 드롭박스, 트위터, 스냅챗 등에 투자한 벤처캐피털 업체라고 합니다. 미네르바 스쿨이 성공적으로 런칭하자 2014년에는 TAL 에듀케이션 그룹, 젠펀드 등에서 7,000만 달러(약 835억 원)를 투자받습니다. 역시 마찬가지로 투자자들이 투자한 이유는 이 학교가 수익성이 있는 사업이기 때문이겠죠? 상품은 '소프트웨어 프로그램'입니다. 뿐만 아니라 이 프로젝트에는 연구 윤리의 문제도 있어 보입니다. 대학의 연구 프로젝트에는 공적 지원금이 들어가니까요. 투자자들이 프로젝트 단계의 연구 지원비까지 준 것은 아니거든요. 정부 돈이든, 대학 돈이든 공공 지원을 받아서 연구했는데 그 연구 결과에 대한 소유나 권리가 사회적으로 공유되지 않고 개인에게 귀속되고 사적 영리 추구에 쓰이면 안 되는 거죠.

미네르바 스쿨이 주로 중상층을 대상으로 한 프로젝트라면, 하층 계급을 대상으로 만든 것이 피닉스 대학입니다. 피닉스 대학은 온라인 대학인데, 전 강좌가 온라인 강의이고 면접도 없이 돈만 내면 들어갈 수 있어요. 역시 영리 대학입니다. 왜 하층 계급의 노동자들이 이 대학에 등록할까요? 대학 졸업장이라는 상품을 사는 거죠. 구직에 좀 도움이 될까 해서요. 구직 서류에 첨부할 대학 졸업장이 필요한 사람들에게 학력이라는 스펙을 파는 거예요. 피닉스 대학은 공격적인 광고 마케팅으로 유명합니다. 구직자들, 실업자들이 관련 정보를 검색하면 스마트폰에 컴퓨터에 피닉스 대학 광고가 무차별적으로 막 뜹니다. "누구나 들어올 수 있습니다. 돈이 없으면 학자금 대출을 알선해 드립니다." 대출도 아주 쉽게 받을 수 있게 해 놨습니다.

그런데 피닉스 대학의 중도 탈락률이 아주 높습니다. 사실 학생을 격려하고 상담하는 것도 모두 비용이 드는 일인데, 이 대학은 학생에 대해 관리를 전혀 하지 않잖아요. 탈락을 하든지 말든지 학생 개인의 책임이고, 학교 입장에서는 그냥 학생을 계속 더 많이 뽑으면 되는 거죠. 학생 모집을 영업이라고 생각하고 판매 대금인 등록금만 챙기면 되니까, 지출에서도 교육보다는 영업과 홍보에 더 많은 돈을 쓰고 있죠. 박리다매 전략으로 공격적인 마케팅을 하면서, 교육을 팔아서 가난한 사람들의 주머니에서 돈을 긁어내는 영리 기업이라고 할 수 있습니다.

한국형 대학 기업화

이런 모델을 수입하려고 한국의 '혁신 수입상'들이 혈안이 되어 있어요. 대학을 그렇게 바꾸려고 하는 거죠. 미국은 최소한 비영리 대학과 영리 대학이 구분이라도 되어 있는데 한국은 비영리 대학, 영리 대학 구분 없이 그냥 '미래형 대학'이라고 하면서 시스템만 들어온다는 게 더 문제예요. 일례로 한국 대학에서 온라인 강의가 엄청나게 많이 늘어나고 있어요. 제가 강의하다가 해고된 경희대학교에서는 처음에 온라인 강의를 3학점까지만 허용했는데 그게 점점 늘어나서 지금은 15학점까지 인정하고 있어요. 학생들도 학교에 안 가도 되고 편해서 싫어하지 않고, 학교는 강의실 없어도 되고 비용도 절감돼서 좋아하고, 교수도 한 번 영상을 찍어 놓으면 몇 년 동안 쓸 수 있으니 반기죠. 요즘은 플립 러닝Flipped Learning이라고 하는 '거꾸로 수업'과 블렌디드 학습 방식을 도입해서 세 번은 온라인 강좌로 자기 주도적 학습을 하고 — 학생들은 이걸 자습이라고 부릅니다만 — 4주 차에 한 번 학교에 나와서 배운 걸 검사(?)받는 그런 강의도 생겼는데, 이걸 점차 확대할 계획이라고 선전하고 있습니다. 한국에서 온라인 강좌 규모가 가장 큰 대학이 어디일까요? 타의 추종을 불허하는 대학이 하나 있어요. 한국의 IT 산업을 선도해 가는 기업 있잖아요, 삼성. 삼성이 운영하는 성균관대학교가 선도적으로 온라인 강좌를 학부 수업에 도입해서 1년에 개설되는 온라인 학점 강의 수가 제일 많습니다. '멀티캠퍼스'라고 하는, 삼성이 만든 교육 IT 업체가 있어요. 삼성 인력개발원에서 독립 상장시켜서 만든 회사입니다. 거기에서 기업 교육부터 시작해서 공무원 교육, 정부 지원 교육 등 수많은 강의 콘텐츠를 만들어서 공급하고 있고, 심지어 성균관대에도 납품하고 있어요. 실리콘 밸리와 대학교육의 결합이 한국에 상륙했을 때 어떤 모습이 될지 보여 주는 대표적인 사례입니다.

스탠퍼드 디 스쿨도 지금 대학들이 너도나도 벤치마킹하고 있는 곳이죠. 디 스쿨은 디자인 스쿨의 약자인데 거대한 창고형 건물 안에 가운데 강당이 있고 그 주변에 작은 방들이 배치돼 있는 형식이에요. 창업 인큐베이팅 시스템 같은 것으로, 한 방에서 학생과 연구진과 기업이 결합해서 프로젝트를 하는 거예요. 강의를 듣거나 뭔가를 같이 공유해야 할 때만 강당에 모이고요. 고려대에서 그 디 스쿨을 따라 한다고 'X-개러지Garage'라는 창업, 디자인, 메이킹을 지원하는 시설을 만들었어요. 집 차고garage에서 창업을 하는 미국식 모델에서 따온 거죠.

고려대에서는 새롭게 '미래 대학'을 만든다고 하면서 이름을 '크림슨 칼리지'라고 붙였는데요. 그 신설 학과 정원을 다른 학과 정원을 줄여서 가져오고 학과 통폐합을 추진한 바람에, 학생들이 크게 반발해서 2017년에 고려대 학생들이 본관 점거하고 싸워서 그 사업을 중단시킨 일이 있습니다. 사업은 무산됐는데 건물은 'SK 미래관'이라는 이름으로 계속 짓고 있어요. 학생들은 이 건물을 왜 짓는지 모르겠다고 합니다. 강의실이 하나도 없거든요. 강의실이 없는 이 건물은 무엇으로 차 있을까요? 고려대 111주년 기념이라고, 111개의 세미나 룸과 111개의 캐널(개인용 학습 공간)들로 구성되어 있어요.

세미나 룸이 111개나 있으면 학생들이 자유롭게 사용할 수 있어서 좋겠다 싶죠? 그럴 거였으면 처음부터 학생들에게 이 공간을 어떻게 이용할지 의견을 물어보고 용도를 같이 결정했겠죠. 학교에서는 어떻게 이용하고 운영할 건지 안 가르쳐 줘요. 제가 그 도면을 보니까 세미나 룸의 용도가 추측되더라고요. 요즘 유료 세미나 룸, 유료 오피스 대여 등이 많잖아요. 학생들한텐 돈을 안 받더라도, 외부에 공간을 임대하거나 창업 인큐베이팅 공간으로 유료로 대여하는 거죠. 성균관대의 온라인 강의하고는 또 다른 방식으로, 한국에서 대학이 기업화·영리화되는 모습을 보여 주는 사례죠.

그래도 미국의 대학들은 창업 스쿨로 학점을 주지는 않습니다. 창업 스쿨은 학과 과정과는 별개의 과외의 과정이에요. 그런데 한국의 대학들은 아예 창업을 교양 과정에 넣어서 학점을 줍니다. 교양 수업이 엄청나게 확대되고 있는데 사실 내용적으로는 축소되고 있어요. 온라인 강좌로 대체되고, 많은 부분이 비교과 부문, 취업·창업 강좌로 채워지고 있습니다. 굉장히 반교육적인 거죠. 학생들은 그런 게 필요하니까 좋아하죠. 하지만 제대로 된 교육과정을 제공하고 나서 그 다음에 학생들을 지원하는 다른 시스템이나 공간을 별도로 만들어야죠. 지원 서비스를 교육과 등치시켜서 창업 동아리 활동을 하면 학점을 주는 건 말이 안 된다고 생각합니다.

이렇게 '미래', '혁신' 등 세련된 담론으로, 한국 교육에도 기업화, 영리화가 일어나고 있습니다. 실제로 한국에 새로 생기는 이런 대학들 이름도 '미래혁신원', '미래융합대학', '미래라이프대학' 등 '미래'나 '혁신'을 많이 따서 붙이고 있어요.

'혁신'의 정신

'혁신'도 사회 변화의 방향을 지시하는 중요한 사회적 개념어가 됐습니다. 미국의 자본과 혁신의 선구자들은 대부분 자본가, IT 기업가 등이죠. 한국은 누구일까요? 한국 사회에 '혁신'이 등장한 유래는 의

외로 오래됐습니다. 바로 1992년 삼성 이건희 회장이 '신경영 선언'을 한 것입니다. "마누라만 빼고 다 바꿔"를 삼성의 정신으로 강조하면서, 산업 사회에서 기업과 공장의 규칙들을 깨 버렸습니다. 이후 신경영이 '혁신 경영'이라는 이름으로 삼성전자의 모토가 되죠. 다른 기업들도 다 따라갔어요. 삼성의 혁신 경영 선언이 국가 정책으로도 들어왔습니다. 노무현 정부 때 '정부혁신위원회'를 대통령 직속 기구로 만들었습니다. 그 위원장이 박근혜 정부 위기 상황에 총리 후보로 내정되기도 했던 김병준이었습니다. 혁신위원회가 집중해서 한 일이 공공 부문 슬림화 등 '행정 혁신'이었습니다.

2006년, 이건희 회장이 '창조 경영'을 선언한 때부터는 '창조'가 화두가 됐어요. 삼성경제연구소에서도 창조 경영, 창조 경제를 주제로 보고서를 펴냈고요. '창조 산업'은 대부분 문화 산업이에요. 쉽게 말해서 '해리 포터' 산업이 자동차 산업보다 더 돈을 많이 번다는 거죠. 산업 체계를 무형의 아이디어, 정보, 지식 등이 돈을 버는 방향으로 개편해야 한다는 이야기예요. 하지만 사실 해리 포터도 조앤 롤링 혼자서 만들어서 돈을 버는 게 아니죠. 책을 만드는 노동자들, 영화를 만드는 노동자들, 유통시키는 노동자들이 일해야 만들고 팔 수가 있잖아요. 그런데 그 창조 경제, 문화 산업계를 보면 노동의 가치와 임금의 격차가 엄청나게 커요. 소수만이 성공해서 큰돈을 벌고, 그걸 떠받치고 있는 대다수 노동자들은 '월화수목금금금'으로 일하면서 열악한 불안정 노동에 내몰립니다. 그런 산업 구조로 가자는 이야기를 미화시키는 겁니다.

처음에 혁신이 나왔을 때는 그렇게 인기가 없었어요. 행정 혁신도 인기가 없었고 정부가 혁신한다고 밀어붙이니까 더 불편해하기도 했죠. 예를 들면 지금 주소 체계를 다 도로명 주소로 바꿨는데, 예전보다 더 나빠졌다고 이야기하잖아요. 혁신해서 망한 대표적 사례죠. 그래서 예전에 정부 주도로 혁신을 강조할 때는 그래도 사람들이 너도나도 '나 혁신해야 해' 하고 말하지는 않았던 것 같아요. 하지만 2017년의 스토리텔링은 그때보다 훨씬 세련되어졌습니다. 혁신의 스토리텔러들이 도처에 등장해서 "당신은 혁신의 편입니까?"라고 묻고 있어요. "당신은 혁신의 편입니까?" 이 표어를 내세운 게 여시재라는 싱크 탱크입니다. 노무현 대통령 비서실에 있던 이광재가 원장이고요. 이원재라고, 한겨레 기자로 일하다가, 삼성경제연구소에 들어가고, 미국에서 MBA 과정을 밟고, 다시 한겨레에 들어간 특이한 경력을 가진 분도 정책 이사로 있었습니다. 보수인지 진보인지 헷갈리는 사람들이 그럴듯한 스토리로 혁신을 이야기하고 있는 거죠.

혁신이란 단어만 보면 그렇게 나쁘지 않은 것 같죠. '진보'와도 비슷해 보이고요. 그런데 진보는 전체 사회가 나아가야 할 방향, 우리가 추구해야 할 가치, 공공선은 무엇인가에 대해 전체적인 청사진을 제시하잖아요. 정의에 대해 이야기하고, 분배에 대해 이야기하고요. 그런데 혁신은 그게 없어요. 비어 있는 개념이에요. 그러니까 누군가는 '그 말을 좋은 사람이 쓰면 좋은 거다, 자본의 혁신이 아닌 우리의 혁신을 하면 된다'고 합니다. 하지만 개념이 비어 있을 때는 권력이 있는 사람들이 사용하기에 훨씬 유리합니다.

혁신에는 '새로움'이란 것밖에 없어요. 새로운 것을 추구하라. '신상'의 정신이죠. 끊임없이 새로운 것을 만들고 소비해라. 아이폰8을 아이폰X로 혁신해 가는 건 기존에 있던 것이 쓸모없어졌기 때문이 아니죠. 하지만 혁신해서 새로운 상품을 만듦으로써 원래 있던 것들을 쓸모없는 것으로 만듭니다. 혁신은 반드시 파괴를 동반합니다. 혁신을 이야기했던 원조인 조지프 슘페터라는 경제학자가 이야기한 개념이 바로 '창조적 파괴'입니다. 그런데 누군가는 기존의 것을 파괴하고 새로운 세계를 창조하면서 이윤을 얻어 가겠지만, 그 파괴를 당하는 존재들에게는 피해가 부수적인 문제가 아니죠. 경영을 혁신한다고 하면서 일어나는 해고 등 노동자들이 당하는 파괴라든지, 새로운 도시가 개발되면서 일어나는 원래 살던 사람들이 쫓겨나는 일이나 생태계의 파괴는 치명적이에요. 그래서 뤼크 페리라는 프랑스의 공화주의자가 이런 식의 파괴가 우리가 지켜야 할 공동체까지 다 파괴하고 영구적인 불안정을 낳는다고 비판하면서 '파괴적 혁신'이라는 말을 썼습니다. 제 질문은, '누구를 위한, 무엇을 위한 혁신인가? 새롭게 바뀐다고 다 좋은 것인가?'라는 거죠.

미래형 교육, 미래형 인간

이광재 여시재 원장의 강연 하나를 같이 볼게요. 여기에서 '4차 산업혁명'을 설명하면서 사물 인터넷 기술을 소개하는데, 그러면서 지금 우리는 시민 한 사람당 20명의 노예를 거느리고 있는 셈이라고 말합니다. 노예를 대신하는 건 기술이라는 의미에서 말한 것이겠지만 우리는 실제로 20명보다 더 많은 노예를 거느리고 있는지도 몰라요. 국제 주문, 국제 배송 시스템을 비롯해서 우리 눈에 보이지 않는 곳에까지 하청, 외주화의 사슬로 엮여 저 먼 나라까지 수많은 시스템이 만들어 낸 노예를 거느리고 다른 사람의 노동을 싼값에 수탈하고 자원을 착취해 가며 살고 있는 거죠. 그런 점에서 세계화된 자본주의 체제는 '호모 호미니 슬라부스', 만인에 대해서 만인이 노예이도록 만드는 체제인지도 몰라요. 그런데 기술 혁신을 통해 더 그런 방향으로 가자는 이야기가 '4차 산업혁명'입니다. 게다가 '4차 산업혁명' 담론은 초고도의 전기 집중 사회로 간다는 치명적인 약점을 숨기고 있어요. 지금 이미 고도의 전기 사회잖아요.

영상에서 이광재 원장은 '4차 산업혁명'으로 스마트 카, 스마트 홈을 만들자고 이야기합니다. IT 강국을 외치며 스마트 시티를 만들자고 하는데 스마트 홈을 도시로 확장한 게 스마트 시티죠. 스마트 스마트 하는데 도대체 스마트가 뭔가요? 결국 '스마트'한 컴퓨터가 '안 스마트'한 인간과 사회를 오류 가능성을 낮추도록 관리하는 거잖아요. 인간을 돕는 기술이 아니라 인간을 지배하는 기술입니다. 사실 삼성이 오래전에 스마트 시티를 전략적으로 추진했는데, 그 모델로 삼았던 곳이 두바이였어요. 그런데 2012년에 두바이가 모라토리엄을 선언하고 어려운 상황이 되면서 국내에서도 스마트 시티 정책이 탄력을 못 받고 다행히(?) 좌초된 적이 있었습니다. 물론 '혁신 도시'로 방향을 바꿔서 했지만요. 집뿐만이 아니라 공장도 다 자동화하자고 하고 있죠. 제가 강원도 시골에 사는데, 1시간에 한 대 오는 버스에도 커다랗게 "4차 산업혁명 시대를 선도할 농업"이라고 써 붙여 놨어요. 농업을 혁신해서 스마트 팜 만들자는 거예요. 하우스 농업은 작물들을 하우스에 가둬 놓고 기름을 때서 농사를 지었잖아요. 스마트 팜은 전기로 농사를 짓자는 거죠. 전기가 끝나면 전부 멈추고 무너지고 말 문명을 만들려고 하는 겁니다.

그 선상에 '스마트 스쿨'이 있습니다. 근대 산업 체제와 학교 체제가 연결되어 있다는 건 우리가 알고 있잖아요. 아침에 정해진 시간에 같이 출근해서, 똑같이 일하고 쉬고, 같이 점심 먹고, 같이 저녁에 퇴근하는 공장 노동자를 기르기 위한 게 학교교육이죠. 그렇게 집단적인 단체 노동을 하려면 오랜 시간 훈련을 시켜야만 해요. 원래 살아왔던 방식과도, 인간의 자연적 생명 활동과도 맞지 않는 매우 인위적인 '인간의 재창조' 과정이에요. 그런데 그렇게 인간을 규격화된 벽돌로 만드니까 공장도 전체가 맞물려서 움직여야 하지만 또 결과적으로 노동자도 단결하고 뭉치게 돼요. 그러다 보니 기업이 유사 가족을 표방하기도 하고, 기업 책임형 복지 시스템도 만들어졌죠. 집단 거주를 위한 공동 주택 단지를 개발하고, 아이들을 위한 유치원이나 학교도 인근에 짓고요. 물론 노동자의 삶의 질을 위해서라기보다는 더 용이한 노동 관리 차원에서 그렇게 한 거겠지만 말입니다. 그런데 그런 식의 산업 체제와 생활 방식이 지금 해체되고 있는 겁니다. 한국 사회는 1997년 외환 위기가 아주 중요한 분기점이었죠. 그걸 '포스트 자본주의'라고 한다면, 지금 '미래 교육'의 핵심은, 그에 부합하는 '포스트

휴먼'을 길러 내라고 요구하는 거예요. 혼자 알아서 각자도생하는 인간. 요새는 아예 직업도, 있는 직업 중에 찾지 말고 창조하라고 하더라고요. 그렇게 스스로 살아남는 인간을 '미래형 인간', '혁신적 인간'이라고 부르는 것이고, 그런 인간이 되기 위해 필요한 건 '기업가 정신'인 거죠. 진취적 기상과 탐험가 정신을 가지고, 아무도 가지 못한 새로운 바다로 나아가고, 아무도 생각하지 못한 아이디어로 너만의 일을 찾아서 창업을 하라는 겁니다. 실은 그 창업의 바다에서 성공하는 게 로또 당첨보다 어렵고 우리 모두가 추구한다고 해서 보편적으로 될 수 있는 모델이 결코 아닌데 말이죠.

이와 같이 '미래', '창조', '혁신'은 '4차 산업혁명'의 키워드이면서, '미래 교육'의 키워드입니다. 어떤 미래를 위해서일까요? 사실 그 미래는 시장의 미래, 자본의 미래 아닐까요? 그걸 위해서 학교 제도를 이렇게 혁신하라는 게 맞는 걸까요? 그런데 이런 혁신 담론에 근거해서 실제 정책에서 많은 것들이 추진되고 있습니다. 앞서 소개한 여시재와 같은 싱크 탱크들이 공공 부문에서 강의를 엄청 많이 합니다. 아까 본 강의 영상은 더불어민주당 지방선거 출마 후보자들을 대상으로 한 교육이었어요. 다른 정당에서도 많이 하고, 공무원, 교원 대상 연수도 많이 합니다. 저런 싱크 탱크들이 지금 새로운 자본주의 정신, 기업의 이념을 사회에 불어넣는 역할을 하고 있죠. 그러면서 지자체에서 시·산·학 협력 같은 것도 혁신 모델로 많이 추진하고 있습니다. 시·산·학 협력이란, 지방 도시, 즉 지방 정부하고 기업하고 대학이 같이 협동해서 무언가를 만들어 내라는 거죠. 요즘 유행하는 '리빙 랩'은 시·산·학 협력의 새로운 형태예요. 자기 삶터가 다 랩, 연구실이란 거죠. 아이디어는 공적으로 얻고, 기술 개발과 연구는 대학에서 하고, 상품화해서 돈을 버는 건 기업이죠.

좋은 교사란 무엇인가

최근에 다 좋다고 이야기하는 것들이, 융·복합 수업, 학생 중심 수업, 블렌디드 등이 있습니다. 말을 바꿔 보면, 융·복합은 자본과 기술과 교육의 융·복합이죠. 학생 중심은 학생을 배움의 주체로 세운단 게 아니라 학생 소비자로서 중심에 놓는 것이고요. 블렌디드는 온라인·오프라인을 혼합하라는 게 핵심이에요. 온라인 강의 등으로 기업의 기술을 교실로 갖고 오라는 이야기죠.

블렌디드의 한 예로, 초등학교에서 많이 쓰는 교육 소프트웨어로 '아이스크림i-Scream'이 있습니다. 아이스크림을 처음에는 학교에서만 쓸 수 있었죠. 그런데 지금은 '아이스크림 홈 런home learn'이라고 집에서 쓸 수 있는 서비스가 나왔어요. 돈 주고 사야 하는 거죠. 〈마인크래프트〉라는 유명한 게임이 있어요. 이걸 학교교육에서 많이 이용한다고 하더라고요. 저는 처음에 그 이야길 들었을 때 교사들이 교육에 활용을 하나 보다 했어요. 그런데 찾아보니까 마이크로소프트에서 〈마인크래프트〉 교육 에디션을 개발했더라고요. 이런 회사들이 학교나 교육청을 상대로 영업을 하는 거죠. 아주 공격적으로 마케팅을 합니다. 한국에서도 'IT에듀업체'에서 이걸 수입해서 방과 후 교실에 도입한다고 합니다. 앞으로 코딩교육이 의무화되니까 거기에 활용한대요. 국영수 사교육과는 또 다른 차원의 학교 시장화가 열리는 거죠.

혁신의 스토리텔러들은 이런 소프트웨어를 쓰니까 학생들이 수업 시간에 잠도 안 자고 재미있어하면서 공부를 잘한다고 이야기하죠. 그리고 교사의 역량을 계발하라고 하고, 교사들에게 그런 소프트웨어를 어떻게 활용하는지 배우러 다니라고 합니다. 그러면서 '교사론'이 없어졌어요. 기능적인 교사상만 남게 된 거예요. 언제부터 수업 잘하는 교사가 좋은 교사였습니까? 제가 학부모단체에서 강의할 때도 이런 이야기를 했는데요, 어떤 분이 반론을 제기하더라고요. 교사에 대한 불만이 많은 분 같았어요. 수업을 잘하는 건 교사의 첫 번째 의무라고, 제 말에 동의할 수 없다고요. 수업이 교사의 의무인 건 맞죠. 하지만 제 물음은 수업을 잘하는 교사가 좋은 교사인가 하는 거였어요. 기능적인 교사관에서는 어떻게 하면 수업을 재밌게 하고 학생들을 재우지 않는 교사가 될 것인가 하는 것만 질문합니다. 하지만 저는 그건 '좋은 교사'의 조건은 아니라고 생각하거든요. 제 경험만 돌아봐도 크면서 제가 존경했던 분, 제게 큰 영향을 준 선생님들은 다 그렇게 수업 기술이 좋았던 분들은 아니에요.

게다가 그 교사관에 따르면 교사들은 끊임없이 기술에 의존해야만 합니다. 그러다 보면 기술이 발전하면서 증강 현실 같은 게 도입되고 수업 잘하는 프로그램이 교사를 대체하게 될지도 모르죠. 미래에는 교사가 필요 없어지고 교사라는 직업이 사라질 거라는 예측은 그런 의미일 거예요. 하지만 비용의 측면이나 기술의 측면에서는 교사가 필요 없어질 수 있다고 쳐도, 시민 사회나 공동체의 측면에서 교사는 정말 사라져도 좋은 존재일까요? 교사의 사회적 임무, 미래 사회에서 교사의 존재 근거는 어디에서 나오는가. 교사론에는 이런 물음이 필요한데, 지금은 이런 교사에 대한 물음은 상실한 채 수업을 잘하는 방법만 고민하는 거죠.

저는 학교가 예전에는 국가주의 이데올로기 기구였다면, 지금은 시장주의 이데올로기 기구로 재탄생하고 있다고 봅니다. 그럼 예전의 학교를 어떻게 해체해야 할까요? 혁신가들은 계속해서 학교를 없애자고, 즉 기업적인 방식으로 해체하자고 합니다. "공교육이 할 수 없다면 스타트업이 하면 되지 않을까요?"라는 말은 너무나 놀랍고 공격적인 선언이죠. 교육도 기업이 더 잘하면 기업한테 맡기라는 소리입니다. 하지만 우리는 기존의 학교가 잘못되었다는 데는 동의할 수 있지만 기업이 더 잘할 수 있다는 그 말에 동의할 수 있나요?

우산 없이 비를 맞는 존재

제가 좋아하는 문학 장르가 SF인데요, SF 작가들이 그리는 미래는 많은 경우 디스토피아입니다. 그래서 저는 청소년들과 미래에 대해 이야기하고 고민하려면 미래학 책 같은 것을 보지 말고 SF를 보라고 권해요. 마치 무슨 투자 전략서 같은 미래 연구 보고서니 하는 책들보다 차라리 SF 영화나 SF 소설이 훨씬 성찰적인 물음을 주더라고요. 그런데 SF를 보다 보면 그 세계에 잘 등장하지 않는 게 있어요. 뭘까요?

우산입니다. 우산이 없어요. 여러분, 이게 무슨 의미일까요? 미래에는 비가 안 오거나 또는 기상이 철저히 통제된 인공적 환경에 산다는 거예요. 아주 드물게 비 내리는 장면이 나오기도 하는데, 그때 그 빗속에 있는 존재는 추방된 존재들, '자연 세계'에서 살아가는 존재들이에요. 미래의 문명인들은 자연 속에 살지 않아요. 조경으로서의 자연은 있을지 모르지만요. 진짜 자연은 문명에서 낙오된 인간들의 거처죠. '멋진 신세계'에서 살아가는 사람들은 우산이 필요 없어요. 사실 지금도 비슷하죠? 아파트에서 엘리베이터 타고 지하 주차장으로 가고, 자동차 타고 다시 회사 지하 주차장으로 가고, 또 자동차 타고 아파트로 오고 하면 우산이 필요 없습니다.

왜 우산 이야기를 하냐면 인간은 우산이 필요한 존재라서입니다. 저는 또 이렇게도 이야기합니다. '인간은 우산 없이 비를 맞을 수 있는 존재'라고요. 무슨 말이냐면 인간은 우연하고 가변적인 상황 속에서 살아가고 문제를 해결하는 존재라는 겁니다. 인간에게 필요한 문제 해결 능력은 내비게이션이 안내하는 경로 1번, 2번, 3번 중에서 하나를 선택하는 능력이 아니라, 내비게이션을 끄고 모르는 길, 없는 길을 달려가는 능력입니다. 어떤 영화에서 보면 우산이 필요 없는 세계에 살던 사람들은 비를 맞게 되면 죽는 줄 알아요. 머리에 비가 떨어지는 걸 재해라 여기고 자연의 엄청난 공격으로 받아들이는 거죠. 저는 지금 스마트 스쿨 같은 방식이, 우연의 세계, 가변성의 세계, 모순과 부조리의 세계 속에서 성장하는 인간의 존재를 지워 버리고, 인간을 시스템의 일부로 만드는 교육으로 가는 건 아닌가 질문을 던져 봐야 한다고 생각합니다. 우산 없이 비를 맞는 담력이 있어야 되는데 그런 인간들이 점점 사라지고 있단 생각이 들지 않으세요? 게다가 인간은 때로는 우산이 있으면서도 비를 맞는 존재예요. 다들 한 번씩 그런 적 있으시죠? (웃음) 인간은 우산의 용도도 스스로 정할 수 있는 그런 존재인 거죠.

SF가 그리는 미래 사회에는 없는 것들이 또 많습니다. 의회가 없는 대신 위원회가 있고요. 마을은 없는데 마트는 있습니다. 인터넷으로 다 주문해서 마트가 없는 경우도 있죠. 컴퓨터 속에 온라인 쇼핑몰만 존재하고 실물은 물류 센터에서 집으로 바로 배송되어 오니까요. 또 '로봇 경제'가 도래해서 노동자가 사라지고 로봇이 사람 일을 대신 해 주는 장면도 많이 나오는데요, 힘든 노동을 다 로봇이 대신 해 주는 건 또 아니더라고요. 그보다는 노동자들이 로봇 같은 취급을 받아요. 근대 산업혁명으로 기계가 도입되고 인간이 노동에서 해방될 거라고 했는데 실제로는 기계에 부속된 노동자들이 기계 같은 취급을 받았잖아요. 마찬가지로 로봇과 함께 일해야 하는 인간은 로봇 같은 취급을 받을 것이고, 로봇보다 일을 못하는 인간은 로봇보다 못한 취급을 받을 수도 있겠죠. 〈엘리시움〉이란 영화를 보면 위험하고 힘든 일은 오히려 인간이 다 하고 있어요. 왜냐면, 로봇 값이 인간보다 훨씬 비싸기 때문이죠. 그러니까 로봇 경제 시대가 도래한다고 자동으로 인간에게는 여가가 생기고, 로봇세 거둬서 기본소득 나눠 주고, 노동자들이 인간다운 삶을 살게 될 거라 보는 것은 참 순진한 생각입니다. 기술이 미래를 결정하는 것도 아니고 미래의 경로란 것도 미래학이 예측하는 것처럼 정해져 있지 않아요. 우리가 어떤 미래를 원하고 어떤 세상을 만들려고 하는지에 따라 기술의 결과도 달라질 수 있는 겁니다. 그러기 위해서는 교육도 어떤 사람을 키워 내려고 하는지를 생각해야겠죠. 우산이 필요한 존재, 우산 없이 비를 맞는 존재가 미래에도 올 수 있을 건가.

공교육의 이념

처음에 신자유주의는 공공 부문의 비효율성과 구태의연함을 공격하면서 민영화를 정당화했어요. 교육도 마찬가지예요. 공교육에 대한 공격을 하면서 시장화를 추진했습니다. 그런데 지금은 공교육의 이념이라고 하는 것 자체가 사실상 '혁신·미래 교육' 담론을 통해 해체되는 단계에 이르렀다고 봐요. 한국에는 공교육이라고 하면 부정적인 인상이 있죠. 군사 독재 체제하에서 국가에 동원되었던 비극적 기억이 저마다 있고 그게 다들 깊은 트라우마로 자리 잡고 있고요. 그런데 공교육의 '공'이 공식화된 제도권 학교라는 의미만 있는 건 아니거든요. 근본적으로 공교육의 '공'은 공동체의 공, '함께'라는 뜻의 공, 즉 코뮌commune의 공입니다.

이런 공교육의 이념이 구현되는 것이 보통 사람들을 위한 교육, 보통 교육이에요. 보통 교육은 보편 교육이기도 하죠. 보편적으로 실현될 수 있어야 합니다. 앞서 본 미네르바 스쿨이나 '네 앞에 아무도 없을 거야'라고 하는 알트 스쿨은 보편 교육이 될 수 없죠. 그러니까 학교의 대안이 될 수 없는 거죠. 공통성에 기초한 일반 교육부터 해야 하는데, 그건 건너뛰고서 각자 특별해지도록 만드는 것부터 가르치려고 하는 거죠. 하지만 먼저 공교육에서 해야 하는 건 우리가 함께 사회를 살아가는 상식을 갖추고 시민으로서 공통의 기반을 갖추게 하는 거예요. 그리고 그런 보통 교육, 보편 교육에서부터 평등 교육이 실현될 수 있는 거죠. 이때 평등 교육은 개인과 개인 사이의 평등이 아니에요. 부자와 가난한 자의 평등, 여성과 남성의 평등, 장애인과 비장애인의 평등인 겁니다. 이런 것들이 모여서 건강한 공동체 교육, 공동체 사회로 나아갈 수 있습니다. 우리가 고민할 것은 학교를 허무는 것이 아니라, 인간을 똑같은 벽돌처럼 찍어내는 공장형 학교를, 이 '벽돌공장'을, 어떻게 하면 '함께'의 이념을 실현할 수 있는 장으로 만들 수 있을 것인가입니다. 그러려면 공교육이라는 이념을 버리면 안 되죠. 그건 지켜야 하고, 그러면서 공동체라는 개념을 어떻게 지금 시대에 맞게 재구성할 것인지가 우리의 과제가 되어야 하는 겁니다.

옛날에 서울시교육청에 "한 사람이 백만 명을 먹여 살린다"라는 표어가 걸려 있었습니다. 그런데 거기에 누가 작은 글씨로 낙서를 해 놨더라고요. "걔가 안 먹여 살리겠다면?" 정답이죠. 한 사람이 안 먹여 살린다고 하면 그럼 그 백만 명은 뭐가 되겠어요? 그런 위험을 피하기 위해서라도 공동체를 구성할 시민들을 함께 기르고 그 지적 자산이나 성취도 모두의 것이 되게 하는 게 맞죠. 최근에 다행히 '4차 산업혁명'에 제동을 거는 책들도 많이 나오고 있습니다. 그중 한 권인 《4차 산업혁명이라는 거짓말》에 실린 글이에요. "4차 산업혁명이 '한 사람이 백만 명을 먹여 살려야 할 세상'을 초래할 가능성이 있다면, 그 한 명이 되기 위한 노력보다 그런 미래를 막는 것이 더 합리적이다. (……) 지금 필요한 것은 제2의 잡스와 하사비스를 키우는 것이 아니라, 그들을 어떻게 통제, 견인, 선도할 것인지에 대한 사회적 합의다."*

현실로 만들어야 할 꿈

진짜 교육을 바꾸려면 저는, 무상 보육, 무상 교육, 교육 평준화, 대학 평준화 같은 변화가 필요하다고 생각합니다. 이것만 있으면 된다는 건 아니고요. 접근하는 각도와 프레임을 바꿔야 한다는 거예요. 기술 혁신을 통해서 교실을 바꾸고 수업 방식을 바꾸면 교육이 바뀔 수 있다고 생각하는 것이 아니라, 교육의 구조 자체를 바꾸는 것이어야 되죠.

지금 우리가 교육의 실패라고 하는 건 12년, 16년을 배우고 학교를 졸업해도 쓸모없는 인간이 된다는 거잖아요. 그런데 그게 선생님들이 수업을 잘 못해서 그런가요? 교실이 동그라미나 세모가 아니라 네모라 그런가요? 태블릿 PC가 있으면 해결이 될까요? 교실에서 수업을 잘하면 문제가 해결될 것처럼 이야기하는 건 거꾸로 보는 거죠. 취업을 못 하는 건 학생들이 능력이 없어서, 학교에서 제대로 배우지 않

* 손화철(2017), 〈4차 산업혁명과 노동의 자리 – 러다이트 운동의 교훈〉, 《4차 산업혁명이라는 거짓말》, 북바이북, 28쪽.

아서가 아니라, 노동 시장의 문제죠. 산업 구조의 변화, 줄어드는 일자리, 불안정 고용 같은 취약한 노동 현실이 원인이란 말입니다. 그런데 그걸 왜 학교에서 해결하고 기술 혁신이 해결해 줄 것처럼 이야기하나요? 기술 혁신을 강조하는 건 자꾸 눈을 원인에서 다른 데로 돌리는 거죠. 거기 속지 말고, 다시 눈을 원인으로 돌려야 다른 전망을 볼 수 있어요.

무상 교육이나 대학 등록금 철폐 같은 이런 이야기를 하면 이제 사람들은 비현실적이라고들 합니다. 태블릿 PC 보급은 돈이 얼마가 들든 지금 당장 할 수 있는데, 무상 교육은 '시기상조다', '나중에'라고 이야기합니다. 과연 그럴까요? 우리가 비현실이라 생각하는 것들을 현실로 만든 사례들은 얼마든지 있어요. 대표적 사례가 칠레입니다. 칠레가 어떤 나라냐면 신자유주의 선도 국가예요. '이명박 박근혜 곱하기 10'이라고 생각하시면 이해가 쉬울 겁니다. 1974년부터 약 16년 동안 피노체트 독재 정권이 통치하면서 신자유주의 경제 정책을 도입해서 공공 부문 민영화부터 해서 신자유주의 정책들의 실험장이 되어 왔어요. 그래서 칠레에서도 대학 교육비가 너무 비싸서 대학 나오면 빚더미에 앉게 되고, 졸업해도 제대로 취업도 못 하는 상황이었습니다. 2006년에 '펭귄 혁명'부터 시작해서 10년이 넘도록 대학 등록금 폐지를 포함해서 무상 교육을 요구하며 학생들이 싸웠습니다. '펭귄'이 뭘까요? 네, 교복이죠. 칠레 중·고등학생들이 검은색 교복을 입고 나와서 싸우니까 펭귄처럼 보인다고 해서 그런 이름이 붙었어요. 중·고등학생들이 싸우기 시작하니까 대학생들도 나오고 학생들이 나오니까 부모들도 나오고 시민들도 나와서 행진에 동참을 합니다. 이런 구호를 외치며 싸웠어요. "우리는 조용하지 않겠다. 우리는 군사 독재에서 시장 독재로 왔을 뿐이다.""이윤 대신 공공의 이해를 위해 맞서 싸우자.""무너진다, 무너진다 피노체트 시대 교육!" 칠레에서 근래에 가장 격렬하고 치열하게 투쟁이 벌어진 문제가 교육이었어요. 대학 등록금이 학생 당사자만의 문제가 아니잖아요. 그 부모들이 경제적 부담을 져야 하고, 그러다 보면 부모들도 생활이 불안정해지죠. 모든 세대가 대출에 인생을 저당 잡히게 만드는 주요 루트가 바로 교육에 있다는 거예요.

칠레에서 시작된 교육 개혁 시위는 세계 전역으로 확산되었죠. 캐나다에서는 2012년 '퀘백의 봄' 시위가 결정적 분기점이 되었어요. 등록금 인상에 항의하고 대학 등록금 무상화를 요구하면서 10만여 명의 대학생, 중·고등학생들이 시위에 참여했고 31만 6천 명의 학생들이 동맹 휴업을 했어요. 신자유주의의 본산인 영국에서도 2014년에 대학생들이 등록금 폐지 요구 운동을 했습니다. 이때 학생들이 든 피켓을 보면 "독일에서 되는 것이 영국에선 왜 안 되나?"라고 적혀 있습니다.

그럼 독일은 어쨌는데요? 독일은 대학 등록금이 없단 말일까요? 네, 독일은 원래 등록금이 없었습니다. 아니 정확히 말하면 독일도 원래는 부잣집 자식들만 대학에 갈 수 있던 나라였죠. 그러다가 1968년, 68혁명을 거치면서 등록금이 폐지가 돼요. 대학 등록금이 국민의 교육 기본권을 침해한다고 헌법재판소가 위헌 판결을 내리고 이후 모든 대학에서 등록금을 폐지합니다. 그런데 독일도 2000년대 들어서 신자유주의 물결이 쇄도하는 와중에 없어졌던 등록금이 다시 부활해요. 그때가 사민당이 집권해서 슈뢰더가 총리를 할 때였어요. 제가 2002년에 독일 대학에 공부하러 갔는데 그때가 막 대학 등록금, 수업료가 도입되기 시작했을 때예요. 제가 다니던 대학도 등록금이 생겼는데 100유로였어요. 당시 환율로는 10만 원 정도였으니까, 저는 정말 싸다 생각했는데 독일 대학생들은 다 나와서 바리케이드를 치고 시위를 하는 거예요. 물론 대학 등록금이 100유로에서 그치지 않았죠. 200, 300, 400유로로 등록금이 계속 치솟습니다. 대학 등록금이 500유로를 넘어가니까, 2009년에 독일 대학생들이 거리로 뛰쳐나와요. 이때 사진을 보면 이렇게 쓰여 있어요. "부자 부모를 찾습니다!" 학생들은 "부자만 대학에 다니란 건가?"라고 등록금 인상에 반발하면서 투쟁을 전개합니다. 도로 점거, 철도 점거, 의회 점거, 대학 강의실 점거……. 그런 식으로 투쟁을 해요. "교육 파업으로부터 일반 파업으로, 총 파업으로 가자"라고 플래카드에 쓰여 있기도 합니다. 역시 전체 사회 개혁의 가장 중요한 출발점은 교육이라는 거죠. 그 관점이 놀랍지 않습니까? 그 투쟁의 결과 대학 등록금을 폐지시켰습니다. 안 싸웠으면 어떻게 되었을까요? 다른 나라에 비하면 독일 대학 등록금은 비싸지 않다고 말하는 정부와 언론에 대항해서 독일 대학생들이 싸우지 않았다면 어떻게 되었을까요? 한번 등록금이 부활했는데 이제 등록금 폐지 요구는 '비현실적'이라고 생각하고 싸우지 않았다면 어떻게 되었을까요? 아마 학비는 500유로 이상으로 점점 더 올랐겠죠. 우리는 보통 한 번 게임 끝나면 끝이라고 생각하는 경향이 있는데 그렇지 않아요. 독일을 보세요. 다시 되돌릴 수 있는 것이 운동입니다.

자, 그러면 칠레는 어떻게 됐을까요? 독일은 재원도 있고 시민의식도 있고 그래서 그렇다 쳐도, 칠레에서도 될 수 있었을까요? 놀라지 마시길요. 2018년 1월에 칠레 의회는 대학 등록금 무상화로 나아가는 법안을 통과시킵니다. 여전히 정권은 보수 정권인데도 결국 의회가 국민적 요구를 수용하지 않을 수 없었던 것이죠. 정말 커다란 승리였어요. 저는 칠레의 경험으로부터 많은 것을 배웠습니다. 먼저 꾸준히, 포기하지 않고 해야 한다는 거예요. 우리의 요구가 정당하면 끝까지 그 요구를 포기하지 말아야죠. 그리고 '실현 가능성을 위해서'라는 명분으로 쉽게 타협하지 않는 것이 중요한 것 같아요. 우리는 너무 많이 타협을 해 왔어요. 한때는 분명히 우리도 등록금 폐지를 요구했는데, 어느 순간 반값 등록금이 되고 어느 순간 국가 장학금이 되고 어느 순간 학점당 등록금이 되더라고요. 그렇게 단계적으로 요구가 후퇴해 왔어요. 하지만 단계적으로 실현 가능한 요구를 한다고 해서 단계적으로 사회가 나아지지는 않습니다. 당연히 요구가 후퇴하면 실행도 후퇴하죠. 다른 나라에서는 가능한 대안이 우리에게는 불가능한 대안일까요? 그렇지 않습니다. 우리도 할 수 있습니다.

기술적 혁신에 매몰되지 말고 큰 틀에서 정말로 교육의 근간을 어떻게 바꾸어 갈 것인가, 우리가 내걸어야 할 요구가 무엇인가 생각해 주시기를 부탁드립니다. 그게 불온한 교사의 사회적 책무라고 생각합니다. 불온한 교사들이 시대가 만들어 내는 지배적 프레임에 대해 비판하고 제동을 걸 때 사회가 그래도 나아질 희망이 있다고 생각합니다. 그리고 여러분이 지배적 담론에 대해 저항 담론을 이야기하고, "그거 아닌데? 정말 그럴까?" 이런 질문을 던지면서 지배적 담론을 무력화시키는 스토리텔러들이 되어 주세요. 돌아가시면 친구들과 학생들과 동네 사람들과 동료 교사들과 어디서든 이런 이야기를 나누면서 문제의식을 퍼뜨려 주시기를 부탁드립니다.

참가자 저는 지금 대학에 다니고 있습니다. 무상 등록금 같은 경우는 대학생이 학교에 요구할 수 있는 것 같은데요. 그런데 수많은 대학생들, 그리고 대학을 졸업하고 교사가 된 사람들도 대학에서 공부의 의미를 잘 찾지 못하더라고요. 무상 등록금이 이루어져도 대학의 교육에 의미가 없으면 소용이 없잖아요. 대학에서 이루어지는 교육에 대해 어떻게 바꾸라고 요구해야 할지 감이 잘 안 오는데, 어떤 이야기를 할 수 있을까요?

채효정 그렇죠. 공공의 돈을 들여서 쓸데없는 교육을 하면 안 되죠. 사실 무상 교육은 정확하지 않은 용어예요. '공공교육'이라고 해야 정확하죠. 고등교육까지를 공공성의 기반에 놓자는 거죠. 지금 한국의 대학은 80%가 사립 대학이에요. 굉장히 기형적인 구조거든요. 이걸 바꿔야 해요. 정부는 비리 대학, 망한 대학 등을 다 문 닫게 하겠다고 하는데, 그렇게 하지 말고 공공의 대학으로 전환시켜야 합니다. 공공교육과 공공성을 담지한 교육 체계는 같이 가는 거예요. 무상 교육, 공공의 교육이 되면 대학도 반드시 바뀝니다. 대학교육의 내용도 변화할 수밖에 없습니다. 등록금 철폐 투쟁은 단순히 경제적 부담 경감을 위한 목적만이 아니에요. 교육과정의 내용을 바꾸는 거죠. 가난한 집 학생들이 더 많이 강의실을 채우고 더 많이 배운다고 생각해 보세요. 그들이 좀 더 여유 있게 공부하고 질문하고 토론할 거 아닙니까. 그렇게 해서 고등교육이 우리 사회의 소외된 계급에게도 의미 있는 것을 생산하고, 더 많은 학생들의 삶에 의미 있는 내용으로 바꿀 수 있도록 만들자는 거죠.

그리고 개별 학교 차원의 요구만이 아니라, 국가에 사회에 요구해야 합니다. 아까 독일 대학생들이 "부자 부모를 찾습니다"라고 하면서, 다른 한편에서는 "모두를 위한 부자 부모가 돼라"라고 했어요. 돈이 많으면 자기 자식한테만 쓰지 말고 다음 세대 모두를 위해, 전체 사회를 위해 쓰라는 거죠. 이렇게 개인의 교육, 개별 대학의 교육이 아니라 교육의 사회적 공공적 성격을 강조하는 게 중요하다고 생각해요.

부록

불온한 교사
양성 과정 AS

영혼 있는 관리자로
살아가기

• 무관의 평교사는 왜 교장이 되었는가

• 이상대

서울 삼정중 교장 applebighead@hanmail.net

왜 내부형 공모교장제여야 하는가

제가 6년 전 〈불온한 교사 양성 과정〉 1기 때 맡은 꼭지가 '승진하지 않고 당당하게 살아가기'였어요. 그때 강좌를 책으로 엮으면서 편집자가 "무관의 평교사에겐 팔지 않은 영혼의 힘이 있다네"라는 '어마무시'한 제목을 붙여 버렸습니다. 세상에 무서운 말이 '영혼'이라는 수식을 단 말입니다. 그래서 전 그 뒤로 '무관의 평교사'와 관련된, 예컨대 '교사로 산다는 것' 같은, 아주 어려운 주제의 강좌 자리에 불려 다니곤 했어요. 그런 자리에 가면 ― 공부하라. 자기만의 이야기를 가진 교사가 돼라. 그래야 고단한 평교사의 길을 당당하게 갈 수 있다. 단, 혼자 하지 마라. 교육은 매뉴얼만으로 해결되지 않는다. 연대하라 ― 뭐 그런 이야기를 주로 하고 다녔어요. 그러다가 2016년 9월에 덜컥, 정말 어느 날 갑자기 교장이 돼 버린 겁니다. 그 바람에 오늘 '무관의 평교사'를 팽개치고 왜 교장이 되었는지, 권력의 관을 쓰고 영혼은 무사한지 등을 해명하라고 해서 여기 이렇게 '붙잡혀' 와 있습니다. (웃음)

우선 이해를 돕기 위해 작금의 교장 선출 제도를 먼저 소개해야 할 것 같습니다. 저는 '내부형 공모교장제'라는 법 제도를 거쳐 교장이 됐는데, 공모교장제, 혹시 관심 있으신가요? 없으시지요? 그래도 관심을 가지셔야 합니다. 올 초 내부형 공모교장제를 놓고 한판 싸움이 벌어졌는데, 이게 교육 판도를 바꿔 놓을 수 있는 중요한 분수령이라고 볼 수 있거든요. 공모교장제는 교장 승진 제도에 따른 문제가 워낙 심각하니까 그걸 바꿔 보겠다고 2007년 노무현 정부 때 법제화한 겁니다. 요약하면 이렇습니다.

유형	자격 기준	대상 학교
초빙형	•교장 자격증 소지자(교육공무원)	일반 학교
내부형	•교장 자격증 소지자(교육공무원) •초·중등학교 교육 경력 15년 이상인 교육공무원 또는 사립 학교 교원(자격 미소지자): 교장 자격 미소지자 공모 가능 학교로 정한 경우 가능(내부형의 15% 범위)	자율학교 자율형 공립고
개방형	•교장 자격증 소지자(교육공무원) •해당 학교 교육과정에 관련된 기관 또는 단체에서 3년 이상 종사한 경력이 있는 자(자격 미소지자) * 교장 자격증 소지 유무 관계없이 공모 가능	자율학교로 지정된 특성화 중·고, 특목고 예·체능계고

표에서 보듯 공모교장제는 크게 셋으로 구분됩니다. '초빙형'은 교장 자격증 소지자만 공모에 응할 수 있고, '내부형'은 교육 경력 15년 이상 교원이면 누구든 공모에 응할 수 있게 길을 열어 놓은 겁니다. '개방형'이란 것도 있습니다만, 관건은 적용 범위가 넓은 내부형인데, 어쨌든 이걸 발표하자 교장들이 주축인 한국교원단체총연합회(한교총)를 비롯해서 당시 승진 점수를 관리하던 분들의 반대가 격렬했어요. 왜 아니겠어요. 자칫 그들만의 리그가 근본부터 흔들리게 생겼거든요. 그래서 2009년 이명박 정부가 이걸 냉큼 받아 시행령에서 꼼수

를 부립니다. 내부형을 자율학교(혁신학교 포함)의 15%로 바늘구멍만
하게 좁혀 버린 겁니다. '자율학교 15%' 기준선이 얼마나 작은 숫자냐
하면, 현재 전국 국공립 초·중등학교 9,955개 가운데 자격증 없이 교
장이 된 내부형 공모 교장은 채 1%도 안 되는 56명뿐이고, 서울은 현
재 공립 중·고등학교 통틀어서 저 혼자밖에 없어요. 앞서 한 분이 계
시긴 했는데 임기를 마치고 장학관으로 가시는 바람에 지금은 저 혼
자 외롭게 '평교사 교장' 깃발을 들고 있습니다. 교장 연수 같은 델 가
면 다들 교감, 교장 자격 연수 과정을 같이 거친 사이라 마치 전우 만
난 듯 서로 인사 나누기 바빠요. 저만 한 마리 고독한 킬리만자로의
표범처럼, 그렇게 표정 관리 하면서 앉아 있어야 합니다. 아주 고약스
럽지요. 그래도 다들 제 출신을 아니까 전교조 등에 대한 막말은 조
심하는 눈치입니다. 그것만 해도 한 역할 하는 거지요. 그런데 천만다
행으로 2018년 3월 1일 자로 서울 국사봉중학교에서 또 한 분 내부형
공모 교장이 뽑혔어요. 말귀가 통하는 '동무 교장'이 생겼으니 이제 좀
숨통이 트이는 느낌입니다.

　그런데 올해 초 공모교장제 때문에 다시 시끄러웠어요. 문재인 정부
가 2017년 12월 15% 제한 규정을 없애겠다는 '교육공무원임용령' 개
정안을 입법 예고했기 때문입니다.* 당연히 한교총이 벌 떼같이 들고

---

* 정부는 올해 3월 13일 국무회의에서 내부형 교장 공모 학교 제한 비율을 15%에서 50%로 확
대했다. 교원 단체 간의 갈등과 반발이 거세지자 제한 비율을 없앤다는 개정안과 달리 50%로
확대하는 절충안을 선택했다.
교육공무원임용령 제12조의6(공모 교장의 자격기준 등) ② 제1항 제2호 각 목의 학교 중 자율

일어났고요. 개정안 철회를 촉구하는 국민 청원 운동에 들어가겠다는 등 겁박을 하며, 정부종합청사 앞에서 공모교장제 반대 릴레이 시위를 했습니다. 당시 한교총이 주관해서 공모교장제 반대 취지의 무슨 대토론회인가를 열었는데 그 자리에 나온 경인교대 류청산 교수가 이런 주장을 했다는 기사를 읽었어요.

> "학교 행정을 사사건건 비판하면서 비협조적 태도만 보여 온 교사들이 교직 경력 15년 이상이라며 교장공모제를 악용하면 '악화가 양화를 구축한다'는 그레셤의 법칙이 교육 현장에도 나타날 수 있다."*

재미있지요? 이분 말에 따르면 여러분들은 지금 '양화를 구축하는 악화'의 실체를 눈앞에서 보고 계신 겁니다. (웃음) 솔직히 좀 암담합니다. 학교 행정이 제대로 굴러가면 왜 비판하겠습니까? 비판과 토론은 민주의 요체입니다. 민주라는 게 본디 매끄럽지 않아요. 시끄럽고 울퉁불퉁합니다. 그런 과정을 통해 한 걸음씩 나아가는 겁니다. 교사를 양성하는 분이라면 오히려 "민주를 가르칠 수 있는 용기를 가져라", "학생들의 생존권을 위협하는 불평등 구조를 용서하지 마라" 이렇게

학교로 지정된 학교와 제1항 제3호의 자율형 공립고등학교의 경우에는 교육감이 사전에 학교의 신청을 받아 제1항 제2호에 따른 자격을 갖춘 사람이 교장 공모에 참여할 수 있는 학교를 정하여 공고하여야 한다. 이 경우 교육감은 신청한 학교 중 50퍼센트(신청한 학교가 1개인 경우에는 1개)의 범위에서 제1항 제2호에 따른 자격을 갖춘 사람이 교장 공모에 참여할 수 있는 학교를 정하여야 한다. 〈개정 2018. 3. 20.〉

* "교장공모제 확대, '악화가 양화 구축' 초래할 수도", 〈연합뉴스〉, 2018년 1월 26일.

이야기하고 가르쳐야 하는 거 아닙니까. 어쨌든 제가 악화인지 양화인지는 여기 오신 분들이 판단해 주셔야 할 것 같아요. 지금 적폐청산을 두고 말이 많은데, 어느 언론이 지적했듯 사실 강고하게 유지되는 우리 사회 최대 적폐는 모든 영역에 존재하는 기득권입니다. 교장단도 엄연한 기득권층이지요. 기득권의 혁파 없이 변화가 성공한 사례는 동서고금을 막론하고 없습니다. 그러나 정치적으로 기득권 혁파는 매우 지난하고 어렵지요. 왜? 기득권 혁파로 잃을 이익은 직접적이고 분명해서 반대는 세력화되고 격렬한 반면, 새로운 기회를 얻을 대상은 잠재적이고, 지지는 심정적이거든요. 당장 이 자리만 해도 내부형 공모 교장이 '나는 왜 교장이 되었나'를 이야기하는 자리인데 대여섯 분만 와 계시잖아요. 저쪽은 수천 명씩 모여 난리법석을 부렸는데 말이지요. (웃음) 어쨌거나 공모교장제에 대해 길게 말씀드린 것은 그런 맥락을 잘 살펴 주십사 하는 바람 때문입니다. 내부형 공모교장제가 현행 승진 구조의 폐해나 교장 권력 독점 구조를 민주적으로 돌려놓을 수 있는 유력한 장치인 것만은 틀림없고요. 승진 구조에 따른 폐해가 어떤 것인지는 인터넷만 잠깐 훑어보셔도 ― '승진을 눈앞에 두면 근무 성적 100점을 3년 연속 받아야 하기 때문에 차로 교장을 출퇴근시켜드린다거나 교감 업무를 대신해 드리는 식으로 윗분 심기를 거스르지 않는다' 등 ― 버라이어티한 내막을 확인할 수 있어요. 물론 교감, 교장 중에도 상식적이고 기품 있는 분들이 계십니다만, 과정과 구조가 문제라는 겁니다.

왜 교장을 택했는가

'그럼에도 불구하고' 왜 교장이 되었나, 이 얘기를 해 보겠습니다.

2016년 6월 삼정중학교에서 내부형 공모교장제를 한다는 공고를 냈습니다. 나중에 들어 보니 단위 학교에서 내부형 공모제를 추진하는 과정이 진짜 만만치 않았는데, 학교 선생님들이 큰 결단을 내린 거였어요. 전 공모제를 하는 것도 몰랐습니다. 주변에서 '당신 한번 가 보라'고 제 옆구리를 찌르면서 알게 됐어요. 첨엔 완강히 버텼지요. "무슨 영화를 보겠다고 교장을 하느냐, 난 그냥 아이들 속에 있는 게 좋다, 같이 공부도 하고 책도 읽고, 눈물 흘리는 젊은 청춘들 눈물도 닦아 주면서 교직 마무리하겠다" 그랬는데도 계속 채근을 했습니다. 아마 남들 눈에는 제가 전교조 해직 교사 출신에 《우리교육》 편집장도 해 봤고, 책을 쓰기도 했고, 전교조 간부도 거쳤고 그러니까 뭐 대단한 걸로 알았던 모양인데, 사실 전 행정엔 영 '젬병'입니다. 공문서를 제대로 작성해 본 적도, 하다못해 부장을 해 본 적도 없어요. 하도 떠밀길래 나중에는 "암만 그래도 최소한 행정과 예산을 들여다볼 줄은 알아야 뭘 할 거 아니냐" 그랬더니, 이구동성으로 그러는 겁니다. "삼정중은 이미 혁신의 틀이 안정적으로 갖춰져 있다. 가서 열심히 할 수 있도록 격려하고, 지원하고 조력하면 된다. 지금은 그런 교장상이 필요한 때다." 그러던 중에 한 후배가 딱 말뚝을 박았어요.

"지금 이상대를 교장으로 만들려는 게 아니다. 평교사도 곧바로 교장이 될 수 있다는 거, 또 거뜬하게 해낼 수 있다는 거, 그 길을 뚫자는 거다. 그간 길이 열렸는데도 서울에는 중학교 평교사 교장이 하나도 없다. 파란만장 평교사 경력 30년인데 뭐가 더 필요하냐. 승진에 목매는 사람 하나만 있어도 학교가 얼마나 '삘짓'을 하게 되는지 선배가 더 잘 알지 않느냐. 교무 행정 같은 거 잘 모르면 집단 논의로 풀면 된다. 이참에 집단지성의 위력을 구현할 수도 있다. 그렇게 4년 교장 하다가 임기 끝나면 다시 평교사로 내려와서 마무리하시라. 그런 교장 한번 보고 싶다. 그 깃발 선배가 들어라."

결국 '깃발을 들어야 할 때'라는 말에 넘어갔습니다. 해직 때도 그랬지만, 그놈의 깃발이라는 말에 왜 몸이 먼저 움직이는지 모르겠어요. (웃음) 그래서 그간 까먹은 시간 벌충하느라 벼락같이 서둘러 이런저런 지원 서류 제출하고 대면 심사, 심층 면접 뭐 이런 절차를 밟았어요. 모두 8명이 공모에 응했는데, 그 가운데 2명만 평교사 출신이었습니다. 절차 중에 교사와 학부모를 대상으로 10분간 학교 경영 계획을 발표하는 시간이 있었는데, 막상 그 자리에 서니 확, 오기 같은 게 생기더라고요. '공모교장제는 자격을 갖춘 교사들을 위한 제도가 아니라 특정 단체 교사들이 교장이 되기 위한 수단으로 악용하고 있다' 등의 시비에 넌덜머리가 나던 참이라, 그렇다면 정면 승부를 해 보자, 그래서 솔직하게 까놓고 얘기했습니다.

"난 교장, 교감 자격증 없다. 다른 분들에 비해 행정 경험도 일천하다. 아이들과 교실에서 뒹군 30년 경력밖에 없다. 그렇지만 한 가지 믿는 게 있다. 교육은 서류 속에 있는 게 아니라 얼굴을 맞대면하는 순간 시작된다는 거다. 교실에 집중하겠다. 학부모님께 말씀드린다. 혁신학교 아이들 공부 안 시킨다고 걱정 많으신 거 안다. 그러나 중학교는 평생 공부를 할 수 있는 기초 근육을 만드는 때다. 이런 근육은 오지선다형 교육으로 만들어지지 않는다. 시험을 뛰어넘는 진짜 공부가 무엇인지 수업 혁신, 독서로 그 길을 뚫어 보겠다. 선생님들께 말씀드린다. 수년간 학생 자치, 수업 혁신, 돌봄의 혁신학교를 일궈 오신 선생님들의 헌신에 존경을 보낸다. 그 철학을 받들겠다. 그리고 그런 철학이 교장실이 아니라 교무 회의를 통해 이뤄지는 학교를 만들어 보자. 성과에 연연하지 않겠다. 교장이 교실의 감각을 잃는 순간 교육은 사라지고 행정만 남게 된다. 교장도 교사학습공동체에 참여하고, 학생들과 함께 책도 읽겠다. 가정 방문을 가면 따라나서겠다. 노자 말씀대로 '머리 위에 있되 무겁지 않고, 앞에서 이끄나 보이지 않고, 목적이 분명하나 밀고 나가지 않으며, 똑바로 나아가되 융통성이 있으며, 환하되 눈부시지 않은' 그런 교장이 되겠다."

이런 하소연이 먹혔는지, 단위 학교 교장공모심사위의 1차 심사(3명 추천), 교육지원청에서 하는 2차 심사(2명 추천)를 거쳐, 서울시교육청에서 최종적으로 교장으로 낙점을 받았습니다. 나중에 뒷이야기를 들어 보니 다른 분들과 압도적인 차이였다고 하는데, 아무래도 제 탁월한 비주얼이 한몫하지 않았나 싶습니다. (웃음) 농담이고요. 권위적이지 않고, 뭔가 편하게 이야기를 나눌 수 있는 그런 소통적인 태도가 평가받았던 것 같습니다. 여하튼 그해 9월에 사흘 교육을 받고 교장이 되었습니다. 교장 자격증은 땄냐고요? 예, 지난해 6월, 7월 두 달간 208시간짜리 연수를 이수한 뒤에 자격증은 받았습니다. 연수 점수는 거의 꼴찌였지만요. 연수에 대해서도 할 이야기가 많은데, 시간상 다음 기회로 미뤄야 할 것 같습니다.

교장이 되어 새삼 깨달은 것

교장이 되고 나서 한동안 낯설었던 것은 '수업이 없다'는 거였습니다. 바로 얼마 전만 해도, 그러니까 1학기 때까지 2학년 담임에 주 20시간 수업하는 국어 교사였어요. 그래서 하루 4시간씩 줄곧 교실로 뛰어야 했는데, 갑자기 '일'이 없어진 겁니다. 처음 며칠은 수업 종소리에 나도 모르게 벌떡 일어나곤 했다니까요. 시간이 지나면서, 솔직히 수업을 안 하니 몸과 마음이 너무 편했습니다. 속으로 '아, 이래서 모두들 교장, 교감을 하려고 하는구나' 싶었어요. 뒤집어 말하면, 지금 이 자리에 초·중등 선생님들이 계시는데, 선생님들 정말 고생이 많으시다는 겁니다. 교실에서 학생들과 맞대면한다는 건 스물, 혹은 서른 개의 우주와 맞닥뜨리는 실로 어마어마한 일입니다. 한 번도 똑같은 일이 반복되지 않아요. 매시간 다 다릅니다. 이거야말로 체력적으로 정신적으로 최고를 유지하지 않으면 안 되는 엄청난 '예술적' 노동인 거지요. 어쨌든 처음 한 달은 교사들의 노고를 역설적으로 확실하게 체감할 수 있었어요. 신문 보는 것조차도 미안했으니까요.

　물론 교장은 학교 일을 총괄 책임진다는 책무성 때문에 신경 쓸 일이 많지만, 대부분 예측 가능한 행정 사항들이고, 어려운 문제는 여럿의 의견을 모으면 해결할 수 있는 겁니다. '힘들어 죽겠다' 엄살 부리는 교장들은 짐작건대 대부분 혼자 의사 결정권을 틀어쥐고 있는 분들일 겁니다. 저는 (사실 모르는 게 많으니까) 집단 논의를 통해 풀어 갑니다. 이를테면 교무 회의의 의결 기구화, 뭐 이런 겁니다. 삼정중은 진작부터 그런 얼개가 잡혀 있던 학교여서 자연스럽게 그런 구조로 갈 수 있었고요. 교장은 그렇게 결정된 일의 집행을 돕고 최종 책임을 지면 되는 겁니다. 우리 학교 부장 회의는 정말 치열해요. 분위기가 무슨 전교조 본부 회의 같습니다. 부서끼리 예산을 빌리고 빌려주고, 또 쟁점 안건 토론하느라 저한테 발언권도 잘 안 돌아와요. 저는 '애쓰신다, 고생하신다, 어려운 일 있으면 언제든 말씀하시라' 이런 인사만 하면 됩니다. 2주에 한 번 동그랗게 둘러앉는 교직원 회의도 비슷한 분위기입니다. 학사 일정을 공유하는 과정에서 때론 논쟁이 벌어지기도 해요. 재작년엔 졸업식에서 공로상과 봉사상을 주는 문제가 논란이 됐어요. 대부분의 학교가 그럴 텐데, 학급 회장을 몇 번 했느냐에 따라 공로상과 봉사상으로 구분됩니다. 누군가 "학급 회장 경력이 2회면 봉사고 3회면 공로라는 게 우습지 않느냐, 어떻게 봉사와 공로라는 말에 가치 위계가 있을 수 있느냐" 이런 문제 제기를 해서 토론 끝에 상의 서열 구분을 없앴어요. 또 작년엔 국회의원상을 받기로 돼 있던 학생이 현재 지역 국회의원인 자유한국당의 김성태 원내대표에게 상을 받을 수 없다고 거부했어요. (웃음) 그걸 계기로 졸업생들에게 성적순으로 주는 상을 다른 형식으로 바꾸기로 했고요. 여하튼 교장이란 직함을 달고 있긴 합니다만, 어떻게 명패를 달든 '영혼'을 잃지 않기 위해서 깜냥껏 긴장하며 살고 있습니다. 제가 늘 경계하는 것은 가지런함, 일사불란함의 유혹에 빠지지 않는 겁니다. 관리자가 돼 보니까, 아이들도 단정하고 가지런했으면 좋겠고, 교사들도 매뉴얼대로 일사불란하게 착착 움직였으면 좋겠고, 충분히 이런 유혹에 빠질 수 있겠더라고요. 그러나 그건 관리이지 교육은 아니지요. 어떤 틀에 익숙해지면 예리함을 잃게 되고, 그러다가 어느 순간 훅 '맛'이 가게 됩니다.

잠깐 쉬었다 할까요. 잘 쉬는 것도 교육입니다.

교장은 무엇으로 사는가

시 한 편 읽고 시작할까요? 아까 말씀드린 대로 교장 공모 당시 '아이들과 함께 책을 읽겠다'고 약속한 터라 핑계 김에 지난해 독서 동아리 두 팀을 꾸렸어요. 그중 하나가 '시가 시시하냐'라는 도발적인 이름을 가진 시 읽기 동아리인데, 이 시는 그 부원 중 하나가 들고 온 〈국수가 먹고 싶다〉라는 시예요.

국수가 먹고 싶다

이상국

국수가 먹고 싶다
사는 일은
밥처럼 물리지 않는 것이라지만
때로는 허름한 식당에서
어머니 같은 여자가 끓여 주는 국수가 먹고 싶다

삶의 모서리에 마음을 다치고
길거리에 나서면
고향 장거리 길로
소 팔고 돌아오듯
뒷모습이 허전한 사람들과 국수가 먹고 싶다

세상은 큰 잔칫집 같아도
어느 곳에선가
늘 울고 싶은 사람들이 있어
마을의 문들은 닫히고
어둠이 허기 같은 저녁

눈물자국 때문에
속이 훤히 들여다보이는 사람들과

따뜻한 국수가 먹고 싶다

눈물겹기도 하고 따스하기도 하지요? 제가 주목하는 건 열다섯 살짜리들도 이런 시에 감응을 한다는 거예요. 친구들과 이러저런 갈등을 겪던 때 이 시를 읽었는데, "세상은 큰 잔칫집 같아도 어느 곳에선가 늘 울고 싶은 사람들이 있어" 이 구절이 그렇게 와닿더라는 겁니다. 왜 아니겠어요. 어른들도 늘 속으로 울면서 사는데. 이렇게 학생들과 시를 읽다 보면 그들이 가르칠 대상이기 전에 '같은 사람'이라는 동질감의 온도가 확 상승합니다. 영혼의 눈높이가 같아지는 거지요. 그러다 보면 '왜 화장을 하느냐, 왜 교복 규정을 안 지키느냐, 공부 안 하고 왜 딴청을 피느냐' 뭐 이런 잔소리가 참 궁색하고 무색해져요. 이게 시의 매력입니다. 본질을 보게 하는 것, 관습의 옆구리에 일침을 가하는 것……. 여러분도 시를 즐겨 읽었으면 좋겠습니다.

교장 이야기를 마저 하지요. 다른 교장들이 제 얘길 들으면 뭘 몰라서 그런다고 할지 모르겠습니다만, 제가 보기에 교장이 하는 일, 뭐 그렇게 어마어마하지 않습니다. 공문 결재를 하고 — 결재를 한다는 것은 서류에 도장 찍는 것을 포함해서 어떤 일이 현재 어떻게 진행되는지, 그 일이 타당한지, 누가 수고를 담당하고 있는지 등 전반적인 상황을 입체적으로 파악하는 것까지를 의미합니다 — 필요하면 담당자를 모셔 이야기를 듣기도 하고요. 그리고 회의(준비)를 하고, 시간 나면 학생들을 만나거나 학교를 둘러보고, 학교 텃밭에서 일도 하고, 교육청에서 부르면 연수에 참여하는 등 누구나 예상할 수 있는 상식적인 것들입니다. 물론 교육청에서 내려오는 전체 공문을 일독하면서 — 하루에 40~50장은 오는 거 같아요 — 올해 교육 정책이나 그 변화 추세를 살피는 것도 빼놓을 수 없는 일과이긴 합니다. 학교 지원 사업 같은 것들을 체크하는 것에 각별하게 신경을 쓰기도 하고요. 부족한 예산을 벌충하는 데 꽤 쓸 만한 게 있거든요. 지난 12월인가 방학 때였는데 학교 공간 개선 사업을 신청하라는 공문이 왔더라고요. 이게 웬 떡이냐 싶어, 각 학년 교무실 개선안을 골자로 신청서를 작성해서 보냈어요. 그랬더니 얼마 뒤에 대상 학교로 선정됐다며 1억 8천만 원을 주겠다는 연락이 왔습니다. 완전 '땡큐'지요. 물론 신청서를 접수하고 따로 교육청 담당 과장에게 메일을 보내 "당신들 이거 채택해야 한다. 교장으로 와서 보니 혁신학교 교사들의 고군분투가 정말 눈물겹더라, 그런데 근무 여건은 너무 열악해서 교장으로서 고개를 들 수가 없다. 각 학년 교무실을 상담과 연구, 휴식을 지원할 수 있는 '혁신 커뮤니케이션 카페'로 리모델링하고자 하니 숙고해 달라"고 반 협박 반 애원을 하긴 했지만, 어쨌든 교장은 이런 거에도 눈이 밝아야 하더라고요.

학생들이야 자주 보지요. 아침엔 교문에서 보고, 점심엔 식당에서 보고, 컨디션에 따라 하교할 때 나가 보고요. 몸과 기운이 처질 때 하교하는 친구들을 만나면 기분이 좋아집니다. 집에 갈 때는 누구나 다 환해져서 인사도 씩씩하니까. 세상에 아이들 웃음소리만큼 듣기 좋은 게 없습니다. "학교가 그렇게 좋아?" 이렇게 슬쩍 떠보면 아이들은 명쾌합니다. "학교가 좋은 게 아니라 하교가 좋아요." 그럴지라도 잘 가라 인사도 하고, 오늘 연애는 어땠나 농담도 하다 보면 방전된 배터리게이지가 쫙 올라오는 기분이 듭니다. 출장 가는 일 아니면 급식 지도(아, 지도라는 말 싫다!)는 꼭 하는데, 이건 선생님들께 점심 휴식 시간도 좀 드리고, 학생 상황도 파악할 겸 교감과 제가 전담합니다. 줄서기와 배식 과정을 살피고, 급식실을 오가며 이야기를 나누다 보면 자연스럽게 전교생 370명의 얼굴을 다 알게 됩니다. 일부 친구들과는 특별한 친분이 생기기도 하고요. 여담이지만, 작년에 어찌어찌한 연유로 3월 초에 방탄소년단이 학교를 깜짝 방문해서 한 시간가량 아이들과 놀다 갔어요. 그랬더니 급식 시간에 난리가 났어요. '어떻게 방탄이 온 거냐, 교장 샘이 부른 거냐, 능력 있으시다, 내년엔 누가 오냐, 워너원을 불러 달라, 그럼 전교 1등도 하겠다, 각서도 쓸 수 있다.' 뭐 이런 대화가 급식 시간에 이뤄지는 겁니다. 또, 식탁에 앉은 모습들을 보면 친구 관계도 금세 파악할 수 있어요. 어제까지 식탁을 같이 쓰다가 누군가 한 명이 빠져 다른 곳에서 밥을 먹는다면 그건 틀림없이 싸웠거나 뭔 일이 있는 거죠. 종종 안 보이는 친구도 있어요. 확인을 해 보면 뭔가 문제가 생겨 그 시간에 도서실이나 보건실에 진을 치고 있는 경우가 많습니다. 이상 징후이지요. 그래서 우리 학교는 안테나 모임이라고 영양 교사, 사서 교사, 보건 교사, 상담 교사로 구성된 모임이 있는데 이분들이 주기적으로 모여, 따로 노는 친구들의 동선이나 정보를 공유하고, 필요하면 담임까지 모셔 해당 학생에 대한 지원책을 모색하곤 합니다. 이런 과정을 통해 경계를 풀어 놓으니 교장실로 '마실' 오는 친구들도 많습니다. 어떤 선생님이 어찌하다고 이르기도 하고, 인생이 꼬였다며 타로를 청하기도 해요. 아, 제 타로 구력이 5년이 되었는데 영험하다고 소문이 나서 많이 찾아옵니다. 이게 상담 도구로 아주 유용하지요. 지난 학년 말엔 그룹별로 찾아와서 자기들이 3학년 으로 올라갈 때 담임과 교과 선생님들을 이렇게 배치해 달라고 무슨 편성표 같은 것을 가지고 와서 저를 꼬드기더라고요. 학생 자치가 원활하게 이뤄지니까 자신들의 의견을 요구하고 관철하는 데 아주 당당해요. 더러 선생님 중에 아이들이 교장실 문턱을 너무 만만하게 보는 거 아니냐고 걱정하는 분들이 있는데 솔직히 저는 유쾌하고 재밌습니다.

아이들 이야기가 나온 김에 잠깐 우리 학교 학생 자치, 학생회 얘기 좀 할까요. 지난해 12월에 2학년 국어 교사 한 분이 기말고사도 끝났고 하니까 수업 시간에 건의문 쓰기를 했나 봐요. 학생들에게 전지 한 장씩 주고 대자보를 쓰는 공부를 한 겁니다. 어느 날 보니, 1교시 끝나고 '교장 선생님께'로 시작하는 대자보가 몇 장 붙더니, 나중엔, 화장실 고쳐 달라, 사물함 바꿔 달라, 뭐 해 달라 이런 건의 대자보가 식당, 전 교사 복도 등에 100여 장이 나붙은 거예요. 행정실장이 깜짝 놀라고, 놀러 왔던 전 학교 제자는 "무슨 비리를 저질렀냐"며 눈이 휘둥그레지고……. 하여튼 볼 만했습니다. 그즈음 마침 학생회에서 이웃에 있는 국제청소년센터를 빌려 1년 활동 평가회를 열었어요. 이 친구들이 대단한 게 전교생의 삼분의 일이 학생회 각 부서에 소속되어 활동하는데, 평가회 같은 것도 차기 학생회장 후보 공약 검증회를 겸해 1박 2일로 하는 거예요. 그 자리에서 인사말을 하면서 그랬습니다. "여러분들 보면 진짜 대단하다는 생각이 든다. 멋지다. 근데 좀 아쉬운 것도 있다. 요즘 대자보 보지 않았느냐. 그런 의견들이 학생회를 통해 수렴되는 게 아니라 개별 건의문 식으로 제안되는 게 좀 그렇다. 우리 학교 정도면 학생회에서 그런 건의를 주기적으로 모아서 생활자치부로 가든, 교장실로 오든 교섭을 해야 되는 거 아니냐." 교장이 학생들에게 교장과 싸우는 법을 알려 주고 있으니 참 웃기지요? 그러고는 이렇게 덧붙여 말했어요. "축제나 구기 대회 같은 행사를 그렇게 쓱싹 잘 해내고, 신문도 만들고, 신입생 환영회도 알아서 열고 진짜 눈물겨울 정도인데, 이런 의견 수렴도 신경 쓰면 더 멋지겠다. 일단 대자보 건의 사항에 대해서는 할 수 있는 만큼 해 보겠다." 결과적으로 겨울 방학 때 시의회에서 예산을 받아 대자보 건의 사항이었던 사물함과 컴퓨터를 전면 교체했어요. 그런데 문득 대자보 중에 학교 앞 신호등 설치나 후문 밖 계단 조성 같은 것은 구청 쪽과 교섭해야 하는 거 아닌가, 이런 생각이 드는 겁니다. 그래서 개학하면 곧 학생회 임원진과 논의해서 구청 교섭단을 꾸려 볼 생각입니다. 학생회에서 프레젠테이션 자료를 만들든 해서 직접 구청 담당자들을 만나서 제안을 하는 거지요. 교장이 할 수도 있지만, 이건 '교복 입은 시민'으로서 직접 참정권을 발휘할 영역이니까. 그러려면 구청의 역할도 알아야 하고, 실현 가능성, 예산의 규모 등도 점검해야 하니까 준비 과정 자체가 좋은 공부가 될 겁니다. 집단 논의를 통해서 성장한 친구들이니 충분히 가능할 거고요. 학부님들은 안 좋아할지 모릅니다. 그 시간에 공부 좀 시키지 하면서 말이지요. 학력, 이게 참 난제입니다.

고민, 우리들은 다 행복한 걸까

제 이야기만 들으면, '와, 삼정중은 뭔가 다르다', 그럴지도 모르겠습니다. 그러나 큰 틀에서 좋은 이야기만 해서 그렇지 사실 들여다보면 깁고 때워야 할 구멍들도 많습니다.

고민? 있지요. 나름 한다고 하지만 혁신학교 교장으로서 이게 최선인가, 솔직히 이런 인간적인 고민이 제일 큽니다. 민주적 의사 결정, 교원학습공동체나 학생 자치 지원, 자발적인 독서 분위기 활성화……. 이런 영역에 방점을 찍고 공력을 들이지만, 제 그릇의 크기가 작아서 구성원들의 힘을 다 담지 못하는 것은 아닌가 자책할 때도 있고요. 어쨌거나 '다들 지켜보고 있으니 잘해야 한다'는 후배들의 겁박은 무시한다 치더라도, '평교사 출신 교장과 혁신학교가 합쳤는데, 우리들은 다 행복한 걸까?' 이 고민은 앞으로도 내내 뒤통수에 붙어 다닐 것 같습니다.

사람이 사는 곳이니 갈등도 당연히 있습니다. 교사 간 성향 차이가 있기도 하고, 특히 우리 학교 같은 경우, 대부분의 혁신학교가 그렇듯 전교조 분회원 중심으로 굴러간다는 비조합원 교사들의 색안경도 꽤 있습니다. 분회원이랬자 열 명도 채 안 되는데 말입니다. 그래서 저도 균형추를 놓치지 않으려고 각별히 신경 씁니다만, 그런 불만이 학생 지도나 수업 혁신에 대한 엇박자로 나타나는 경우도 없지 않아서 불편이 빚어지기도 합니다. 교육 정책과 관련한 지점에서 제가 단호한 입장을 취하지 못해 서로 답답할 때도 있어요. 예를 들면 교원평가 같은 거죠. 평교사 시절 제가 그랬듯 분회원들은 가성비 떨어지는 교원능력개발평가에 절대 동참하지 않습니다. 동료 평가, 자기 실적 평가, 다면 평가도 협조적이지 않고요. 통계를 보고해야 하는 교감으로서는 속이 탈 수밖에요. 그러니 제게 조심스럽게 하소연을 합니다. 성과급 문제도 연동되고 이번에 지침이 바뀌어 최소한의 협조는 필요하니 설득해 달라고요. 그러나 기본적으로 저도 반대인데 어찌 분회원을 설득합니까. 기분 같아선 '우리 학교는 교원평가를 하지 않습니다. 우리는 우리 식대로 합니다' 이렇게 교육청에 선언하고 버티고 싶은데, 이게 쉽지 않아요. 교감이 피해를 볼 수 있으니 쉽게 선을 그을 수 없는 거예요. 교감은 전교조나 혁신학교 근처에도 가 보지 않았던 분입니다. 처음에 삼정중으로 발령 났다니까 주변에서 '거기 전교조가 엄청 세다더라, 혁신학교 진짜 장난 아니라더라' 이런 말을 많이 들었던 모양입니다. 그런데 막상 맞닥뜨려 보니 아닌 겁니다. 물론 행정에 좀 서툴고 무모한 점도 있지만 아이들을 위해 헌신하는 열정도 순수하고, 할 일에 대해서는 협조적이고 합리적으로 응대하는 선생님들의 속살을 경험하면서 생각이 바뀐 거지요. 그래서 교사들의 의사 구조를 존중하고, 말없이 뒤에서 밀어주고 계신데 — 교사들의 신뢰가 아주 높아요 — 제가 교육청과 전쟁을 선포하는 순간 교감까지 엮이게 되고, 그 순간 교감의 승진은 장담할 수 없게 됩니다. 그래서 눈 질끈 감고 모른 척 형식만 갖춰 진행합니다. 교장으로서 영혼을 팔았다면 이런 지점인데, 사실 근본적으로 승진 제도의 병폐가 문제입니다. 이와 관련해서는 제 개인적으로 내부형 공모 교장들이 간절해요. 중학교 내부형 공모 교장들이 서너 명만 되어도 정책적인 면에서 선을 그을 수도 있고, 필요하면 공동 입장을 취할 수도 있는데, 이건 혼자다 보니 궁리만 하다가 시간 다 보내는 겁니다. 평교사로서 교무 회의 때 벌떡 일어나 "이래야 되지 않느냐, 저래야 되지 않느냐" 발언할 때가 속은 참 편했어요.

교사의 성장을 고민하다

제가 맞닥뜨린 최대 난제는 교사의 '성장'에 대한 것입니다. 교무나 예산 관련 부분은 교감과 행정실장이 전문가로서 각 분야를 관장하고 있기 때문에 학교장으로서 판단이 필요한 부분만 개입하면 됩니다. 최소한의 교육적인 상식과 감각만 유지해도 웬만한 일은 무리 없이 풀어 갈 수 있어요. 그러나 수업이나 학생과 관련된 부분은 상황이 달라요. 수업 혁신은 교사들의 협력, 자발성이 전제되지 않으면 한 발도 나갈 수 없습니다. 누군가 '협력 문화는 또 다른 협력을 낳는 따뜻한 순환을 불러온다'고 했는데 백번 동감합니다. 기본적으로 배움과 돌봄을 동시에 챙겨야 하는 교실 상황은 교사 개인의 몫을 넘어서는 거예요. 그런데 앞서도 말씀드렸지만, 우리 학교는 규모가 작은 혁신학교입니다. 상대적으로 일이 많은 데다 여기저기에서 예산을 끌어와서 벌이는 일도 꽤 됩니다. 그러다 보니 삼정중 가면 힘들다고 소문이 나서 전입을 희망하는 교사가 없어요. 근처에도 혁신학교가 있긴 하지만, 벌써 혁신에 대한 피로도가 일반화된 거예요. 결국 삼정중이 어떤 학교인지 모르거나, 다른 학교에서 기피하는 교사들이 툭툭 넘어옵니다. 그렇잖아도 혁신 초기를 이끌었던 분들이 임기를 채우고 하나둘씩 떠나면서 기둥이 흔들리는 판국인데 이런 분들이 와서 팔짱을 끼고 있으니 어떻겠어요? 그 큰 짐이 남아 있는 소수의 '혁신파' 어깨에 다 얹히는 겁니다. 개인적으로 저는 혁신에 헌신적인 이들의 '소진'이 가장 속상해요. 혁신부장 같은 분들의 일상을 지켜보면 정말 안타깝고 눈물겹습니다. 사실 그런 분일수록 한 인간으로서 삶과 사유가 가능한 공간, 여유, 여백이 주어져야 하는데 현실은 정반대로 갑니다. 어쨌거나 비율로 따지면 절반도 넘는 교사들이 혁신의 가치에는 동의하나 짐짓 무관심하거나 발 뺄 여지를 살피고 있다는 겁니다. 위기지요. 사실 혁신은 자신을 점검하고 바꾸는 것으로부터 시작합니다. 아시겠지만 자신을 바꾸는 일은 특단의 용기와 결단이 필요합니다. 특히 경력 교사일수록 자신을 바꾸기 어렵지요. 학생관도 마찬가지고요. 당연히 학생들과 크게 부딪히게 됩니다. 우리 학생들 같은 경우, 1학년 때부터 서로 배우고 가르치는 모둠 학습에 익숙하기 때문에, 학년이 올라갈수록 두런두런 저희들끼리 의견을 개진하는 분위기가 몸에 배어 있어 일제식 수업을 대놓고 싫어해요. 특히 "너는 학생이니 내 말 들어" 이 말을 못 견뎌 합니다. 누구는 이게 우리 학교 학생들이 건강하게 잘 자란 증거라고 합니다만, 교사가 "야, 너 조용히 좀 해!" 하고 눈을 부릅뜨면 아이들이 고개를 숙이는 게 아니라 '우리가 왜 그래야 되는지 토론해 보자'고 덤비는 분위기니 새로 오신 분들은 식겁을 합니다. 기어코는 고성이 오가고, 결국 교무실로 돌아와서는 학교에 대한 불평을 쏟아놓습니다. "도대체 이 학교는 왜 이러느냐, 애들을 이렇게 풀어놓고 어떻게 수업을 하란 말이냐." 하긴 벌점제도 없으니 그들로선 기강을 잡을 길이 없는 겁니다. 대부분의 선생님들이 벌점제에 익숙해 있거든요. 이런 갈등을 방치하면 금세 학생이나 학부모 쪽에서도 이상기류가 감지됩니다. 신뢰는 얻기는 어려워도 잃는 건 금방이거든요. 물론 혁신연구부가 주관해서 '2월에 전 교사 1박 2일 워크숍을 한다, 전입 교사 연수를 실시한다, 노련한 교사의 수업을 학년 초에 집중해서 수시 공개한다, 각종 교사학습공동체를 정기적으로 개최한다, 수시로 수업 간담회를 연다' 이런 식으로 공을 들이면 서서히 수업 혁신, 학생 자치라는 대세 안으로 흡입은 됩니다만 — 사실 교사라면 누구든 수업에 대한 욕구는 있으니까요 — 그 진정성이나 지속성의 밀도는 여전히 아슬아슬하다는 겁니다. 하지만 서두른다고 될 일이 아니니 저는 뒤에서 혁신연구부나 교원학습공동체를 우선 지원하는 데 주력하고요. 수업 시수가 18시간이 넘는 교과에 대해서는 강사를 지원할 수 있도록 강사 채용 예비비를 책정한다거나, 카페형 교무실 같은 근무 여건 개선에 공을 들입니다만 그것이 불을 지피는 데 얼마나 도움이 되는지는 잘 모르겠습니다. 제가 좋아하는 '아직 산벚나무 꽃은 피지 않았지만'으로 시작하는 시에 이런 구절이 있습니다. "나무는 희망에 대하여 과장하지 않았지만 / 절망을 만나서도 작아지지 않았다 / (……) / 묵묵히 묵묵히 걸어갈 줄 알았다 / 절망을 하찮게 여기지 않았듯 / 희망도 무서워할 줄 알면서." 도종환의 〈산벚나무〉라는 시입니다. 사실 마음이 초조할 때도 많지만 어쩌겠어요. 희망도 절망도 끌어안으면서 '묵묵히 묵묵히' 가야지요. 요즘은 선생님들의 일상을 공유하는 것에 신경 쓰고 있습니다. 이쪽이든 저쪽이든 교사는 누구나 힘들거든요. 그날 출장을 간다거나 무슨 교육 활동 기안을 했다거나, 학급 행사를 한다거나 하면 정성껏 격려 메시지를 보냅니다. 하루에 한두 분께라도 꼭 메신저를 드려요. 고생하신다, 뭐 이런 의례적인 인사가 아니라 — 지금 선생님의 일을 관심 있게 보고 있다. 쉽지 않은 일인데 애쓰신다. 결과가 정리되면 차 한잔 나누자 — 마음을 담으려고 노력합니다. 필요하면 관련 자료도 챙겨 읽고요. 혁신학교가 아니더라도 교사들의 업무나 교수 환경을 입체적으로 이해하고 각 활동에 의미를 부여하는 것은 교장의 중요한 태도입니다. 물론 그렇게 일궈 낸 동료적 신뢰가 배움의 공동체를 회복하는 데 보탬이 되면 좋겠다는 기대가 있기도 하고요. 그런 기대 때문인지 마음이 롤러코스터를 타기도 합니다. 제가 참 얕아요. 수업 방치가 잦고 모욕적인 언사로 학생들과 갈등을 빚는 교사 때문에 속을 끓일 때는, 이들까지 품고 설득해서 함께 나아가지 못한다면 우리 혁신은 반쪽짜리가 아닐까 하는 자탄에 속이 쓰리고요. 전입 교사에게 "처음엔 너무 힘들었는데, 학기 말로 갈수록 달라지는 아이들을 보면서 '이게 혁신학교의 힘이구나' 하고 속으로 많이 놀랐다, 내년부터는 더욱 열심히 공부하고 분발할 생각이다" 이런 말을 들으면 기운이 쫙 올라와요. 어쨌거나 교장으로서 제 바람은 사유가 넘치는, 그리하여 더불어 성장하는 학교로 한 발씩 나아가는 겁니다. 성패는 여기 달려 있다고 생각해요.

학교는 무엇인가

아침에 교문에서 학생들을 맞이하다 보면 여러 생각이 교차합니다. 우리 학교 학생들의 등교가 얼추 마무리될 무렵이면 초등학생들이 지나갑니다. 바로 옆에 있는 삼정초등학교 학생들인데, 이 친구들도 미래의 '고객'이므로 지나갈 때마다 반갑게 인사를 나눠요. (웃음) 보육원 친구들도 손을 흔들며 지나가는데 그중에 1학년짜리 여동생과 같이 등교하는 5학년 남학생이 있습니다. 둘이 손을 꼭 잡고 등교하는 그 모습이 그렇게 다정하고 예쁠 수가 없어요. 이 친구들이 어른이 되어서도 서로 의지하며 선하고 평화롭게 살았으면 좋겠다는 생각이 절로 들어요. 제가 2014년에 중3 담임을 했던, 이제 재수를 해서 대학을 들어간 친구들의 반창회가 얼마 전에 있었는데, 거기에 온 친구 하나가 비트코인 얘길 하더라고요. 자기는 '지잡대'를 다니는데 학교는 별 희망이 없고, 지금 20만 원을 6백만 원으로 키워 놓은 비트코인이 유일한 에너지라고. 그 친구야말로 학교 다닐 때 범생이였거든요. 속이 짠하면서 어른으로서 참 무안했습니다. 동생 손을 잡고 평화롭게 등교하는 열두세 살과 비트코인에 희망을 걸고 있는 스무 살, 그 사이에 학교가 있습니다. 그렇다면 학교는 무엇을 해야 할까, 어떻게 해야 열 살의 평화가 (천박한 자본에 휘둘리지 않는) 당당한 스무 살로 성장할 수 있을까. 학교는 과연 무엇인가. 이게 요즘 제가 매달린 화두입니다.

삼정중학교는 올해 혁신 2기를 마무리하고 내년부터 혁신 3기로 들어갑니다. TF팀을 꾸려 현재를 분석하고 3기를 설계하는 작업이 곧 진행될 텐데요, 지금은 추상적인 구호만 있으니 사상마련事上磨鍊, 현장에서 머리 맞대고 길을 찾아야지요. 이른바 혁신의 메카라 불리는 경기 시흥의 장곡중학교는 우리 학교처럼 혁신학교를 일군 교사들이 떠나가는 위기 상황을 '마을 학교'로 극복했다는데 이건 좀 더 공부를 해야 할 대목입니다. 아직 교육청에서도 3기 혁신학교의 상을 어떻게 할지, 어떤 지원을 할지 그림을 그리지 못한 것 같아요. 지향은 있으되 공교육 기관으로서의 한계를 어느 정도 넘어서느냐가 관건이 될 것 같습니다. 현재로서는 '혁신학교가 정답이다, 배움의 공동체를 통한 수업 혁신이야말로 학교를 바꿀 수 있는 비기秘技이다' 이런 생각을 고집하지는 않습니다. 다만 교육 혁신을 위한 새로운 상상과 탐색의 한 방편으로 여기고 있습니다. '남들이 가지 않은 길이지만, 우리가 가면 길이 된다.' 뭐 이런 비장함까지는 아니어도, 할 수 있는 만큼 현재 우리가 가지고 있는 경험과 현실재를 가지고 크게 무리하지 않으면서 학생들의 삶의 근육을 차근차근 다져 나가는 일상을 재건하고자 합니다. 지치지 않는 게 중요하니까요. 이런 점에서 이혁규 교수가 《오늘의 교육》 40호에 쓴 글이 큰 위로가 되었습니다.

발포 명령에 정면으로 항의하지 못하고 공중을 향해서 총을 쏘는 방식으로 소극적으로 저항하거나 피를 흘리고 쓰러져 있는 시민을 몰래 병원 앞에 두고 가는 행위가 거대한 역사의 흐름에 어떤 영향을 미칠까? 그래서 역사가 바뀌었나? 이렇게 냉소할 수도 있다. 그렇다. 역치에 한참 못 미치는 이 작은 선택들이 역사의 물줄기를 당장에 바꾸지는 못했다. 그러나

거대한 역사에서 잠시 눈을 돌려 미시사에 주목한다면 어떨까? 적어도 이 작은 저항들이 총에 맞아 죽었을지도 모르는 한 사람의 생명은 살려 내지 않았는가! 그리고 이런 미시사를 만든 수줍은 힘들이 모여 오늘 우리가 〈임을 위한 행진곡〉을 제창할 수 있는 시대에 살 수 있게 한 것은 아닐까? (……) 2017년 극장(영화 〈택시운전사〉)에서 재현된 1980년 5월의 광주는 너무 먼 과거로 느껴진다. 그만큼 우리 민주주의가 진전되었기 때문이다. 언제쯤이면 문제 풀이가 지배하는 고등학교 3학년 교실도 낡은 시대의 기록 영화가 될 수 있을까? 그러기 위해서는 추격자를 막아선 택시들의 행렬처럼 새로운 미시사를 쓸 수많은 공모자들이 필요하다. 공모자들을 규합하여 비루한 현실을 한 발이라도 넘어설 수 있는 작은 실천에 대해서 이야기하자. 그 출발은 교실이다.*

아쉬운 대로 제 얘기는 여기서 일단락 짓고, 선생님들 질문을 통해 못다 한 이야기를 나누겠습니다. 하소연을 들어 주셔서 감사합니다.

---

* 이혁규, 〈2017년 한국, 고등학교 3학년 교실 수업은 어떤 모습일까?〉, 《오늘의 교육》, 40호, 2017년 9·10월호.

참가자 회의 진행하실 때 교장 선생님은 어느 정도의 비중으로 발언을 하시는지요?

이상대 토론 과정에 섞여서 내용을 보완 설명하거나 할 때 외에는 거의 안 하는 편입니다. 아까 말씀드린 대로 충분히 토론해서 방향을 정했는데 굳이 뭘 덧붙일 것도 없으니 애쓰신다, 고생하신다 인사만 합니다. 특별히 드릴 말씀이 있으면 짧게라도 문장으로 미리 준비하고요. 교장의 언어는 명확해야 하니까. 그리고 2~3분을 넘기지 않으려 합니다. 회의 시간이 넘쳐서 꼭 해야 할 마무리 발언을 못 한 경우는, 다음 날 메신저를 통해 전달하고요. 정확하게 개념을 잡아서, 예의를 갖춰 전달할 수 있는 장점이 있지요.

참가자 저도 혁신학교에 근무하는데, 보면 대부분의 혁신학교 교장 선생님들이 '권한 위임'이라면서 "다 내려놓겠다"고들 하는데, 사실은 그 짐을 부장 교사들이 다 끌어안게 될 수도 있다고 생각합니다. 때로는 정말 갈 곳을 딱 짚어서 "저 길이 맞아!" 하고 제시할 수 있는 명쾌한 리더십이 필요한데 권한을 위임한다는 '미명'하에 '당신들이 다 알아서 하라'고 던져 주면 수업도 하고, 학생도 돌보고, 학교 단위 업무도 해야 하는 부장 교사들의 짐이 너무 커져서 진짜 힘들다는 겁니다. '권한 위임은 어느 선까지인가?' 인사권까지 넘겨주는 상황에서 한 번쯤 고민해 봐야 할 것 같아요.

이상대 네, 그럴 수 있습니다. 좋은 지적이고요. 교장으로서 결정권을 행사할 때와 권한을 위임할 상황을 잘 구분하는 것이 교장의 능력이겠지요. 다 알아서 하라는 건 자칫 방치가 될 수 있어요. 저는 회의에서 결론이 안 나는 사안이나 역할 조정 같은 경우는 권한을 위임받아 제가 결정합니다. 방치하면 조직에 금이 가거든요. 그러나 진정한 리더십은 개인 역량이라기보다는 집단의 힘에서 나온다고 생각해요. 저희 같은 경우는 월요일 9시에 교감과 행정실장, 이렇게 셋이 모여 월요간담회를 하는데 이 자리에서 일주일 교육 활동을 확인하고, 어떤 일에 어떤 지원이 필요한지, 부서 활동 중에 뭐가 문제인지 등을 구체적으로 검토해요. 이런 과정에서 교사와 교무 쪽 일을 입체적으로 파악하고 있는 교감이 '이 일은 갈등 여지가 있으니 교장께서 입장을 정해 주시는 게 좋을 것 같다' 제언을 하면 저도 자료를 뒤적여서 정리를 하고요. 교장으로서 뭔가 판단하고 깊게 생각할 수 있는 바탕이 이런 자리에서 만들어지는 것 같아요. 이런 자리가 저의 야전 학습장입니다. 판단이 애매한 지점이 있으면 분회원들과도 교류해서 갈등의 쟁점을 가능한 한 객관적으로 파악하려고 노력하고요. 교장으로서 놓치면 안 되는 것이 균형과 통찰인데 제가 눈치가 없고 좀 무디기까지 해서 요즘 눈과 귀를 크게 열어 놓고 삽니다.

참가자 공모제 교장이 있는 학교는 교사들이 나만의 교육과정을 들고 오기도 해서 더 어려운 지점이 있다고 하던데요. 갈등도 첨예한 것 같고…….

이상대 초등학교 사정에 어두워서 '나만의 교육과정'이 어떤 건지, 그게 어떻게 갈등 요인이 되는지 잘 모르겠습니다만, 중학교에서는 자유학기제를 시행하고 있기 때문에 오히려 '나만의 교육과정'이 권장되는 추세입니다. 우리 학교만 해도 국어 선생님은 '나만의 책 만들기', 사회 선생님은 '미니컴퍼니 경영(모의 창업)' 같은 특화된 프로그램을 구안해서 한 학기 주제 선택 활동을 하거든요. 저도 교장이 되기 전에는 '생태동화 쓰기' 교육과정을 짜서 운영했고요. 갈등이 빚어진다면 학부모 쪽입니다. 이게 공부에 도움이 되느냐는 겁니다. 우리는 올해 자유학년제를 도입했어요. 1학년은 아예 시험을 안 보는 겁니다. 그랬더니 이웃 학교 어머니들이 우리 학교 어머니들의 옆구리를 찌른 모양이에요. "당신들 이제 큰일 났다. 애들 완전 놀게 생겼다. 한 번이라도 시험을 봐야 애들을 잡을 수 있는데 1년 내내 놀기만 하다가 2학년 때 어떻게 공부시킬 거냐. 진짜 걱정된다." 학부모회 임원들이 이 이야기를 전하면서 사뭇 걱정스런 표정이더라고요. 앞서 말씀드린 '학력' 담론의 문제인데, 과연 어떤 게 공부고 실력이냐에 대해 미래 역량과 관련지어 우리 내부 차원에서도 '논論'을 풍부하게 가꿀 필요가 있습니다. 그래서 요즘 부장들과 '오히려 잘됐다. 핑계 김에 매해

두 차례쯤 학년별 학부모 간담회를 열어서, 과정 평가를 통해 공부하는 아이들의 성장을 구체적으로 보고하고 토론해 보자. 그게 혁신학교 운신의 폭을 넓힐 수도 있다' 이런 논의를 하고 있습니다. 올해 학생 평가 선도 학교를 신청해서 2, 3학년도 국어, 역사, 도덕 등 5개 교과는 선다형 시험을 보지 않고 논술과 수행(과정)으로 100% 평가하는, 〈학습과정 속에서 평가하고 결과를 환류해서 재학습이 가능케 함으로써 평가를 통해 학생이 다시 성장할 수 있는 평가 모델〉 개발에 도전하고 있습니다. '평가 혁신 수업 연구회'도 조직했고요. 만만치는 않겠지만, 지향이 옳다면 가 보는 겁니다.

참가자 교사가 된 선배들에게 들었는데, 학교 구성원들이 협의를 해서 혁신학교로 전환되는 경우도 있지만, 어떤 학교는 교장 선생님이 주도해서 추진하면서 갈등을 빚는 경우도 있다고 합니다. 선생님께서는 혁신학교가 어떤 학교이며, 어떠한 목표를 지향해야 한다고 생각하시는지요?

이상대 앞서도 말씀드렸지만 혁신학교는 자발성이 전제되지 않으면 어렵습니다. 교장이 주도하는 경우는 자신의 치적용이거나 예산을 확보하기 위한 방편일 수 있어요. 혁신학교 첫해에는 학교 규모에 따라 차이가 있지만 평균 7천만 원, 그 이후에는 3천만 원가량의 예산을 지원해요. 거기다가 교사 초빙 권한도 일반 학교에 비해 여유 있게 부여하기 때문에 교장으로서는 궁합 맞는 교사들을 불러들여 판을 짜기 쉽지요. 이런 경우는 대부분 성과를 내야 하니까 전시성 프로그램 중심으로 가게 됩니다. 행정실장은 빵 대 주다가 지치고……. 혁신학교는 그런 프로그램 중심의 분절적 접근보다는 수업 혁신을 축으로 학교 자치와 돌봄이 유기적으로 맞물려야 지속 가능합니다. 혁신은 밀어붙인다고 될 일이 아니에요. 갈등만 생기지요. 혁신학교가 어떤 학교인가, 어떤 목표를 가져야 하는가는, 며칠 밤을 토론해도 모자란 엄청난 주제입니다. 더욱이 저는 혁신학교 경험이 짧아 깊이 있게 잘 모릅니다만, 혁신학교는 학교 혁신으로 가는 일종의 허브스쿨이다, 파일럿스쿨이다, 이런 말씀들 많이 하시는데 저는 그냥 쉽게 '교육의 본래 기능을 회복시키는 학교'쯤으로 생각해요. 교육은 협력하고 부대끼며 서로 존중하는 삶의 가치를 몸에 익히고, 스스로 삶을 꾸려 갈 수 있는 기본적인 근육(생활, 관계, 학습적 면에서)을 길러 주는 거 아닐까요. 그래야 어떤 사회적 환경에 처하든 서로 도와 가며 문제를 발견하고 창조적으로 해결해 나갈 수 있으니까요. 자유와 자발, 협력과 공생의 가치가 그래서 중요하고요. 무엇보다 이런 게 가능하려면 학교는 소통적 협의 구조가 기본 플랫폼으로 작동해야 합니다. 무엇이 문제인가, 어떻게 바꿀 수 있을까, 뭘 빼고 더할까, 어디에 지향을 두어야 할까. 능력자라고 해도 이건 혼자 못 합니다. 학생들도 마찬가지고요. 상상력도 함께 머리 맞대고 궁리해야 가능합니다. 무화과는 꽃이 곧 과일인 것처럼, 제 짧은 소견으로는 그런 과정, 태도 자체가 혁신학교라고 생각합니다.

교육공동체 벗

교육공동체 벗은 협동조합을 모델로 하는 작은 지식공동체입니다.
협동조합은 공통의 목적을 가진 사람들이 모여서 만든
권력과 자본으로부터 독립된 경제조직입니다.
교육공동체 벗의 모든 사업은 조합원들이 내는 출자금과 조합비로 운영됩니다.
수익을 목적으로 하지 않기에 이윤을 좇기보다
조합원들의 삶과 성장에 필요한 일들과
교육운동에 보탬이 될 수 있는 사업들을 먼저 생각합니다.
정론직필의 교육전문지, 시류에 휩쓸리지 않는 정직한 책들,
함께 배우고 나누며 성장하는 배움 공간 등
우리 교육 현실에 필요한 것들을 우리 힘으로 만들고 함께 나누고 있습니다.

조합원 참여 안내

출자금(1구좌 일반 : 2만 원, 터잡기 : 50만 원)을 낸 후 조합비(월 1만 5천 원 이상)를 약
정해 주시면 됩니다. 조합원으로 참여하시면 교육공동체 벗에서 내는 격월간 교육전문지
《오늘의 교육》과 조합 회지 〈벗마을 이야기〉를 받아 보실 수 있습니다. 출자금은 종잣돈으
로 가입할 때 한 번만 내시면 됩니다. 조합을 탈퇴하거나 조합 해산 시 정관에 따라 반환합
니다. 터잡기 조합원은 벗의 터전을 함께 다지는 데 의미와 보람을 두며 권리와 의무에서
일반 조합원과 차이는 없습니다. 아래 홈페이지나 카페에서 조합 가입 신청서를 내려받아
작성하신 후 메일이나 팩스로 보내 주세요.

홈페이지 communebut.com
카페 cafe.daum.net/communebut
이메일 communebut@hanmail.net
전화 02-332-0712
팩스 0505-115-0712

교육공동체 벗을 만드는 사람들

후쿠시마 미노리, 황지영, 황정일, 황정인, 황정원, 황정옥, 황이경, 황윤호성, 황순임, 황봉희, 황미숙, 황기월, 황규선, 황고운, 홍정인, 홍유지, 홍용덕, 홍순성, 홍세화, 홍성은, 홍성구, 홍석근, 홍미영, 현복실, 현미열, 허효인, 허성균, 허보영, 허기영, 허광영, 함점순, 함영기, 한학범, 한지회, 한지혜, 한정혜, 한은옥, 한영옥, 한영선, 한소영, 한성찬, 한봉순, 한민혁, 한만중, 한낱, 한경희, 하인호, 하승우, 하승수, 하순배, 하광봉, 탁동철, 최희성, 최현숙, 최현미, 최진규, 최주연, 최정윤, 최정아, 최은희, 최은정, 최은숙a, 최은숙b, 최은미, 최은경, 최유미, 최원혜, 최영식, 최영락, 최연희, 최연정, 최애영, 최애리, 최승훈, 최승복, 최슬빈, 최선영a, 최선영b, 최선경, 최봉선, 최보람, 최병우, 최미영, 최미선, 최미나, 최문정, 최류미, 최대현, 최기호, 최광љ, 최경미, 최경련, 채효경, 채종민, 채윤, 채욱영, 차종숙, 차용훈, 진현, 진주형, 진용웅, 진영효, 진영준, 진냥, 지정순, 지수연, 주윤아, 주순영, 주수원, 조희경, 조형식, 조현민, 조향미, 조해수, 조진희, 조지연, 조준혁, 조주원, 조정희, 조용현, 조은정, 조윤성, 조원배, 조용진, 故조영희(명예조합원), 조영현, 조영옥, 조영실, 조영선, 조영란, 조여은, 조여경, 조수진, 조성희, 조성실, 조성대, 조석영, 조석익, 조문경, 조두형, 조남규, 조경애, 조경아, 조경삼, 제남모, 정희영, 정희선, 정홍윤, 정혜령, 정현진, 정현주, 정현숙, 정혜레나, 정태희, 정춘수, 정철성, 정진영a, 정진영b, 정진규, 정종헌, 정종민, 정재학, 정이든, 정은희, 정은주, 정은균, 정유진, 정유숙, 정유섭, 정원석, 정용주, 정예슬, 정용현, 정영수, 정애순, 정수연, 정보라a, 정보라b, 정명숙, 정명옥, 정명영, 정득년, 정남주, 정광호, 정광필, 정광일, 정관모, 정경원, 전혜원a, 전혜원b, 전정희, 전유미, 전보선, 전병기, 전민기, 전미영, 전난희, 장효영, 장효월, 장현주, 장진우, 장종성, 장인하, 장인수, 장은하, 장은미, 장윤영, 장원영, 장시준, 장슬기, 장상욱, 장병훈, 장병학, 장근영, 장군, 장경훈, 임혜정, 임향신, 임한철, 임지영, 임종혁, 임종길, 임종길, 임전수, 임수진, 임성진, 임성빈, 임성무, 임선영, 임상진, 임동헌, 임덕연, 이희옥, 이희연, 이효진, 이화현, 이호진, 이혜정, 이혜린, 이현, 이혁규, 이향숙, 이한진, 이태영a, 이태영b, 이태구, 이충근, 이초록, 이진희, 이진주, 이진숙, 이지혜, 이지현, 이지향, 이지영, 이지연, 이중석, 이준구, 이주희, 이주탁, 이주영, 이종찬, 이종은, 이정희a, 이재형, 이재영, 이재두, 이인사, 이융화, 이은희a, 이은희b, 이은향, 이은진, 이은주, 이은영, 이은숙, 이은경, 이윤정, 이윤엽, 이윤선, 이윤미, 이윤з, 이유진a, 이유진b, 이월녀, 이원님, 이우진, 이용환, 이용석a, 이용석b, 이용기, 이영화, 이영혜, 이영주, 이영아, 이영상, 이연진, 이연주, 이연숙, 이연수, 이애영, 이승현, 이승태, 이승연, 이승아, 이슬기a, 이슬기b, 이순임, 이수정a, 이수정b, 이수미, 이수경, 이소영, 이성원, 이성욱, 이성숙, 이성수, 이설희, 이선표, 이선영, 이선애a, 이선애b, 이선미, 이상훈, 이상화, 이상직, 이상원, 이상미, 이상대, 이병준, 이병곤, 이범periodo, 이민아, 이민숙, 이미옥, 이미연, 이미숙a, 이미숙b, 이미라, 이문영, 이명훈, 이명형, 이매남, 이동철, 이동준, 이동갑, 이도종, 이덕후, 이남숙, 이난영, 이나경, 이기규, 이근영, 이근철, 이계삼, 이경은, 이경옥, 이경언, 이경아, 이경림, 이건진, 이갑순, 윤홍은, 윤큰별, 윤지형, 윤종섭, 윤우람, 윤영준, 윤영백, 윤여강, 윤상혁, 윤병일, 윤규식, 유효성, 유재을, 유은아, 유영길, 유성희, 유성상, 위양자, 원지영, 원유희, 원성제, 우장숙, 우지영, 우원, 우영재, 우순인, 우수경, 오혜월, 오준근, 오정久, 오정옥, 오영빈, 오성호, 오유진, 오승훈, 오수민, 오세란, 오상철, 오민식, 오명환, 오동석, 오경숙, 염경신, 여희영, 여태전, 엄창호, 엄지선, 엄재홍, 엄영숙, 엄기호, 엄귀영, 양희선, 양해준, 양지선, 양은주, 양은숙, 양영희, 양애정, 양선화, 양선형, 양서영, 양상진, 안효빈, 故안혜영(명예조합원), 안찬원, 안지현, 안지숙, 안지영, 안준철, 안정석, 안용덕, 안우수, 안영재, 안성순, 안영경, 안사항일, 심은보, 심수희, 심재문, 심동우, 심경일, 신혜선, 신혜경, 신충일, 신창호, 신창복, 신중her 희, 신은정, 신은경, 신유준, 신소희, 신미옥, 신관식, 송화윤, 송호영, 송혜란, 송현주, 송진아, 송정은, 송인혜, 송용석, 송승훈, 송명숙, 송근희, 손호만, 손현아, 손진근, 손은경, 손성연, 손미승, 소수영, 성현주, 성현석, 성유진, 성용혜, 성영근, 성나래, 설은주, 설원민, 선휘성, 선미라, 석욱자, 석경순, 서혜진, 서지연, 서정오, 서인선, 서은지, 서윤수, 서우철, 서예원, 서明숙, 서금자, 서강선, 상형규, 복현수, 복준수, 변현숙, 백현희, 백인식, 백영호, 백승범, 배희철, 배희숙, 배주영, 배정현, 배정원, 배일훈, 배이상헌, 배영진, 배아영, 배성호, 배경내, 방득일, 방경내, 반영진, 박희건, 박희영, 박효호, 박효진, 박형일, 박형열, 박현희, 박현욱, 박희영, 류재항, 류재향, 류우종, 박춘애, 박춘배, 박철호, 박철환, 박진수, 박진교, 박지희, 박지홍, 박지혁, 박지인, 박지원, 박종하, 박정아, 박정미, 박은하, 박은정, 박은아, 박은경a, 박은경b, 박윤희, 박옥주, 박옥균, 박영실, 박영미, 박영림, 박신자, 박승철, 박숙현, 박수진a, 박수진b, 박수연, 박소영, 박세영a, 박세영b, 박성경, 박선희, 박복선, 박미희, 박명진, 류제향, 류우종, 박춘애, 박도숙, 박덕수, 박대성, 박노해, 박내현, 박나실, 박고형준, 박계도, 박경화, 박경진, 박경주, 박경, 박건형, 박건진, 민형기, 민은식, 민애경, 민병성, 故문흥빈(명예조합원), 문지훈, 문용석, 문영주, 문순창, 문순옥, 문수현, 문수영, 문수경, 문세이, 문성철, 문봉선, 문미정, 문경희, 모은정, 명수민, 마승희, 류창호, 류창호, 류낭남, 류호향, 류애경, 류명숙, 류경원, 도정철, 도방주, 데와 타카유키, 노영필, 노상경, 노미경, 노경미, 남효숙, 남주형, 남정민, 남유경, 남원호, 남예린, 남미자, 남동현, 남궁역, 날맹, 나규환, 김희정, 김희옥, 김흥규, 김훈태, 김효순, 김환희, 김홍규, 김혜영, 김혜린, 김혜림, 김혁렬, 김현진a, 김현진b, 김현주, 김현실, 김현영, 김현업, 김태훈, 김춘성, 김천영, 김창진, 김찬영, 김진희, 김진향, 김진숙, 김진명, 김진, 김지훈, 김지연a, 김지연b, 김지미, 김지광, 김중이, 김준희, 김준연, 김주영, 김주립, 김종현, 김종원, 김종욱, 김종성, 김종만, 김정희, 김정현, 김정주, 김정식, 김정섭, 김정삼, 김정기, 김재황, 김재민, 김인순, 김이은, 김이민경, 김은희, 김은a, 김은경a, 김은경b, 김은식, 김은남, 김윤주a, 김윤주b, 김윤주c, 김윤정, 김윤자, 김윤우, 김원석, 김우영, 김우, 김용훈, 김용앙, 김용섭, 김용만, 김용란, 김요한, 김영희, 김영진a, 김영진b, 김영진c, 김영주a, 김영주b, 김영아, 김영순, 김영삼, 김영정, 김연일, 김연오, 김연미, 김애숙, 김애령, 김시내, 김승규, 김순천, 김수진a, 김수정a, 김수정b, 김세호, 김성진, 김성숙, 김성보, 김설아, 김선희, 김선우, 김선산, 김선미, 김선구, 김선경, 김석준, 김석규, 김상희, 김상정, 김상일, 김상숙, 김상기, 김봉석, 김보현, 김병희, 김병훈, 김병섭, 김병기, 김민희, 김민곤, 김민결, 김미향a, 김미향b, 김미향c, 김미진, 김미나혜, 김기용, 김기오, 김기연, 김규형, 김규태, 김규리, 김광민, 김광명, 김고종호, 김경호, 김경일, 김경엽, 김경숙a, 김경숙b, 김가연, 기형훈, 기세라, 금현진, 금현옥, 금명순, 권희중, 권혜영, 권태은, 권자영, 국찬석, 구희숙, 구자혜, 구자숙, 구완희, 구수연, 구본희, 구미숙, 쟁이눈, 광훕, 곽혜영, 곽현주, 곽진경, 곽노현, 곽노근, 공현, 공영아, 고춘식, 고진선, 고은정, 고은미, 고윤정, 고유준, 고영주, 고병헌, 고병연, 고민경, 강현주, 강현정, 강현이, 강한아, 강태식, 강진영, 강준희, 강인성, 강이진, 강은정, 강영일, 강영구, 강얼, 강순원, 강수미, 강수돌, 강성규, 강석도, 강서형, 강병용, 강경모

※ 2019년 12월 4일 기준 862명